東アジア経済と労働移動

トラン・ヴァン・トゥ
松本邦愛
ド・マン・ホーン
編著

文眞堂

はしがき

　東アジア地域（北東アジアおよび東南アジア）の経済成長が高い。しかし，各国とも労働需給のミスマッチが生じており，労働市場の分断・未発達が見られる。また，グローバリゼーションの下で労働の国際的移動も盛んになっている。しかしながら，先行研究においてアジア地域の国内・国際間の労働移動を経済学的考察によるミクロベースで分析したものはほとんど存在していない。今後，東アジアの持続的発展と完全雇用を実現するためには，国内の労働移動のみならず国際間労働移動を踏まえた政策を求めなければならない。本書は，東アジア各国について，国内労働移動および国際間労働移動の実態を現地調査および資料調査により把握し，各国の労働政策・人的資源開発の在り方を究明した研究をまとめたものである。

　本書は序章および12章（Ⅲ部＋補論）から構成される。各章では労働移動の観点から東アジアのそれぞれの国の状況や政策課題について論じている。以下では各章の概略を説明する。

　序章（トラン・ヴァン・トウ）は，本書の問題意識および分析枠組みを示している。東アジア各国は経済発展段階が様々なレベルにあり，人口構成も違っているので，労働の需要と供給構造が異なっている。本章では，まず労働需給の1つのベンチマークとしてルイス転換点（労働過剰から労働不足への転換点）が各国にどのように位置づけられるかを示した上，域内の労働輸出と輸入の実状を概括する。また，東アジアにおいて非熟練労働を中心に労働が活発に移動しているが，地域全体として制度・政策的対応が遅れているので域内移動の労働は高い移動コスト負担，受け入れ国での劣悪な労働環境で働かなければならないことを指摘し，東アジアのダイナミズムを維持するために，地域全体として講じるべき政策は何かを提示している。

第I部（第1章〜第4章）は，東アジア各国における国内労働移動の問題を示している。

第1章（松本邦愛）は，タイの事例を取り上げている。近年，タイでは近隣諸国からの労働流入が激しい。本章では，海外からの労働流入が，タイ経済のテイクオフに影響を与えたのかどうかを問題とし，Lewis＝Fei＝Ranis モデルを拡張して分析をしている。分析の結果，タイ経済は1992年頃に一度転換点に達したが，その後アジア通貨危機の影響で経済成長は停滞し，2002年以降本格的なテイクオフに向かったと考えられる。近隣諸国からの労働流入が増えたのは，アジア通貨危機と重なったため，その影響ははっきりとは言えないが，むしろテイクオフ後の労働賃金の急激な上昇を抑え，経済成長に貢献した可能性があることが指摘された。

第2章（ド・マン・ホーン）は，ベトナムの事例を取り上げている。本章はいかに現在ベトナムの未熟な労働市場を安定的に発展させることができるのであろうかという問いを解くためのヒントを提示する目的で，ベトナムの労働市場の現状を把握しながら，農村・都市間の労働移動プロセスを阻害してきた要因を分析した。ここで，政府の機関に公開された統計データ及び筆者が実施した複数回の現地調査の情報を使い，ベトナムの労働市場の変化を吟味し，労働市場を不安定化させる要因として農村・都市間の人口の移動を阻害する問題を指摘した。また，労働市場の歪みを是正するための政策含意及び工業化と労働（人口）構造の変化との関係について更なる検討すべき課題を述べた。開発途上国の場合，労働市場を安定的に発展させるには，政府の役割が欠かせない。しかし，労働市場を効率的に調整するためには，労働政策はそれぞれの問題を断片的且つ個別的に解決するのではなく，それよりも市場経済体制が健全に発達するための体系的な移行戦略と整合することが必要不可欠である。

第3章（劉傑）は，中国の事例を取り上げている。本章では，中国国内における労働移動状況，とりわけ，農民工の現状，戸籍制度の改革，及び新世代農民工の形成などの問題に着目する。現在の中国では，都市と農村という単純で明快な「二元構造」が崩壊しつつある中で，その中間にある農民工の問題が社会に大きな衝撃を与えている。特に，農業を経験したことのない「第三世代」農民工が増加し始めており，この中で旧来の戸籍制度が存在することはむしろ

社会の不安定要因になっている。こうした実態を概観しながら，農民工を中心とした労働移動が，中国にどのような影響を及ぼしていくのかを展望する。

　第4章（池部亮）は，中国広東省の事例を取り上げている。本章では，広東省の輸出産業が直面する産業高度化の課題について，主に農民工など労働力の量的，質的変化に注目した考察を行い，近年のチャイナ・プラス・ワンのひとつの背景に中国労働市場の質的変化が影響している可能性について検証を行う。広東省の製造業の現場では，農村部からの出稼ぎ労働者の移動と就労を前提として良好な生産環境を享受してきた。しかし，近年，労働者の質的変化によって中期的（3年程度）な雇用関係を持続できる労働者の確保が難しくなってきた。企業はこのような労働市場の変化に対応するため，生産の高度化を進めるとともに，労働コストが安価な国へと資本移動を行うことになる。これがいわゆるチャイナ・プラス・ワン，つまり二次展開を必要とする企業行動の背景となる。労働市場の変化が資本移動による企業の国際分業構造を現出させる要因の一つとなっているのである。

　第Ⅱ部（第5章～第8章）は，東アジアにおける国際間労働移動の送り出し国側の問題を示している。

　第5章（奥島美夏）は，インドネシアの事例を取り上げている。本章では，インドネシアの民主化改革によって急速に展開した近年の移住労働政策とその課題について論じた。インドネシア人労働者のフォーマル部門・熟練労働職への移行は，多言語習得や技能標準化，そして取り残される低学歴・低所得者の就労・教育支援など，新たな課題をもたらした。2015年末のASEAN経済統合を控えて，受け入れ・送り出し諸国の公平な制度構築に向けた協議が急がれているが，域内相互認証の対象とされる熟練労働職だけでなく，不正や暴力の被害に最もさらされやすい非熟練労働者の保護をこそ主眼としなければならない。今後のさらなる自由貿易や経済圏の形成をも見据えたアジア域内移動のさらなる進展に，インドネシアがどのように貢献するのかが注目される。

　第6章（フェルディナンド・マキト）は，フィリピンの事例を取り上げている。海外フィリピン人労働者（Overseas Filipino Workers: OFWs）は，経済発展のための戦略として考えられているが，それが経済成長に貢献したかど

うかは諸説がある。本章ではこのような議論を踏まえつつ，実際のOFWsの流出パターンを統計により明らかにすることで，OFWsに関する問題点を提示した。分析の結果，OFWsの需要は中東を中心に未熟練労働者への需要が大きく，フィリピン政府が目指している熟練・専門労働の送り出しは，受け入れ国国内の問題に左右されることが多いことが明らかになった。未熟練労働の国内需要を増やすための経済戦略が求められる。

第7章（江橋正彦）は，ミャンマーの事例を取り上げている。本章は，限られた文献と断片情報からミャンマーにおける労働力の国際移動の鳥瞰図を描き，タイへのミャンマー人移民労働者に関する文献からミャンマーのタイへの労働移動の実態と課題についてふれた上で，海外移民のミャンマー経済へのインパクトについて考え，今後の課題を指摘する。ミャンマー人移民をミャンマーの経済発展に利用するという現実的な視点も政府は持つようになったように見える。移民のコストを削減し，ベネフィットを極大化するための包括的な政策が今，ミャンマーに求められている。

第8章（Nguyen Duc Thanh／翻訳：西晃）は，ベトナムの事例を取り上げている。本章では，ベトナムにおける労働力輸出の現状を考察し，海外からの送金と長期投資との関係についての問題に注目しながら，ベトナム人移住労働者の特徴とふるまいを，ベトナム家計生活水準調査2008のデータを用いて分析した。海外からの送金を効率的に活用するため，国内での投資・ビジネス環境のさらなる改善が必要不可欠である。また，ここでのもう一つの課題は，派遣労働の事前研修制度がなければ，出稼ぎ労働者の質の低下は，労働力の輸出を阻害してしまい，結果的に海外からの送金も減少することである。

第Ⅲ部（第9章〜第11章）は，東アジアにおける国際間労働移動の受け入れ国側の問題を分析している。

第9章（本多美樹）は，日本の事例を取り上げている。本章では，日本の移民政策の推移を整理した上で，外国人労働者の現状と特徴を統計資料から概観した後，外国人労働者の受け入れをめぐる議論と政府の基本的な考え方を示す。また，国際的な傾向と日本の政策について，技術をもつ労働者と入国が制限される労働者に分けて，それぞれの現状と問題点，政府の政策を明らかに

し，最後に，岐路に立つ日本の労働移民政策の課題について指摘した。急速に減少する生産年齢人口に備えて，多様化する外国人労働者と共に多民族多文化共生社会を作るのか，あるいは移入を制限して小さな社会を作るのか，地方の活性化をどう進めていくのかなど，国としての長期的なビジョンを提示する必要がある。将来の人口をどのように展望するかは，国家の将来をデザインすることである。政府には，その場凌ぎの対応ではなく，単純労働者の存在と実態を直視すること，外国人労働の社会保障や人権への配慮，法整備も含めた質的な取り組みが求められている。

第10章（江秀華）は，台湾の事例を取り上げている。台湾は，アジア諸国の中でいち早く，海外から未熟練労働者を受け入れた国であり，その影響を分析することは，未だ海外からの労働者の受け入れに逡巡している国にとって大きな参考となる。本章では，経済発展史を振り返り，その中で外国人未熟連労働者の果たした役割を概観する。結果として，台湾では外国人労働者は建設業や製造業に多く雇用され，後に施設・在宅看護や介護の分野にも雇用されるようになったことが分かった。これらの労働力は，労働不足をある程度解決し，賃金上昇圧力を緩和したことが明らかとなった。

第11章（任千錫）は，韓国の事例を取り上げている。韓国では，1980年代末からまずいわゆる3K産業に従事する未熟練労働者が不足し始め，外国人労働者の流入が検討され始めた。本章では，韓国の外国人労働者の流入の状況を時系列的に概観し，現在までの影響と将来への課題を提示することを目的とした。韓国の外国人労働者の受け入れはまず中国国籍の朝鮮族を中心に始められ，その後他の国の人の受け入れも進んだ。これまでは外国人労働者は3K産業に従事する未熟練労働者が中心であったが，今後朝鮮戦争以降生まれたいわゆるベビーブーム世代が大量引退する時期を迎えるために，熟練度労働者や専門労働者の受け入れにもシフトしなければならないことを提言した。

補論として，第12章（植田啓嗣）では，東南アジア地域における留学生移動の問題を論じている。近年，高度な能力をもつ人材移動の一端である留学移動が活発化している。タイやマレーシアでは留学生の送り出し国から受け入れ国へと転換を図っており，高等教育の質の向上にも取り組んでいる。タイは

CLMV 諸国からの受け入れが多く，マレーシアは中東・アフリカからの受け入れが多い。一方で，カンボジア，ラオス，ミャンマーでは，2000 年代以降高等教育の量的拡大政策を推進しているが，高等教育の質が十分に保証されていないことや労働市場の整備が追い付いてないことなど共通する課題が残されている。また，中長期の留学だけでなく，AIMS プログラムなど短期での学生・教員の交流の取り組みが拡大している。今後はタイやマレーシアが獲得した高度人材をいかに留まらせ，個々の国や ASEAN 地域の発展に活かせるかが課題となる。

　本書は，編著者の 1 人であるトラン・ヴァン・トゥが研究代表者を務めた平成 23 年度〜平成 25 年度文部科学省科学研究費補助金（基盤研究 B，課題番号 23402034）「経済発展と国内・国際労働移動に関する調査研究：ベトナムを中心とした東アジアの動態」の研究成果である。この場を借りて文部科学省にはお礼を申し上げたい。本研究の中間報告会として 2013 年 3 月にベトナム・アジア太平洋経済センター（VAPEC）と早稲田大学ベトナム総合研究所の共催で，シンポジウム *Labor Migration and Social Economic Development in East Asia*（於：ベトナム・ハノイ）を開催した。本シンポジウムを準備してくださった VAPEC と，コメンテーターとして参加していただいた原田泰早稲田大学教授（現在は日本銀行政策委員会審議委員）及びベトナム人の研究者諸氏にもあわせて感謝する次第である。また，本研究の最終報告会として 2014 年 2 月に早稲田大学ベトナム総合研究所主催のシンポジウム「東アジア経済と労働移動」（於：早稲田大学）を開催した。本シンポジウムにおいて座長を務めていただいた島善高（早稲田大学教授），横田一彦（早稲田大学教授），浦田秀次郎（早稲田大学教授），櫻井公人（立教大学教授）の各氏およびコメンテーターとして貴重な意見をくださった青木まき（JETRO アジア経済研究所研究員），松尾昌宏（桜美林大学教授），渡邉真理子（学習院大学教授），松本清（早稲田大学ベトナム総合研究所招聘研究員），小ヶ谷千穂（横浜国立大学准教授），坂田正三（JETRO アジア経済研究所主任研究員），保倉裕（早稲田大学ベトナム総合研究所招聘研究員），苅込俊二（早稲田大学大学院博士後期課程）の各氏にも感謝を申し上げたい。

本研究は，早稲田大学ベトナム総合研究所の研究プロジェクトの一つとして発足し，本書の執筆者の半数は早稲田大学ベトナム総合研究所の研究所員または招聘研究員である。そのため研究成果の中間報告の際に，ベトナム総合研究所員である白石昌也氏（早稲田大学教授）をはじめ，メンバーから多くの貴重なコメントをいただいた。記して感謝したい。

　本書の出版にあたっては，早稲田大学総合研究機構から出版助成を受けることができた。早稲田大学総合研究機構には感謝を申し上げたい。

　最後に，本書の意義を認め，出版を引き受けていただいた文眞堂の前野隆氏から書物内容の構成や文章表現の改善など助言をいただいた。お礼を申し上げたい。

2015 年 3 月
編著者を代表して
トラン・ヴァン・トウ

目　　次

はしがき ……………………………………………………………………… i

序章　東アジア・ダイナミズムと労働移動 …………………………… 1

1. はじめに………………………………………………………………… 1
2. 東アジアの経済発展と産業間・地域間労働移動…………………… 2
3. 東アジアの国際的労働移動…………………………………………… 4
4. 東アジアの労働移動と政策課題……………………………………… 6
5. 日本の課題……………………………………………………………… 8
6. おわりに………………………………………………………………… 10

第Ⅰ部　国内労働移動の問題 …………………………………………… 13

第1章　タイの二重経済構造と近隣諸国からの労働流入 ………… 15

1. はじめに………………………………………………………………… 15
2. タイの労働市場と近隣諸国からの労働流入………………………… 17
3. 二重経済構造のモデルと海外からの労働力の流入………………… 21
4. タイの転換点の実証…………………………………………………… 23
5. 経済格差の動向………………………………………………………… 27
6. おわりに………………………………………………………………… 30

第2章　ベトナム労働市場の現状と問題点 …………………………… 32

1. はじめに………………………………………………………………… 32
2. 経済発展と労働市場の構造の変化についての理論
　　―トダロモデルとその問題点……………………………………… 34
3. ベトナム労働市場の実態と不安定の要因…………………………… 35

4. 労働市場の安定化に関わる政策含意……………………………… 43
　　5. おわりに……………………………………………………………… 46

第3章　中国の労働移動と社会変動……………………………………… 48
　　1. はじめに：中国の労働移動を見る視点…………………………… 48
　　2. 労働移動の現状……………………………………………………… 51
　　3. 戸籍制度と労働移動………………………………………………… 55
　　4. 新世代農民工の衝撃………………………………………………… 58
　　5. 労働移動がもたらす中国社会の構造変化………………………… 60
　　6. おわりに……………………………………………………………… 62

第4章　広東省の人口動態と日本企業
　　　　～労働者の質的変化と政策課題～ ……………………………… 64
　　1. はじめに……………………………………………………………… 64
　　2. 広東省の労働人口の変化…………………………………………… 65
　　3. 広東省の輸出産業…………………………………………………… 75
　　4. 事例研究……………………………………………………………… 79
　　5. おわりに……………………………………………………………… 84

第Ⅱ部　国際間労働移動における送り出し国の問題……………… 87

第5章　民主化改革時代のインドネシアにおける送り出し
　　　　政策の転換と課題
　　　　～家事・介護労働者派遣からの脱却と高度人材の育成～ …… 89
　　1. はじめに……………………………………………………………… 89
　　2. インドネシアの送り出し政策……………………………………… 91
　　3. 政策転換による移住労働の変容：
　　　　フォーマル部門・受け入れ国・送金の拡大…………………… 97
　　4. おわりに：民主化改革時代の送り出し政策の課題………………106

第6章 海外フィリピン人労働者（Overseas Filipino Workers: OFWs）の流出パターン……………113

1. はじめに……………113
2. フィリピンの経済発展とOFWsの誕生……………114
3. OFWsについての2つの見解……………117
4. フィリピンの対外労働移動のパターン……………123
5. おわりに……………127

第7章 ミャンマーにおける国際労働移動の実態と課題………131

1. はじめに……………131
2. ミャンマーの海外移民の実情……………132
3. ミャンマーの移民支援政策の推移……………140
4. おわりに：海外移民のミャンマーへのインパクト……………142

第8章 ベトナムにおける労働力輸出
〜主な特徴とその経済的役割〜……………146

1. はじめに……………146
2. ベトナムの労働力輸出の現況……………146
3. 移住労働者の特徴：
   ベトナム家計生活水準調査（VHLSS2008）に基づく分析……………155
4. おわりに……………164

第Ⅲ部 国際間労働移動における受け入れ国の問題……………167

第9章 日本の労働移民政策の現状と課題……………169

1. はじめに……………169
2. 外国人移民政策の歴史的推移……………170
3. 現在の労働移入の状況（2000年代〜）……………172
4. 外国人労働者をめぐる諸問題……………180

5. おわりに：岐路に立つ日本の労働移民政策……………………………190

第10章　台湾における外国人労働者の受け入れについて
　　　　　～実態および政策～……………………………………………193

1. はじめに………………………………………………………………193
2. 台湾におけるルイス転換点前後の経済発展……………………………195
3. 1970年代の中国の国民党軍と1980年代以降の
　外国人労働者の受け入れの背景について……………………………198
4. 台湾における外国人労働者の受け入れの政策について………………202
5. 台湾における外国人労働者に関する政策の変遷………………………206
6. 外国人単純労働者の受け入れの実態および経済効果…………………209
7. おわりに：台湾における外国人労働者の受け入れの課題……………214

第11章　韓国の外国人労働市場の現状と課題……………………………217

1. はじめに………………………………………………………………217
2. 3K職場を中心とした外国人労働の急増………………………………218
3. 外国人労働の実態……………………………………………………219
4. 外国人労働の国別状況…………………………………………………229
5. 外国人労働の増加要因と外国人労働受け入れ政策……………………231
6. おわりに：外国人労働流入の問題と課題………………………………234

補論　留学生移動の問題 ………………………………………………237

第12章　東南アジアにおける留学生移動と高等教育政策………………239

1. はじめに………………………………………………………………239
2. 東南アジア地域における留学生移動の現状……………………………240
3. 高等教育の発展段階とASEAN域内格差………………………………244
4. タイの留学生受け入れ政策：
　インターナショナル・プログラムの拡大……………………………248

5．マレーシアの留学生受け入れ政策：
　　　トランスナショナルな取り組み……………………………………251
　6．CLM諸国の高等教育政策の展開と課題 ……………………………253
　7．おわりに………………………………………………………………256

索引 …………………………………………………………………………261

序章
東アジア・ダイナミズムと労働移動

1. はじめに

　過去約半世紀にわたる東アジア地域の発展は，工業化の波及過程として特徴づけられる。日本の成功から刺激を受けた台湾や韓国は60年代から，タイ，マレーシア，インドネシアは70年代から，そして中国は80年代，ベトナムは90年代からそれぞれ工業化を本格的に始動した。各国の市場友好（market-friendly）政策により内外の投資が拡大してきたのである。特に，1980年代から先進国・先発国から後発国への技術・経営資源の移転が活発化して，工業化の波及を促進した。

　工業化の波及により，東アジア地域において高所得国，中所得国が続々登場してきた。前者がさらなる成長をいかに実現するか，後者は中所得国の罠をいかに回避するかが現段階の課題である。一方，工業化の急速な波及により，東アジアの分業がダイナミックに展開され，水平分業・産業内分業・工程間分業・企業内分業として特徴づけられ，貿易の域内への依存も高まったことで，事実上の経済統合（*de facto* integration）ができたのである。

　1990年代（特に2000年前後）からASEAN自由貿易地域（AFTA）やASEANと日本・中国・韓国との自由貿易協定（FTA）または経済連携協定（EPA）が形成され，その結果，東アジアは事実上の経済統合から制度的統合へと展開しつつある。財の自由貿易，要素の円滑な移動によるダイナミズムの維持が期待されているのである。

　ところで，東アジア地域の発展，分業，経済統合についての先行研究は，財の貿易や資本・技術・経営資源の要素のみを対象にしたものがほとんどである。経済活動のもう1つの重要な要素である労働については各国の国内問題と

して分析されてきたが，国家間の移動はほとんど取り上げられていない。最近，EPAの枠組みで看護師・介護士による東南アジアから日本への移動について議論がはじまった程度である。

しかし，現実的には非熟練労働を中心に労働が東アジア地域内で盛んに移動している。制度・政策的対応が遅れて，現実に追いつかないのである。なお，労働の国際的移動は各国内の労働市場に密接に関連するので，国際的移動と共に国内の産業間・地域間移動も同時に考察しなければならない。国内の労働市場が効率的に働き，雇用吸収力の強い産業が十分に発展すれば海外への労働移動の圧力が弱まるからである。

本書は，そのような視点から東アジアの労働移動の実態を概観し，この地域のダイナミズム・持続的発展のための政策課題は何かを示したい。なお，本書の各章は各国の実態を詳細に分析するので，ここでは各国内の労働移動も考察の視野に入れるが，国際的労働移動の問題に焦点に合わせたい。

2. 東アジアの経済発展と産業間・地域間労働移動

工業化・経済発展が構造変化に伴い，労働力の産業間移動，地域間移動が促進される。その過程はルイス（Lewis 1954）の二部門モデルで説明できる。農業を中心とする伝統部門の過剰労働が工業を中心とする近代部門の発展によって吸収される過程である。近代部門の拡大が続いて，やがて過剰労働がなくなり，経済が労働過剰から労働不足に変わる転換点を迎えるのである。

日本の経験が示したように，転換点を迎えた1960年前後（南 1970）から経済構造が資本集約的産業へ高度化し，労働節約的技術が使用されることで労働不足への対応が図られていた。その結果，1960年代以降の日本経済は重化学工業・機械工業の本格的発展が特徴づけられたのである。要するに農業から工業へ，農村から都会への労働移動がスムーズに行われ，また，経済全体が構造転換したことによって持続的に発展できた。

しかし，多くの国ではそのような円滑的転換が見られなかった。工業化が進展したが，雇用吸収力が弱く，農村から都市への非熟練労働が流れることによ

りインフォーマルセクターが形成されている。その現象はトダロモデル（Todaro 1969 ; Todaro and Smith 2011）によって説明されている。また，労働市場も十分に発達しなかったこと，人的資源の供給構造が市場の需要変化に追いつかないことなどから，労働の需給ミスマッチが生じている[1]。このため，労働過剰と労働不足が併存することも珍しくない[2]。

さて，情報技術の発達で外国の事情が知られ，外国への渡航費用も低下してきてグローバリゼーションが急速に進行してきたことから，モノとカネに加えて，ヒトも国際的に移動することが活発化した。上述のような事情で非熟練労働の失業者やインフォーマルセクターでの偽装失業者が多かった途上国から先進国を中心とする外国への出稼ぎが増加した。失業者だけでなく，賃金格差が大きい問題があったため，途上国の低賃金労働者は外国で働くことへの期待を強めていったのである。Amrith（2011, Ch. 5）は，国内の地域間労働と国際的労働移動が連動して，前者が後者の踏み台（stepping stone）の役割を演じると指摘している。つまり，農村から都会に来た非熟練労働が，より有利な待遇を期待できる外国に移動する場合がある一方，グローバル化の時代において農村にいながら外国の労働需要がわかる労働者[3]が，まず斡旋業者を介し，出国手続きができる都会へ移動してから外国に出稼ぐというパターンがあるのである。

ここで，東アジアの実態について考察する。国際的労働移動については次節で詳説することにして，ここでは経済発展とルイス的転換点を中心とする国内労働市場を概観する。

高所得の水準に達した北東アジア（日本，韓国，台湾）と一部の東南アジア

---

[1] 石川（Ishikawa 2000）は工業化をルイス型工業化（都市での近代工業部門の発展）とTVE（town-village enterprises, 郷鎮企業）型工業化（中国の郷鎮企業のような農村立地の近代工業の発展）という2つのタイプに分けている。労働市場が未発達の場合，TVE型工業化が有効であろう。中国の初期の工業化における郷鎮企業の役割が大きかったが，労働市場が未発達でも農工間労働移動はスムーズに行われたと考えられる。トラン（2010）第8章も参照。

[2] トラン（2010）第9章はベトナムの場合，（農村から都市への）移動コスト（都市での生活コストも含まれる概念）が高いため，農村での労働過剰と都市での労働不足が併存する現象を分析している。

[3] ベトナムのメコンデルタの農村で携帯電話が普及し，サムスン製のモバイルは30万ドン（約15ドル）で購入できる（2014年半ば）。

諸国（シンガポールやマレーシア）では転換点を通過し，労働不足に直面している。転換点を通過した時点として日本は 1960 年，台湾 1967 年，韓国 1973 年，シンガポール 1976 年，マレーシア 1990 年である[4]。なお，松本（本書第 1 章）によればタイは 1992 年に転換点を迎えたが，その後ミャンマーから大量の労働が移入したので，やや異なる様相を示している。中国は転換点を通過したか否かについての研究が最近盛んに行われている。大勢の見方として中国はまだ転換点を通過していないが，転換点に向かって進んでいるのである（南・牧野 2013）。工業化の過程がまだ半ばにあるインドネシア，フィリピン，ベトナムには過剰労働がまだ存在し[5]，これらは人口・労働の規模が大きい国々であるので，外国への流出圧力が強い。

　上述のように，労働不足局面に転換した日本経済は資本集約的産業への高度化，労働節約的技術の使用で対応した。台湾や韓国も概ね同様な政策で対応した。マレーシアやタイが転換点を迎えた 1990 年代初頭は，労働力が国際的に移動したグローバル化の時代として特徴付けられるので，経済構造の高度化だけでなく，外国人労働の導入で部分的に対応した。

3. 東アジアの国際的労働移動

　東アジアから労働が本格的に外国へ移動したのは 1970 年代に入ってからである。この時期に主としてフィリピン，タイ，インドネシアの男子労働が建設業に従事するために中近東に出稼いだ。1980 年代に入ってから東アジア域内労働移動が主流になり，主としてインドネシア，ミャンマー，フィリピン，ベトナムから女子労働がシンガポール，マレーシア，台湾などへ家事手伝いを中心に出稼いだ。80 年代からフィリピンを中心とする海洋技術者や看護婦などの専門的労働者もシンガポールやマレーシアに求職に行った[6]。2000 年代の半

4　各国の転換点について南・牧野（2013），特に 11 章を参照。
5　インドネシアについて南・牧野（2013）第 3 章（本台・中村執筆），ベトナムについてトラン（2010, 第 9 章）を参照。
6　Amrith (2011), Ch. 5 は 1970 年以降のアジアからの域外・域内労働移動を詳細に分析し，参

ばに外国で働いた労働者数としてフィリピンが475万人で，東アジアで最大の送り出し国となっている。次にインドネシア（200万人），ミャンマー（110万人）が続いている。フィリピンは1973年以降外貨を獲得する手段として労働輸出に力を入れてきた。外国で働いたフィリピン労働者の送金は同国の外国直接投資導入額を上回ったのである（Amrith 2011, p.161）。一方，1960・70年代にルイス転換点を迎えた北東アジア（日本，台湾，韓国）では産業構造高度化・労働節約的技術の開発で対応すると共に，製造業の大企業が海外への工場進出で労働不足を克服してきたが，建設・サービス産業や中小企業は外国からの労働受け入れに頼らなければならなかった[7]。

日本は外国人労働の受け入れに消極的であったが，1997年に約10万人，2006年に20万人強，そして2007年から急増し，2011年には70万人近くになった（木村 2014, 64頁）。日本の状況について第5節でまた詳論したい。

韓国は2000年代前半まで外国人労働の受け入れを制限する傾向があったが，2004年8月には雇用許可制が始まりアジア諸国との協定に基づいて外国人労働の受入れが本格化した。その結果，韓国での外国人居住者数が1997年の20万人から2005年に50万人，2010年に90万人に着実に増加してきた。韓国に滞在する外国人は2012年末現在144万5000人で，このうち就業を目的に滞在する外国人は約60万人に達している（専門労働5万人，非専門労働55万人）[8]。外国人労働者政策の転換結果として不法滞在者が確実に減少したのである（木村 2014, 63頁）。

台湾は当初外国人労働者を受け入れない方針であったが，インフラ整備に関わる国家プロジェクトを推進するため，1989年に建設業のみへの外国人労働者を受け入れる政策をはじめて打ち出した。その結果，外国人単純労働者数は90年代から増加し，1991年の2999人から2013年には49万人に上った。外国人単純労働者は台湾国内総労働者数に占める割合は1991年の0.04%から2013年に4.5%まで上昇した。

考的である。特にTable 5.2（p.168）は2000年代前半における送り出し国別と主な受け入れ先国をまとめていて有用である。
7　この傾向はすでに1980年代に顕著であった。Athukorala（1993）を参照。
8　詳細は本書の第11章（任）を参照。

当初は建設業のみが受け入れた外国労働者は現在製造業が主流になり，全外国人労働者の約半分を占めたのである。また，介護施設・在宅看護や介護は受け入れ当初は全外国人労働者の2％しか占めていなかったが，2013年には43％まで上昇してきた。当初はタイの労働者も来たが，90年代から大部分はフィリピン，インドネシア，ベトナムからの労働者となった[9]。

次に，非熟練労働の国際移動・東アジア域内移動はどのようなチャネルで行われているかについて検討する。多くの先行調査・研究によればインフォーマルチャネル（非組織的斡旋）による移動が少なくないし，行政機関に登録された斡旋会社の場合でも出稼ぎを希望する労働者自身が敷金や手数料などの名目で高コストを負担しなければならない。また，受け入れ国で外国人労働者を保護するための法整備が遅れているため，彼らは劣悪な労働環境で働かなければならないのである[10]。この深刻な問題に対して筆者は10年も前に東アジアの協力の重要な課題として提言した（トラン2004）が，課題が依然として残されてきている。この問題について次節でもう少し詳細に述べたい。

4. 東アジアの労働移動と政策課題

現在インドネシアやベトナムなど東南アジア諸国では専門職・熟練労働力の供給不足と非熟練労働力の供給過剰が並存している。前者は産業構造の高度化や直接投資の新規導入の障害としてよく議論されているが，後者の問題は十分に取り上げられていない。特に前節で述べられたように，外国へ移動する非熟練労働者は斡旋業者に搾取され，受け入れ国で劣悪な労働環境で働かなければならないケースが少なくない。また，文化・言語の障壁で受入国での摩擦など社会問題もしばしば発生している。今後，グローバル化がますます進行していくが，非熟練労働者はグローバル化に伴う経済変動の陰の影響を受けやすい社会的弱者として市場経済への参加，市場変動への対応能力が弱い。この点から

---

[9] 詳細は本書の第10章（江）を参照。
[10] Amrith (2011) は外国人労働者が直面した悲惨な実態を描いている。

見ても非熟練労働者の問題が大きい。要するに，現在，非熟練労働力の問題が深刻化し，経済・社会的観点からみて適切な解決策が必要である。

　東南アジア各国は，長期戦略として社会的弱者の市場参加能力を高めるために，基本的には教育の普及，職業訓練を進めると共に工業化，特に労働集約的工業の発展が重要である。一方で，労働者が生産性の高い国に移動すれば，東アジア全体の総生産は増加する。しかし，受け入れ国が労働供給の安定，経済の持続的発展を維持しなければならない。このため，秩序ある国際的労働力移動を推進し，しっかりとした管理体制を整備してアジア地域全体の活力を高めることが肝要である。この観点から具体的に考えると，まず貿易が可能な産業については，各国の比較優位構造に沿って育成・発展させ，雇用を創出させることによって労働力の海外流出を最小限にする必要がある。一方，介護，看護，建設など各国間の移転が不可能な産業の場合，労働力の秩序ある国際的移動を推進できるように，関係各国の協力関係を形成していくべきである。当面，少なくともアジアにおける労働力移動の実態の正確な把握，その問題点の発見，長期展望について，各国が情報・意見交換の場をつくることが必要である。

　東アジア各国の人口構成が異なり，高所得国での少子化・高齢化が進み，労働不足が生じる。資本・技術の移転により労働集約的産業を後発国に移植させることで部分的に解決できる。一方，介護，看護，建設など非貿易財生産産業での単純労働の需要が増加する。

　このように供給側も需要側も非熟練労働の移動が促進される。しかし，労働者の立場からみて不本意の移動を避けるべきである。そのためには労働者に選択肢を拡大し，国際的に移動しなければならない場合，移動コストを低減し，移動先の疎外感を減らすことが必要である。受け入れの法的整備，秩序ある移動・管理が必要であり，インフォーマルチャネルによる移動を無くし，組織的受け入れを促進すべきである。

5. 日本の課題

　東アジア経済は急速に変化し，各国間の相互依存関係も高まっている。既述のように，最近の動きとして特徴的なのは，従来のモノ（貿易）とカネ（投資）の頻繁な移動に加えて，ヒト（労働）の移動も活発化している。域内他国で就職する技術者・専門家も増加しているが，いわゆる単純非熟練労働者が主流で，受け入れ先で様々な社会経済の問題として盛んに議論されるようになった。日本に並んで韓国や台湾も重要な受け入れ先になっている。しかし，日本は労働不足の問題がますます深刻化しているが，制度・政策的対応が遅れている。日本経済の活力を維持していくために外国人労働の有効な導入政策が求められている。

　現在，日本では技能実習生（2013年末に約15万5000人）以外は原則として外国人単純労働者が受け入れられていない。しかし，低賃金労働やいわゆる3K（きたない，危険，きつい）労働への需要が増加しているし，日本との賃金ギャップによる東南アジアからの単純労働の流入圧力が高まっているので，不法労働が少なくなく，政府が把握し，退去強制手続きを取った数だけでも2013年末時点で約2万人に上っている。

　日本人の多くは外国人労働の増加による文化摩擦や治安悪化などの可能性を心配して受け入れに反対する傾向が強い。政府も基本的に東北地方での被災地復興事業と2020年の東京オリンピック・パラリンピック関連施設の建設の労働需要に対応するために技能実習生制度の拡充（適用範囲の拡大や在留期間の延長）で対処する方針である。つまり，外国人労働の受け入れに関する抜本的対策を棚上げしているのである。しかし，その姿勢が続くなら長期的には労働不足の問題は一向に解決せず，単純労働問題に積極的に取り組んでいる韓国や台湾に遅れて，域内労働移動が1つの重要な潮流になりつつある東アジア共同体の構築に対して日本の発言力が弱まりかねない。また，韓国や台湾でも高齢化が進んでおり，将来，優秀な介護・看護人材の獲得に有利になるであろう。

　韓国では1990年代から賃金高騰に加えて少子化や高齢化に伴う労働力不足

が生じた。これに対処するために，韓国は従来採用された産業研修制度に加えて，既述のように，2004年に雇用許可制を導入し，アジア諸国との協定に基づいて外国人労働の受け入れを本格化させた。この政策で不法労働者も減少し，正規な外国人労働者が増加したのである。台湾も単純労働者の受け入れ政策が積極的である。既述のように，単純外国人労働者数が2013年に50万人近くまで増加し，台湾国内総労働者数に占める割合は4.5％に達した。日本は人口が韓国の2.5倍，台湾の5倍であるが，単純労働者の受け入れの絶対的数量は少ない。

日本の生産年齢人口（15－64歳）は1995年をピークに一貫して減少し，全人口に占める比率も95年の70％から13年の62％に低下した後も減り続けると予想されている。その傾向により，生産年齢人口は2013年の6577万人から2030年には5954万人まで減少すると予測されている。日本政府は減少していく労働力の対策として，基本的には女性や高齢者といった国内労働力の動員を強化している。2014年6月に安倍政権が発表した成長戦略もより多くの外国人労働者を受け入れる方針を出したが，単純労働者や日本への定着を前提とした移民は受け入れない姿勢を維持したままで，当面不足する産業分野と地域に限って，技能実習者を増やすだけである。

確かに，単純外国人労働が言葉や文化・慣習の違いから日本の社会に溶け込みにくく，摩擦を起こす可能性がある。しかし，これを克服できるような政策・対応がないわけではない。まず，今後の日本の単純労働の需要の予測に基づいて，労働を輸出しているアジア諸国との協定を締結し，年間受け入れ労働者数を決める。そして，相手国政府が募集する候補者に対して日本のODAで数カ月間の日本語や日本文化・習慣の研修が行われる。研修の一定の成果を満たした労働者を日本に受け入れ，求人の企業に就職させ，5年間まで滞在を認める。その後，審査の上，帰化許可や永住権を与える。

現在，アジア諸国の大部分はODAを卒業しているので，日本のアジア向けODAが全体として減少している。上記のような目的のための新しいODAが望ましいし，日本の国益にも叶っている。また，周到な準備で秩序のある受け入れは，現在のように単純労働者が斡旋業者に搾取され，企業で不当な低賃金と劣悪な労働環境で働くという人権問題も避けられるのであろう。

単純・非熟練労働でも受け入れ政策を工夫すれば良質な労働が確保でき，さまざまな分野でのニーズを満たして長期的に日本経済の活力を支えるであろう。

6. おわりに

　東アジア各国は経済発展段階が様々なレベルにあり，人口構成も異なっているので，労働の需要と供給も違う。これに加えて経済のグローバル化が進展しているので，非熟練労働を中心に東アジア域内の労働移動が活発化している。しかし，地域全体として制度・政策的対応が遅れて，現実に追いつかないのである。このため，非熟練労働の国際移動・東アジア域内移動はインフォーマルチャネル（非組織的斡旋）による移動が多いし，行政機関に登録された斡旋会社の場合でも出稼ぎを希望する労働者自身が敷金や手数料などの名目で高コストを負担しなければならない。また，受け入れ国で外国人労働者が劣悪な労働環境で働かなければならないのである。

　以上のような問題への対応として基本的には貿易が可能な産業については，各国の比較優位構造に沿って育成・発展させ，雇用を創出させることによって労働力の海外流出を最小限にする必要がある。一方，介護，看護，建設など各国間の移転が不可能な産業の場合，労働力の秩序ある国際的移動を推進できるように，関係各国の協力関係を形成していくべきである。

　日本は労働不足の問題がますます深刻化しているが，制度・政策的対応が遅れている。日本経済の活力を維持していくために外国人労働の有効な導入政策が求められている。

〔トラン・ヴァン・トウ〕

参考文献
＜日本語＞
・木村幹（2014），「日韓の移民政策はなぜ異なるのか」『アジア時報』3月号，50-74頁。
・トラン・ヴァン・トウ（2004），「アジアの非熟練労働力の問題を真剣に考える必要」『世界経済評論』6月号（巻頭言）。
・トラン・ヴァン・トウ（2010），『ベトナム経済発展論：中所得国の罠と新たなドイモイ』勁草書房。

・南亮進（1970）,『日本経済の転換点―労働の過剰から不足へ』創文社。
・南亮進・牧野文夫・郝仁平編著（2013）,『中国経済の転換点』東洋経済新報社。

<英語>
・Amrith, Sunil S. (2011), *Migration and Diaspora in Modern Asia*, NY: Cambridge University Press.
・Athukorala, Premachandra (1993), International Labour Migration, *Asian-Pacific Economic Literature*, Vo.7 No.2 November
・Ishikawa, Shigeru (2000), Prospects for Vietnamese Rural Industrialization: Research tasks suggested from the experiences in East Asia and China, mimeo.
・Lewis, W. Arthur (1954), "Economic Development with Unlimited Supplies of Labour," *Manchester School* 22. Reprinted in Agarvala, A. N. and S. P. Singh, eds. *The Economics of Underdevelopment*, London: Oxford University Press.
・Ozden, Caglar and Maurice Schiff, eds. (2007), *International Migration, Economic Development and Policy*, DC: World Bank.
・Todaro, Michael P. (1969), "A model of labor migration and urban unemployment in less developed countries," *American Economic Review* 59: 138-148.
・Todaro, Michael P. and Stephen C. Smith (2011), *Economic Development*, Eleventh Edition, Ch. 7.

第Ⅰ部
国内労働移動の問題

第1章
タイの二重経済構造と近隣諸国からの労働流入

1. はじめに

　1980年代半ばから，タイは先進国からの直接投資を利用した目覚ましい工業化を遂げてきた。工業化は輸出主導型の経済成長を実現させ，タイの1人当りGDPは1985年の750ドルから2011年の5395ドルへと飛躍的に成長することになった。この工業化による経済成長は農村からの労働力の流入によって支えられてきたのであるが，近年になって労働市場の逼迫化が深刻な問題となってきた。またその労働需給のギャップを埋めるかのように，周辺諸国から多くの労働者がタイ国内に流入している状況である。

　タイへの周辺国からの労働者は，1990年代より本格的な流入が始まったのであるが，上記の理由から，タイ政府は登録を条件に労働許可を与えるという方針の下で法整備を行ってきた。その結果，タイ労働省のデータによれば，カンボジア，ラオス，ミャンマーの3カ国だけで，労働者数は200万人を超えるほど増加しており，すでにタイ経済を支えるには必要不可欠な存在となっている。

　従来開発経済学は，農業部門が大きく人口が過剰な途上国では，二重経済構造が解消するプロセスを通じて経済発展を説明してきた。近代部門（工業部門）の発展は，伝統部門（農業部門）から送り出される豊富な低賃金労働によって支えられ，さらなる近代部門の拡大により伝統部門の余剰労働力が吸収され，伝統部門においても近代化が達成されるというプロセスである。本来の二重経済モデルは閉鎖経済でのものであるが，他国からの大きな労働移動があるならば，当然その経済発展プロセスは影響を受けることが予想される。本章ではこのような二重経済モデルを念頭に置き，タイの転換点がいつであったの

かを明らかにするとともに，近隣諸国からの労働流入がタイ経済にどのような影響を及ぼしてきたのかを考察することを目的とする。

第2節においては，タイの労働市場の状況と近隣諸国からの労働移動の状況を概観する。タイは，本来は海外への労働の送り出し国であるのと同様に受け入れ国でもあるという立場であったが，経済の好調さを受けて失業率が非常に低い水準で推移している中で，カンボジア，ラオス，ミャンマー等の近隣諸国からの労働流入が急速に増え，純労働流入国になっていったことを明らかにする。

第3節においては，二重経済構造のモデルであるLewis=Fei=Ranisモデルを説明し，労働流入を含めてモデルを拡張する。開発経済学が途上国の経済発展過程を説明するのに使用してきたLewisモデル，そしてそれを精緻化したFei=Ranisモデルはいずれも閉鎖経済の下での経済発展を前提としていた。しかし，タイの場合は現実に多くの労働力を受け入れており，その影響を考えるためにもモデルを拡張して考える必要がある。ここでは，タイに沿ったモデルの拡張と，それに基づいた仮説を提示する。

第4節においては，第2節のモデルの実証を行う。ここで問題となるのは，近隣諸国からの労働流入がある中で，タイはいつごろ転換点を迎えたのか（近代化を迎えたのか）ということであり，いくつかの実証方法の中から時に賃金の変化に着目した実証を行う。

第5節は，第4節の拡張である。転換点へ向かう過程において格差はどのように変化してきたのかを観察する。従来，タイ経済は農工間の生産性格差を反映して大きな地域格差が存在し，それが所得格差にも反映していたのであるが，Kuznets仮説で語られるようにこれらの格差が拡大から縮小へ向かったのか否か明らかにする。

最後に，労働移動の影響を総括し，今後タイの経済発展に与える影響に言及する。

2. タイの労働市場と近隣諸国からの労働流入

　1980年代中頃よりタイは着実に経済発展を遂げてきた。当時農業が主たる産業であったため，NAIC（Newly Agro-Industrializing Countries）として「農水畜産業と，その加工産業であるアグロインダストリーを軸として，輸出産業の育成，雇用の創出，農民所得の引き上げを図り，これを通じて1人当りの国民所得の上昇を実現しようという戦略」（末廣・安田 1987）が語られた時期もあったが，むしろ工業化の速度は他のNIEs諸国と比較しても速く，自動車産業等を中心とした工業国としての発展を継続している。タイは農工業ではなく，「自動車産業の育成に最も成功した国の一つ」（上田 2007）と認識されるようにさえなってきたのである。

　この着実な工業化と経済発展を支えたものは，農業部門に存在していた豊富な労働力であった。1980年のタイは全人口の実に70％もが生産性の低い農業人口であったのである。しかし，工業部門の拡大はこの労働人口を引き付け，2010年の農業人口は37.4％にまで減少した。これは農業部門の生産が縮小したことを意味しない。1980年時点と比べて2010年の農業部門の生産額は13倍以上にも上るのである。むしろ，工業部門がそれ以上の高成長を達成し，農業部門の人口を引き付ける一方で，農業部門も生産性を大幅に上昇させてきたのである。しかし，急速な経済発展は「余剰労働力」を消滅させ，現在ではタイは深刻な労働不足に直面している。

　図表1-1は，タイの1人当りGDPの変化と失業率の変化を1988年から記したグラフである。これによると，タイの1人当りGDPは，1997年のアジア経済危機と2008年のリーマンショックという2回の中断はあったものの，ほぼ一貫して上昇してきていることがわかる。1988年はすでに海外からの直接投資ラッシュが始まって高い経済成長を示していた年であるが，その時から見ても2012年の1人当りGDPは4.88倍にも上るのである。一方，失業率はアジア通貨危機で大きく上昇したが，その後低下が続き，2011年からはついに1％を大きく割り込んでいる。労働市場の逼迫がかなり深刻な水準になってい

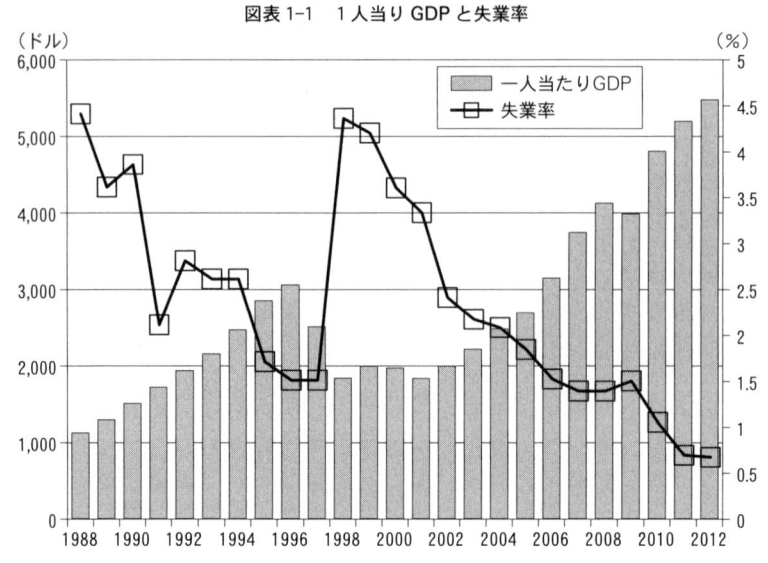

図表1-1　1人当り GDP と失業率

出所：タイ国家統計局資料より筆者作成。

るといえるであろう。

　タイの労働市場のこのような逼迫に対して，労働力を支えているのは近隣諸国からの労働流入である。タイは，1980年代にはむしろ海外出稼ぎが多い国として注目されていた。第2次石油ショック以来海外出稼ぎ者は，公式なデータで新規で年間10万人を超えるほどにまで増加し，行先は80年代には中東，90年代には台湾が主であった。しかし，高い経済成長を達成すると，90年代からは逆に近隣諸国からの労働流入が激増するようになった。

　図表1-2は，タイの海外への労働流出と海外からの労働流入の状況を，流入は1994年から，流出は1999年から示したものである。海外への労働流出は，1999年の16.2万人から漸減傾向にあり，2010年には11.6万人になっている。これに対して，海外からの労働流入は1994年には52.5万人，1998年に98.7万人となった後一時減少し，2004年度より再び増加して，2010年には130.0万人と大幅に増加している。これら労働流入の大部分がミャンマー，ラオス，カンボジアからと考えられ，現在ではこれら3国の在タイの労働者数は公式で

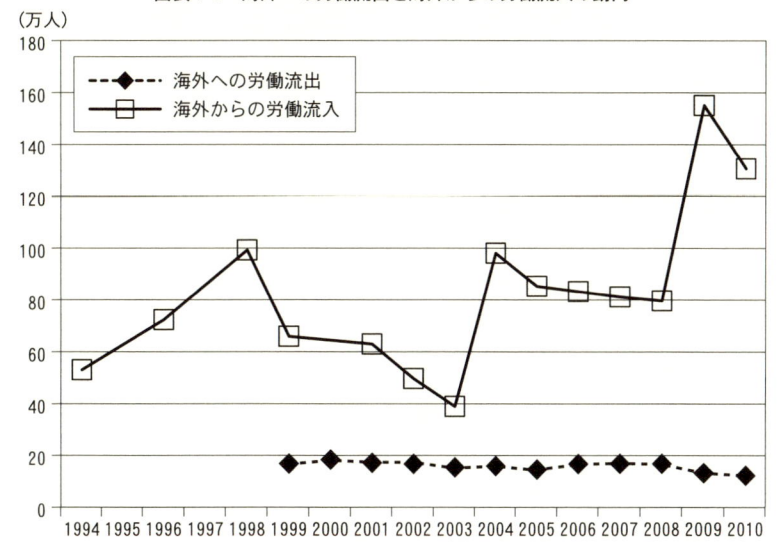

図表1-2　海外への労働流出と海外からの労働流入の動向

出所：労働流出は Thailand Overseas Employment Administration 資料より，労働流入は Chalamwong（2001）（1994 から 1999 まで），Office of Foreign Workers Administration 資料（2001 年以降）より，それぞれ筆者作成。

200万人ほど，非公式には300万人〜400万人とも言われている（山田 2012）。中でもミャンマーからの労働流入は多く，3国合計の8割を占めている。3国からの労働者が300万人〜400万人とすれば，これはタイの就労人口の8〜10％程度を占めていることになり，またこれら労働者がいわゆる3Kと呼ばれる労働人口を中心として従事しているのであるとすれば，タイの経済にとってこの労働力の影響は大きく，これを無視することはできない状況であるといえるだろう[1]。

　こうした労働流入に対してのタイ政府の政策は，当初は近隣諸国からの労働流入を違法な流入も含めて黙認するという形だったのが，1990年代以降管理する政策に転じ，2年期限付きの労働許可を与える登録制度を開始した。しか

---

[1] 筆者が2012年に Vuteq Asia Co., Ltd. に対して行ったヒアリングによれば，派遣会社を通じてワーカーを募集しても，大部分は近隣諸国から来た外国人だとのことである。

しその後，増加する労働需要を背景に非正規移住者を対象として労働許可，滞在許可を拡充する対策が行われてきている（渋谷 2011）。現在では，この制度によって登録される外国人労働者は，健康診断も一緒に受診しなければならず，健康診断，健康保険込みで登録料は約 3800 バーツであるという（Mizzima 2011）。この登録料は外国人労働者にとって決して安いものではなく，非登録の労働者がまだ数多くいることが推測される。

このような海外からの労働者の就業内訳に関しては，1990 年代と現在では多少傾向が変わってきていることがうかがえる。Chalamwong (2001) によれば，1998 年時点での登録労働者の就業内訳は，32.2％が農業，30.7％が建設業，7.7％が漁業となっており，この 3 つを合わせて 7 割を超えている。これに対して，現在の就業状況はより多岐にわたっているものと推測される。流入労働者の大半を占めるミャンマー，ラオス，カンボジアの 2009 年の就労内訳データでは，16.9％が農業，16.8％が建設業，10.4％が漁業であり，この 3 つの産業で全体の 4 割程度となっている。さらに，家事労働者として従事する者も 9.9％いる。

特にこの家事労働者に関しては，今後増加の可能性が見込まれる。現在，タイの高齢化率（65 歳以上人口割合）は 9 ％程度であるが，国連の人口推計などによると，今後急速に高齢化が進展することが見込まれている。その際，介護労働力がタイでも不足することが懸念されており，現在すでに家事労働者として主としてミャンマーから流入している労働力がより膨らむ可能性は高い。社会の高齢化の進展に関しては，タイ政府の興味も大きく[2]，一方で経済連携協定に基づく自然人の移動として，日本に介護福祉士候補生を送り込むことが合意されているが，これはむしろ介護人材を育成することを通じて，国内の介護福祉の仕組みを整えるために行われるものと理解されており，同制度の枠組みを使って介護福祉士および看護師をすでに日本に送っているインドネシアやフィリピンの方針とはかなり異なるものと考えられる。むしろ，現在のタイの

---

2 2014 年 7 月 23・24 日に，タイ財務省財政政策研究所と保健省が主催となって"Health Policy under Aging Challenges"と題するシンポジウムが開かれた。複数の省庁にわたって大規模シンポジウムが開かれることはタイでは珍しく，タイ政府が高齢化に並々ならぬ興味を持っていることの 1 つの証左と言えるだろう。

状況は，日本がすでに経験している介護人材の不足をどう防ぐかを模索している状況であり，海外からの家事労働・介護労働者の流入は増加していくものと考えられる。

3. 二重経済構造のモデルと海外からの労働力の流入

　経済発展のプロセスと労働移動を扱った経済モデルとしては，二重経済モデルが広く知られている。二重経済モデルは，Lewis（1954）によって着想され，Ranis=Fei（1961）によって精緻化されたものが有名であり，多くの実証研究もおこなわれてきた。ここでは，このLewis=Fei=Ranisモデルを簡単に説明し，海外からの労働流入を入れてモデルを拡張してみたい。

　もともとLewis=Fei=Ranisモデルは，人口が過密で伝統部門（農業部門）が大きな途上国の閉鎖経済モデルである。モデルは，経済を伝統部門（農業部門）と近代部門（工業部門）[3]という異なった経済原理によって支配される2つの部門に分け，部門間の労働移動を通じて両部門が発展し，近代化していく状況を説明したものである。Lewis=Fei=Ranisモデルの中では，伝統部門（農業部門）は通常の経済原理が働く以前の世界である。限られた土地に多くの人間が住んでいるため，すでに限界生産力は0もしくは非常に低くなっている。この世界では，賃金は労働者の限界生産力と等しくなる点で決定されるのではなく，全生産量を社会の成員が等しく分けて決まるように考えられている。この原理で決まる賃金は制度的賃金と呼ばれている。また，限界生産力は0もしくは非常に低いため，伝統部門にいる労働者の一部がいなくなっても，生産量の減少はないか非常に低い。これらの労働力は偽装失業と呼ばれ[4]，低い賃金水準で近代部門に流出可能な労働力と考えられる。

　一方，近代部門（工業部門）の方は通常の経済原理が働く世界であるが，労

---

[3] Lewisは伝統部門と近代部門，Fei=Ranisは農業部門と工業部門という分け方をしている。この分類法は異なった分類法であるとの指摘もあるが，ここでは同一のものと考える。

[4] 厳密にいえば，限界生産力がゼロの労働力は「余剰労働力」と呼ばれ，限界生産力が制度的賃金を下回る労働力は「偽装失業」と呼ばれる。

働市場を考えたとき，伝統部門からの労働力の流入があれば低い賃金水準で無制限に労働力を調達することができる。賃金の水準は，伝統部門の制度的賃金に移動コストを上乗せした水準となる。図表 1-3 は近代部門の労働需要曲線と労働供給曲線を描いたものであるが，労働供給曲線の一部は水平であることに注意されたい。この部分では労働需要が高まって労働需要曲線がシフトしても賃金水準は変わらないのである。

このように，近代部門では低賃金で労働を無制限に雇用することができ，その結果資本の蓄積が生じることになる。図表 1-3 の灰色部分 A は社会的余剰である。この部分を原資にして近代部門にさらなる投資がなされると，労働需要曲線は図のように右上方にシフトしより多くの労働が雇用されることになる。ついには，労働供給曲線との交点が労働供給曲線の水平部分を超え，賃金が上昇し始める。これは伝統部門での偽装失業の消滅を意味し，伝統部門においても経済学の原理が適用されるようになる。この変化が訪れる点を転換点と呼ぶ。

転換点の到来は，国内経済にどのような影響を及ぼすであろうか。1 つ目は，伝統部門（農業部門）の近代化の促進である。農業部門で，偽装失業が消

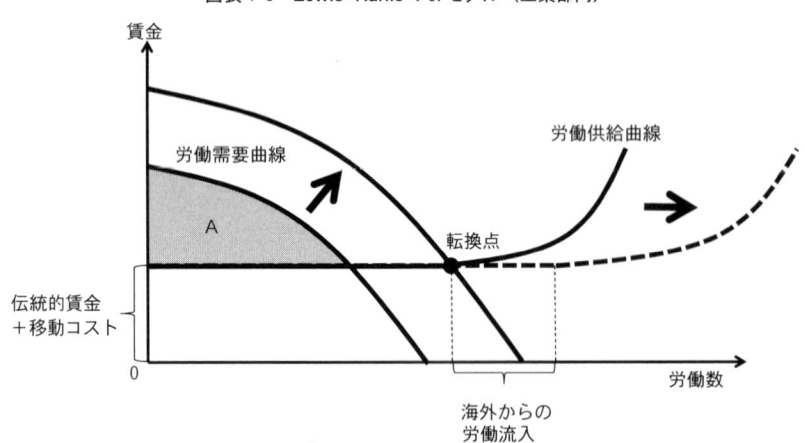

図表 1-3 Lewis=Ranis=Fei モデル（工業部門）

出所：筆者作成。

えると農産物の生産の減少が生じ，工業製品に比べて農産物の相対価格が上昇することになる[5]。農産物価格の（工業製品で測った）相対価格の上昇は，農業部門へ投資を惹きつけることになり，農業部門の近代化が進むことになる。

2つ目は，経済格差の変化である。転換点以前は労働賃金および制度的賃金は不変であるので，資本家や熟練労働者などとの格差は拡大することが予想されるが，転換点以後は労働賃金の上昇，伝統部門の近代化のために格差は減少すると考えられる。Kuznets (1955) は，経済成長の初期局面においては所得分配の不平等的傾向が拡大し，後期局面では不平等が縮小するという「Kuznetsの逆U字仮説」を提示したが，二重経済モデルにおける転換点の前後で，これと同様の変化が起きることが予想される。

しかし，ここで閉鎖経済という仮定を緩めて，海外から低賃金労働者が流入してくることを想定したらどうなるであろうか。労働供給曲線は右側にシフトし，図のように水平部分が右に拡張されるであろう。その場合，労働の無制限供給はこれまでよりも長く続き，経済発展に伴った転換点の到来は遅れることになる。近代部門はより大きな拡大が続くことになるが，伝統部門は近代化が遅れるので，国内の二重経済構造はしばらく残ることが予想される。伝統部門は近代部門に比べて投資のインセンティブに乏しい状況が継続することになり，経済格差も高い状況が続くことになろう。もちろん，海外からの労働流入は工業部門の一層の拡大をもたらすという意味においては，経済発展にプラスの影響を与える側面も持っている。しかし，それは二重経済構造という歪みを継続させる効果も持つのである。

4. タイの転換点の実証

転換点がいつであるのかを的確にいうのは難しい。仮に農業労働の流失があっても，非熟練労働の実質賃金がある時期まで全く上昇せず，ある時点以降

5　Ranis=Fei (1961) では，偽装失業が消える前に，限界生産力が0の余剰労働力が消滅した時点で農業生産は減少し，農産物の相対価格が上昇することを説明している。

急激に上昇するならば転換点を見出すのは簡単である。しかし，モデルにおけるプロセスとは異なり，通常，転換点前においても非熟練労働や農業部門における賃金は変化する。直接的に転換点を割り出すのは大変難しい。しかし，幸いなことに，経済発展の過程における転換点の実証に関しては，日本の転換点における実証研究が多く行われており[6]，間接的な転換点の兆候として実証研究の中で使われてきたものがある。ここではそれらの研究で使われた兆候の中から南（1970）が挙げている兆候を考えよう。転換点の兆候として挙げているものは以下のものである。

①非資本主義部門の賃金と限界生産力が等しくなる。
②非資本主義部門での実質賃金が継続的に上昇する。もしくは急激に上昇する。
③賃金格差の継続的な是正がみられる。
④非資本主義部門での限界生産力が継続的に急激に上昇する。
⑤労働供給の弾力性の著しい低下がみられる。

南（1970）の言う非資本主義部門とは，1次産業の大部分と非1次産業の伝統的部門を含むものとして定義されており，伝統部門（農業部門）と近代部門（工業部門）という分類の仕方とは必ずしも一致しないが，タイの経済発展を考えた場合，農業部門の存在が大きく，2つの部門を農業部門と工業部門とに分類したとしてもおおよその分析には影響を与えないものと考える。

この転換点の兆候のうち①，④は労働の限界生産力の推定が困難であるという問題を持ち，⑤に関しては労働供給曲線の推定が困難であるという問題があるため，ここでは②，③について実証を考える。②に関しては，前述のとおり非資本主義部門を農業部門で代用して，農業労働者の家計所得の動向を見る。本来，賃金ということでは個人所得を考えるべきであるが，個人所得の時系列データが入手できないため家計所得のデータを用いる。幸い，タイではHousehold Socio-economic Survey が長期でとられており，1986年のデータから現在まで比較可能なデータがそろっている。③の賃金格差に関しては，

---

[6] 日本における転換点に関しては，第一世界大戦期ないしそれ以降に転換点を考える Fei=Ranis（1964）と1960年代に転換点を考える大川（1974），南（1970），第一次世界大戦以前と1960年代の2回の転換点を主張する安場（1980）などの議論がある。

国全体の所得格差の問題と地域間格差の問題として次節で考えたい。

　図表1-4は農業労働者の家計所得と比較のため製造業労働者の家計所得が示されている。Household Socio-Economic Survey 各年版の名目所得を，2007年を1とした消費者物価指数で除して求めたものである。農業労働者の所得の変化はいくつかの局面があることがわかる。まずは1994年までの期間であり，この時は農業労働者の実質家計所得は緩やかに上昇を見せている。年平均成長率に直すとこの期間は年率3.6％の上昇がみられる。その後1996年にかけて年率で9.6％の成長がみられたが，1996年から2000年までの期間には農業労働者の実質家計所得はむしろ低下している。2000年以降の期間には，実質家計所得は急激に上昇している。年平均成長率は6.8％に上っている。

　これに比べて製造業労働者の家計所得は，1992年までは急な上昇がみられたがそれ以降は緩やかに上昇する傾向が続いている。図では太線であらわされている，製造業労働者の家計所得を農業労働者の家計所得で除した比率は，1992年までは安定し，その後下落・上昇と2000年までは不安定な動きを見せ

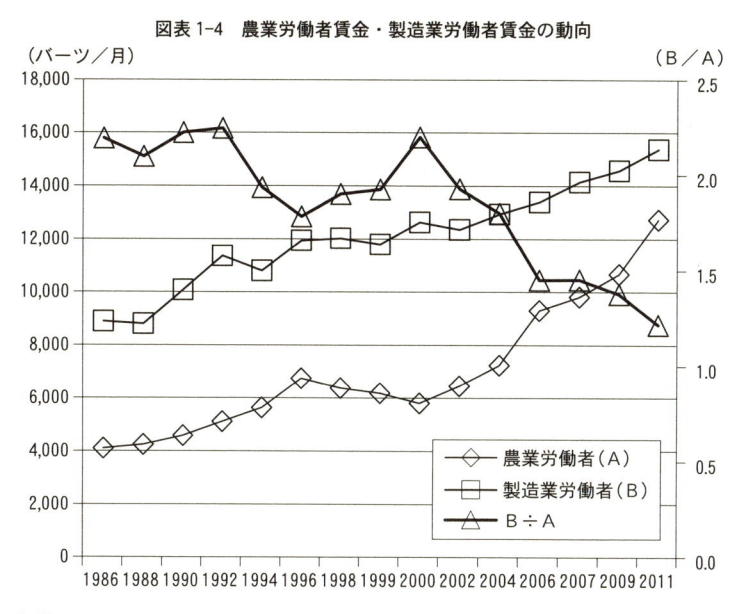

図表1-4　農業労働者賃金・製造業労働者賃金の動向

出所：Household Socio-economic Survey 各年版，タイ中央銀行資料より筆者作成。

たものの，それ以降は一貫して低下している。1986年に2.18倍あった差は，2011年にはわずか1.21倍にまで縮小しており，農業労働者の家計所得が相対的に上昇していることが示されている。

このような動きを見ると1996年から2000年にかけての動きは，農業労働者の実質家計所得及び農業労働者の相対家計所得の趨勢から大きく逸脱していることがわかる。この時期は1997年に起こったアジア通貨危機の影響が大きかったことが予想される。アジア通貨危機においては，都市部で多くの失業者が生じたが，その失業者が農村に戻ったことが報告されている[7]。実際，国家統計局の調査 Report of Migration Survey 1997 によれば，1997年にはバンコクから総人口の7.9%に当る57万5127人が流出し，流入先は広大な農村部を抱える東北部が57.0%を占めた[8]。この時期においては，Lewis=Fei=Ranis モデルが想定する農業部門から工業部門への労働移動とは逆の労働移動が発生し，少なくとも二重経済構造の解消に向けたプロセスが一時停止したことが予想される。

また1990年代半ばから隣国からの労働流入が急激に増加したことも考える必要があるだろう。すでに述べたように，これらの労働力は農業部門にも多く流入していった。総数でどれくらいの労働力が農業部門に流入したのかを詳しく推計できないので，議論には限界があるが，国内から農村へ向かった労働移動と相まって，海外から流入してきた労働力が低賃金で就業したと考えられ，農業部門の実質家計所得の上昇を阻害した可能性が推測できる。

アジア通貨危機の影響はこのように大変大きなものであったが，2002年から1人当り GDP の成長がプラスに転じ，それと呼応するように農業労働者の実質所得も急激な上昇を見せ始めた。この時点に至って，タイ経済は Lewis=Ranis=Fei モデルが想定する成長プロセスに復帰したと思われる。農業労働者の実質家計所得の動きを見る限りにおいて，タイでは1992年前後で転換点の兆候が見え始めたが，アジア通貨危機及び近隣諸国からの労働者の流

---

[7] 例えば，当時のタイ大蔵省副事務次官ソンマイ・ファシー氏は，国際協力銀行のインタビューの中で「農村が緩衝材の役割を果たした」との見解を示し，失業者の帰農について言及している（国際協力銀行（2000））。

[8] 工業団地が集中する中部においても東北部へ向けた2万1326人の人口流出がみられた。

入という外的な要因によって，一時経済は転換点以前の状況に引き戻され，2002年以降改めてはっきりした転換点の兆候を見せ始めたということができるだろう。

5. 経済格差の動向

　タイの経済格差は地方間の格差と関連付けて議論されることが多い。タイは通常，バンコク首都圏，中部，北部，東北部，南部の5つの地方に分けられることが多いのだが，1990年代には，この5つの地方に関して1人当りGRP (Gross Regional Products) を比較した議論がみられた。1人当りGRPで見ると，1990年初頭にはバンコクと比較して広大な農村部をもつ東北部はわずか10分の1以下でしかなく，地方間の格差が極めて大きいということが強調されたのである[9]。実際には1人当りGRPは1人当り所得ではなく，地方の産業構造の影響を大きく受けるが，家計所得で比較しても東北部はバンコクの3分の1以下と大きな差があったのである[10]。

　タイの地方は，工業部門が集中するバンコクと中部，換金作物の多い南部，農村部が大きい北部・東北部と産業が比較的はっきり分かれるとされてきた。地方間の格差は，工業部門と農業部門の差という二重経済モデルに合致していると考えられる。すなわち，2部門間の労働移動の結果，転換点が到来したとするならば，地方間の所得格差や全国の所得格差も大きな変化がみられるはずである。

　図表1-5は，5つの地方の平均家計所得の変遷と最も所得の高いバンコクの平均家計所得を最も所得の低い東北部のそれで除した比率の変遷を表したものである。どの地方もアジア通貨危機の後の数年の落ち込みを除き，所得は上昇しているのであるが，所得の上昇の速度に差がある。点線であらわされてい

　9　池本・武井 (2006) は，GRPによる地方間比較を，「生産統計を用いると所得格差を過大評価してしまう」と批判している。

　10　松本 (2000) では，こういった地方間所得格差と国全体の所得格差の関係を，タイル指数を使って推計し，地方間所得格差で国全体の所得格差の約2割を説明できるとしている。

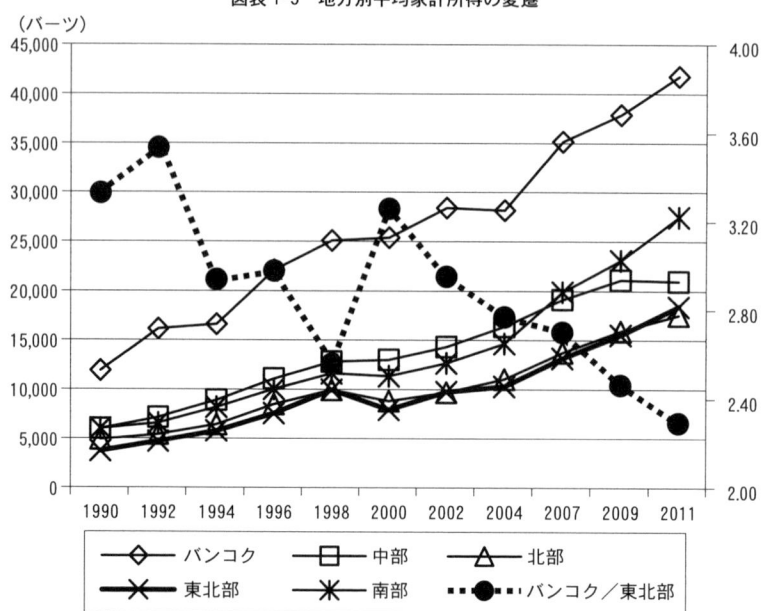

図表 1-5　地方別平均家計所得の変遷

出所：Household Socio-economic Survey 各年版より筆者作成。

る，バンコクと東北部所得比を見ると，多少の上下はあるが1992年をピークとして1998年までは減少（すなわち格差の解消）がみられ，2000年にかけて大きく上昇した後，継続的に減少している。格差が最も高かった1992年の時点で，バンコクの所得は東北部の3.53倍にまで達していたのであるが，2011年には2.29倍にまで縮小してきている。

　2000年時点で格差が一度急激に上昇しているのは，アジア通貨危機の影響からの回復が商工業部門から達成されたことにある。バンコクではこのような産業が多く立地しているため，回復が遅れた農業部門を多く含む東北タイに比べて，所得の上昇が高かったことの影響であろう。その後の，格差の縮小は，東北部への工場の進出などの影響も大きいが，東北タイは現在でも51.5％が農業人口であり，農業労働者の所得の上昇がなければこのような格差の縮小は考えにくい。第2節でみた転換点を超えた後のプロセスが働いたと考えられる。

図表1-6は，全国の所得格差の変化をジニ係数で表したものである。ジニ係数は，0から1までの数値を取る係数で，1に近ければその経済がより不平等であることを示す。このジニ係数の傾向であるが，2000年，2006年で一度ジニ係数が上昇するなど多少の変動はあるがものの，1992年をピークとして1994年から減少に転じていることが見て取れる。図はおおむね逆U字型を示しており，Kuznets仮説を裏付けるような傾向がみられる。この全国の所得格差の縮小は，すでにみた地方間格差の縮小と大きな関わりを持っていることが考えられる。というのも，1988年から2011年までの間で，それぞれの地方内のジニ係数は決して低下傾向がみられないからである。NESDBの統計によれば，1988年のバンコク，中部，北部，東北部，南部のジニ係数はそれぞれ0.388，0.435，0.439，0.454，0.463であったのに対し，2011年のそれは0.514，0.394，0.440，0.464，0.461である。中部で低下はみられたものの，北部，東北部，南部では顕著な低下はみられず，バンコクではむしろ大幅上昇している。この中，全国のジニ係数の低下がみられたことは，地方間の所得格差が減少していることが大きな原因であると考えてよいだろう。所得が上昇している

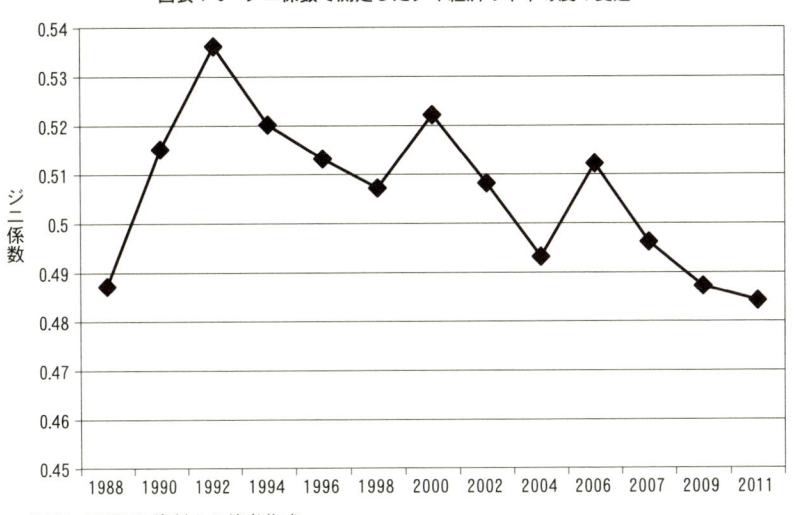

図表1-6　ジニ係数で測定したタイ経済の不平等度の変遷

出所：NESDB資料より筆者作成。

ことは全地方で共通であるので，農村部の大きな所得の上昇が農村部を多く抱える地方の所得を引き上げ地方間の格差縮小につながったと考えてよさそうである。

このように経済格差の傾向も第4節で示した農業労働者の所得の傾向と整合性がみられるのである。

6. おわりに

タイ経済の転換点を探るのに，農業労働者の所得の傾向と所得格差の傾向から導いた結論は，以下の通りであった。
　①タイ経済は1992年前後に一度転換点に達したものと考えられる。
　②しかし，アジア通貨危機は伝統部門から近代部門へという労働の流れを逆転させ，さらに同時期に近隣諸国から大量の労働流入があったおかげで，転換点後の発展プロセスは一時停滞した。
　③しかし，アジア通貨危機の停滞から経済が回復するとともに，転換点以後の発展プロセスが再度進行し始めた。

本章の1つの目的は，近隣諸国からの労働流入がタイ経済にどのような影響を及ぼしてきたのかを考察することであったが，労働流入が増加した時期とアジア通貨危機の時期が重なったため，労働流入がどれくらいの影響をもたらしたかを論じるには限界があった。しかし，1つはっきりしているのは，アジア通貨危機から経済が回復した2002年以降，労働流入が増加している中で，タイの農業部門は近代化を進めていることである。すでに，タイの経済は外国からの労働流入で転換点が遅れるといった段階を通り越して成長していると考えることができるであろう。むしろ，近隣諸国からの労働流入は，工業部門においても労働賃金の急騰を抑える役割を果たし，一層の経済発展を支えていると考えることができる。労働政策研究・研修機構の『データブック国際労働比較』等によれば，製造業の労働賃金に関して1995年の値を1とすれば，タイの場合2010年の値は1.64倍である。これは中国が5倍を超え，韓国も3倍弱に増加しているのと比べて明らかに低く，アメリカの1.51倍に近い値である。

タイが決して賃金が上昇していないわけではなく，着実に上昇は続けているが急騰を招いていないことは，製造業の競争力を高い水準に維持するのに貢献しているということができるであろう。

タイへの海外からの労働流入に関しては，法的な整備が追い付かないことや労働者の人権に関する問題などがまだ多く存在する。しかし，経済的な視点からすれば，流入する労働力を巧みに利用し，着実な経済成長に結びつけているということができるのではないだろうか。

〔松本　邦愛〕

参考文献

<日本語>
・池本幸生・武井泉（2006），「タイの地方間格差：労働移動から考える」松井範惇・池本幸生編『アジアの開発と貧困：可能力，女性のエンパワーメントと QOL』明石書房．
・上田曜子（2007），「日本の直接投資とタイの自動車部品メーカーの形成」『經濟學論叢』58(4)，同志社大学．
・大川一司（1974），『日本経済の構造―歴史的視点から』勁草書房．
・国際協力銀行（2000），「持続可能な経済をめざして―タイ大蔵省副事務次官ソンマイ・ファシー氏に聞く」『国際協力銀行ニューズレター Development & Cooperation』国際協力銀行．
・渋谷淳一（2011），「東アジア地域主義と人の移動」『社会志林』57(4)，法政大学社会学部学会．
・末廣昭・安田靖編（1987），『タイの工業化　NAIC への挑戦』アジア経済研究所．
・松本邦愛（2000），「タイの地域間所得格差の構造」『世界経済評論』44(11)，世界経済研究協会．
・南亮進（1970），『日本経済の転換点』創文社．
・安場保吉（1980），『経済成長論』筑摩書房．
・山田美和（2012），「タイにおける移民労働者受け入れ政策の現状と課題」山田美和編『東アジアにおける人の移動の法制度』調査報告書，アジア経済研究所 http://www.ide.go.jp/Japanese/Publish/Download/Report/2011/2011_115.html

<英語>
・Chalamwong, Y. (2001), "Recent Trends in Migration Flows and Policies in Thailand," *TDRI Quarterly Review*, 16(2).
・Fei, J. C. H. and G. Ranis (1964) *Development of the Labor Surplus Economy: Theory and Policy*, Irwin Publishing Co., Homewood, IL.
・Lewis, W. A. (1954), "Economic development with unlimited supplies of labour," *The Manchester School of Economics and Social Studies*, 22: pp.139-191.
・Mizzima, Thailand reopens registration for illegal migrant workers, 2011 年 4 月 27 日記事，http://www.mizzima.com/news/regional/5191-thailand-reopens-registration-for-illegal-migrant-workers（2013 年 8 月 30 日アクセス）．
・Ranis, G. and J. C. H. Fei (1961), "A theory of economic development," *American Economic Review*, 51: pp.533-565.

第2章

ベトナム労働市場の現状と問題点

1. はじめに

　労働は，すべての生産活動の最も基礎的な生産要素の1つである。開発途上国にとって，とりわけベトナムのように工業化の初期段階に安価な労働力の比較優位を持つ場合，労働市場の安定的な発展は，長期の経済成長の重要な条件となる。

　ベトナムの経済は，2001年以降，外資系企業部門と国内民間資本系企業部門両方に対する規制緩和の本格的な展開により一定の経済発展を達成した。国内総生産（GDP）と工業生産の年平均増加率は，2001−2010年の間に，それぞれ6−7％と9−10％であった。2010年には1人当りGDPが1000米ドルの水準に達し，貧困の罠から脱出することに成功し，中所得国の仲間に入った。

　しかし，こうした経済発展の裏でベトナムの経済にはあまり望ましくない特徴がある。例えば，経済成長が過度に資源輸出に依存していること，外国直接投資（FDI）の技術移転効果やスピルオーバー効果などが発揮できないこと，また経済構造や労働市場の歪みなどもそれらの特徴の1つである。主力輸出品目は，ドイモイ初期以来ほとんど変わらず，主に米やコーヒー（農作物），石油，鉱物（天然資源），アパレル，履物，単純な組み立て製品（安価労働の資源）である。農村人口のシェアはまだ圧倒的に多い（2011年末で5割以上）。

　東アジア地域内および全世界での投資・貿易の自由化を背景に，製造業を中心とする外国直接投資の誘致とその効率的な利用は経済発展に欠かせない条件となる。しかし，近年ベトナムの労働市場は不安定であり，投資環境とりわけFDI誘致の問題に対して悪影響を及ぼす兆候がある。筆者の聴き取り調査やマスコミの報道などによれば，2014年4月の時点で，北部から南部まで各地

でのストライキの頻発や最低賃金水準の急上昇がみられ，マネジャー級の労働不足，農工間の労働構造の不均衡，農村・都市間での労働のミスマッチなどの問題があって，労働市場が不安定であることがわかる[1]。

いかにすればこの未熟な労働市場を安定的に発展させることができるのであろうか。この問題に関して，トラン（2010）は都会での住宅コストの急高騰の影響を考慮に，移動コストという概念を導入しながら実質賃金水準への抑圧の影響でルイスモデルの修正を提唱し，2009年の段階まで大都会の工業団地での労働の需給のミスマッチの要因を分析した[2]。ここで移動コストは確かに重要な概念ではあるが，住宅コストの高騰は一時的に証券と不動産市場の過熱な発展により起こった現象だとみられる。2010年ぐらいからベトナムの不動産市場でのバブルが弾け，住宅コストの高騰はなくなったが，大都会での労働の需給のミスマッチの問題はあまり改善されていない。すなわち，移動コスト以外の原因にもあると考えられる。

本研究は上述の問いを解くためのヒントを提示することを目的とし，ベトナムの労働市場の現状を把握しながら，この十数年間に農村・都会間の労働移動プロセスを阻害してきた要因を探求していく。

本章の構成は次の通りである。第2節は，農村・都市間の人口の移動の問題を注目しながら経済発展と労働市場との関係を論じる。ここでトダロモデルに触れながら農村・都市間の人口の移動を促す要因に関する仮説を提示する。この分析枠組みを基に，第3節は政府の機関に公開された統計データ及び筆者が実施した複数回の現地調査の情報を利用しながらベトナムの労働市場の現状を吟味する。この分析で，労働市場を不安定化させる要因として農工間の労働及び農村・都市間の人口の移動を阻害する条件を指摘する。最後に第4節では，労働市場の歪みを是正するための政策含意及び工業化と労働（人口）構造の変化との関係について，更なる検討が必要な課題を述べる。

---

1 筆者は，2008～2014年春まで毎年ベトナム各地を回り，外資系企業および国内資本系企業への聞き込み調査を行った。またマスコミの報道については，国内だけではなく海外の報道，例えばベトナム語プログラムのフランスラジオ局2014年4月22日のニュースにも取り上げられた。(www.rfa.org/vietnamese/in_depth/vn-strik-r-spontaneous-04222014055331.html)。
2 詳細については，トラン（2010）第9章を参考。

2. 経済発展と労働市場の構造の変化についての理論
　　—トダロモデルとその問題点

　労働市場の安定は，農工間の労働移動の他に農村・都市間の人口の移動にも大きく左右される。トダロ（1969）によると，多くの開発途上国では都市と農村との間に賃金水準の差が存在することにより，（労働）人口は常に農村から都市へ一方的に移動する傾向がある。この動きは，都市での労働市場が不均衡（超過供給）になった状態でも発生し続け，結果的に都市での失業率をさらに悪化させる要因となる。

　トダロによれば，農村から都市への人口移動の誘因は単なる両地域間の絶対賃金の格差ではなく，その背後には期待所得（都市での賃金水準×仕事を見つける確率）及び未来の期待所得（期待所得×時間）がある。例えば，都市では平均賃金は月100\$，農村では50\$とする。この場合，都市での仕事を見つける確率が50％以下であれば，期待所得は50\$（100\$×50％）より少ないので，労働者は移動しない。しかし，その確率が50％以上で，都市での期待所得は農村での所得と機会費用を含む移動コストの合計より多い場合，農村での労働者は都市への移動を決める。しかし，開発途上国では，低レベルの経済発展のため都市での労働の需要は農村から移動する労働（人口）を全て吸収することが出来ない。これは長期的に労働市場を不安定化させる。

　トダロモデルからの最も重要な含意は，失業問題を解決するためには，政府の政策は都市での失業率を下げる直接な対策よりも，農村の開発や農村での生活水準（実質賃金・所得）を改善することを重視すべきであるということである。

　トダロモデルは，多くの開発途上国での慢性的な失業状態を説明し，不均衡的な労働市場を是正するには深い意義がある。しかし以下の点を議論に加える必要がある。

　第1に，理論的に都市での失業率の上昇は，仕事を見つける確率を低下させ，従って期待所得も下がり，いつか農村からの労働移動は次第になくなると

考えられる。ここで現実期待所得（実質失業率に基づいて計算）と推測期待所得（個々労働者自身に推測される仕事を見つける確率に基づいて計算）との差を検討すべきである。労働者の心理もこの差を発生させる要因の1つであるが，当事者の情報収集・処理能力と労働市場の実態（人材派遣会社や公的機関に提供される情報）との間の情報の非対称性も重要な要因であろう。

第2に，農村での実質所得がゼロに近い場合（特に最貧困層）には，都市で仕事を見つける確率はいくら低くても農村からの移動を誘発する要因となる。これらの労働者にとって都市への移動の機会費用は殆どゼロに近い。尚，熱帯地域における開発途上国の農村には，自給自足で生活可能の環境（自然条件）があるため，労働者は失敗したらいつでも元のところに戻れるので，仕事を見つける確率に拘らずに都市への移動を安易に決めることができる。つまり，農村地域の特徴も農村から都市への移動の動きを左右する要因となる。

第3にトダロモデルは市場経済体制を研究対象としたが，混合経済体制の場合（特にベトナムや中国などの移行経済国），政府は市場に厳しく介入することが可能となり，人々の移動の自由権が厳しく規制されると，農村・都市間の人口移動は一方的にはならない。即ち，経済体制も労働市場の均衡を左右する要因となり得る。

以上の議論を念頭に，次節は農工間の労働移動と農村・都市間の人口移動を巡り，ベトナムの労働市場の実態を分析していきたい。

3. ベトナム労働市場の実態と不安定の要因

(1) 産業別労働構造の変化と労働市場の発展に関わる問題点

ベトナムは経済制度の刷新（ドイモイ）政策を1980年代後半から打ち出したが，2000年以降民間セクターに対する経済活動への参入の自由化により経済が本格的に発展していった。労働市場形成のきっかけは1990年代後半以降外国直接投資（FDI）の流入からである。2000年代から製造業における民間企業の生産拡大により労働の需要は急速に増加し，なお公的職業紹介所に加え，民間人材派遣サービスの登場が労働市場をさらに活発化させ

た[3]。

　マクロ経済指標をみると，GDPの成長につれて労働構造も変化しており，農業のシェアが次第に縮小，その代わり工業及びサービス部門のシェアが拡大していった（図表2-1を参照）。

　2000年からの工業部門での投資の急速な増加は，経済成長に大きく貢献した。工業セクターでの賃金水準の上昇は全体の平均賃金を引き上げていった。一見みれば，工業発展により農業セクターからの余剰労働が吸収されたようであった。しかし，工業部門を詳細にみると，同部門での投資拡大は，むしろ長期経済成長を阻害し，労働市場を不安定化してきた可能性がある。

　第1に，GDPの成長や工業の総生産の増加と比べ，労働の構造変化は遅れた傾向があるようである（図表2-1を参照）。その理由は工業セクターにおいて，所有形態によって労働市場が分断され，均等に発展しなかったからである。移行経済国としてベトナムの工業生産は3つの所有形態の企業部門に担われている。それらは，国有企業（SOEs），外資系企業（FDI）と国内資本系民間企業部門（PEs）である[4]。

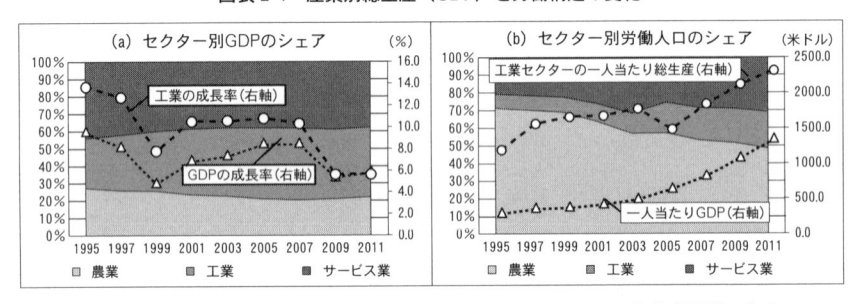

図表 2-1　産業別総生産（GDP）と労働構造の変化

出所：ADB（2012）*Key Indicators for Asia and the Pacific 2012* から筆者計算，作成。

3　1994年の労働法により，人材派遣サービスの事業について言及されたが，事実上2000年の企業法の制定，特に2002年の労働法の改正の後，民間資本は人材派遣サービスの分野に参入し始めた。

4　ここで，国有企業（SOEs）とは政府が支配権を持つ株式企業を含む。それ以外の国内民間資本系企業（株式企業，自営業，非政府系集団企業など）は民間企業（PEs）と分類される。外資系企業（FDI）は，合弁会社も含む。但し，事実上現在ベトナムで殆ど100％外国資本の企業である。

図表2-2をみると3つの企業部門の中，SOEsは大量の資本を使用していたが，労働の吸収能力（雇用創出能力）は殆どみられなかった。FDIは資本および総生産から見ると安定発展し続けていたが，余剰労働の吸収能力は近年飽和状態に近づく兆候をみせている。PEsは2000年から本格的に市場に参入し始めたばかりだが，ベトナム全土で，農村からの労働力を吸収する主力の経済主体となっている。しかし，この企業部門は政府の経済政策における優遇対象になっておらず，資本力や信用など，様々な角度からみて他の企業部門と比べて比較的に劣位に置かれているので，常にSOEsやFDIと直接に競争することを避け，大部分中小零細規模で，短期的かつ不安定な雇用形態を持つ傾向がある。

　第2に，工業セクターでの賃金上昇率は，経済発展（工業生産の増加）と連動せず，余剰労働を吸収する力が不足している。これも移行経済に固有的な属性に関わっている。即ち，市場経済の場合，公的経済部門のサービスを除き，他の商品と同じく労働の価格（賃金）も市場の需要と供給の均衡により調整さ

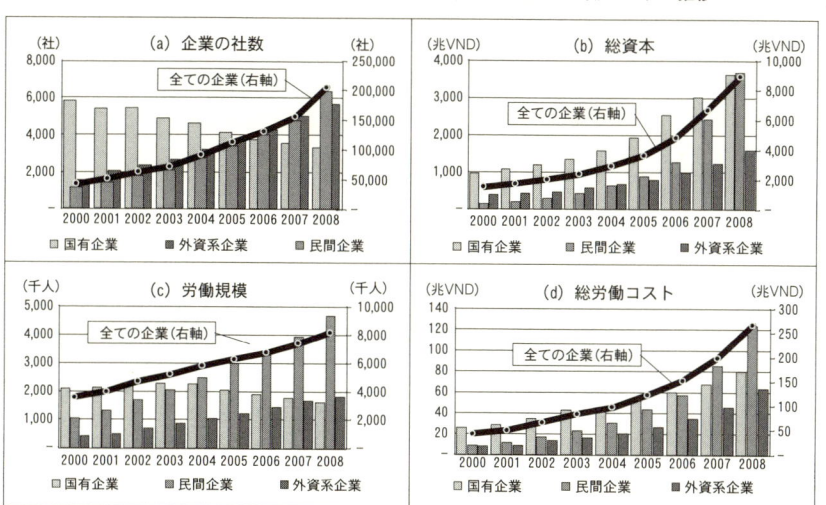

図表2-2　所有形態別企業の社数，総資本，労働規模と労働コストの推移

出所：GSO (2010), *The Enterprises in Vietnam 9 years at the beginning of century 21* から筆者計算，作成。

れ，労働者と雇用者（企業）との競争的な自由交渉の結果が反映される。よって一般の賃金水準（高いか安いか，安定か不安定か）も経済発展レベルを示すバロメータとなる。しかしベトナムの場合，労働市場は FDI，SOEs と PEs という異質の企業部門に左右されているので，賃金水準が収斂せず，それぞれの企業部門の労働の吸収力によって分断され，連動性がない。

筆者のヒアリング調査によると，3 つの企業部門の中，FDI での賃金水準は最も高く，労働者にとって魅力的な就職先であるが，この企業部門の労働の吸収力は，現段階で期待ほど高くない[5]。図表 2-2 をみると FDI の労働者数の増加率は投資および総生産の増加よりも遥かに低い。その理由は，労働集約型だけではなく，労働節約的技術型および資本集約型 FDI も同時に流入していたからである。後者（労働節約的技術型および資本集約型）の FDI は，余剰労働の吸収や賃金の改善にあまり貢献しなかった。また，労働集約型 FDI は，労働の吸収だけではなく，賃金水準の改善や国内市場の購買能力の向上などの効果が大きいと期待されるが，実際に多数の FDI 企業は，十分に雇用を吸収できなかったことに加え，最大限労働コストを節約するため，単純（高卒又は中卒）労働を使う傾向があるので，これらの効果をあまり発揮することが出来なかった。

実際に，多くの FDI 企業の求人は学歴を問われず，識字（書く，読む）能力だけが求められている。また，日系企業で働いている労働者へのインタビューによると，企業内部での昇給は特に単純労働者では殆どないことが判明した[6]。

---

[5] 筆者は 2001 年から今まで定期的にベトナムの北部，中部，南部の主要地域に現地調査を行い，その際，大学卒業生や工業団地で働く労働者をインタビューしていた。特に，2008 年と 2010-2013 年間の（ベトナムの労働問題をテーマとした）2 つの共同研究プロジェクトに参加した時に数回でハノイ市と HCM 市周辺の様々なタイプ（現場作業員からエンジニア，管理者まで）の労働者をインタビューした。2008 年の共同研究プロジェクトは，国際協力銀行（JBIC）からの委託調査研究として，「ベトナムの労働移動に関する調査－投資環境の視点から」（2009）という報告書で調査結果をまとめた。

[6] 例えば，TANTHUAN 輸出加工区にある日系企業の従業員により，約十数年前には，日系企業は一般の賃金水準より 2，3 倍近く高い賃金を支払うので，日系企業で働くことは多くの労働者の憧れだったが，近年都市部では一般の賃金水準が上昇し続ける結果，その差がなくなり，また日系企業で働く場合の将来性（昇進）を考慮すると日系企業で仕事する魅力がさらに低下した。

FDIでの賃金水準が長期に改善されない現状をもたらしたもう1つの要因は，同企業部門のネットワークを利用して賃金水準を固定化するための談合を行う動きである。また供給側をみると労働者組合（実質的に労働者の権利を守るための組織）がまだ存在しないので，雇用側（企業）の談合によって，賃金・給料の交渉の際に，個別の労働者は不利なポジションに追いやられることがある。こうした賃金の圧迫は，徐々にFDI企業とその他の（SOEsとPEsを含む）企業部門との賃金の差を縮小させ，FDIの魅力を低下させつつある。

SOEs企業部門は，「計画経済」時代と異なり，ある程度自主経営権を持つようになったが，資金や土地利用などの様々な面で政策的な優遇を受け，独占の地位を維持し続けているので，労働市場においても競争性が欠けている。また，SOEsでの賃金は公務員制度の規制に左右されることや，加えて国有企業の改革により労働の需要もだんだん縮小していたことなどを考慮すると，実際に労働市場及び一般の賃金水準にあまり影響しなかった。これらの中，繊維やアパレル，食品加工などの軽工業で活動する少数のSOEs企業は，同分野でのFDIとPEs企業と競争し，労働市場の価格に対する影響力があった[7]。

一方，PEs企業部門は余剰労働吸収の主力となるが，この企業部門での賃金は農業での賃金水準との差が大きくなく，またFDI企業より一定の額で安い。この企業部門は社数が多いが，FDIやSOEsと比べ，（技術，資本，経営資源などについて）競争力が弱く，また大部分は2000年以降設立され，規模が小さく，雇用状態が不安定であるので，余剰労働にとって望ましい就職先ではない。図表2-3に示されているデータを見ると，工業セクターの総労働需要のうち，PEs企業のシェアは大きく，増加率も高いが，平均1社の労働規模をみると零細規模企業が多いことがわかる。

(2) 農村・都市間の人口の移動と労働市場への影響

マクロデータによれば，都市の対農村人口の割合はドイモイ初期から工業化

---

[7] 国有企業の改革は1990年代から打ち出されたが，2000年代に入ってから本格的に展開し始めたとみられる。但し，国有企業の数が減少するものの，同企業部門は，現在でも資金調達などの経営に関わる様々な面でまだ政府に過保護されている。

に従い逓増しつづけた。しかし詳細にみれば，農村から都市への人口の移動の動向は，2000年を境に2つの段階に分けられる。1990年代には，人口移動の動きはトダロモデルの説明の通りに，全国の農村地域から2つの大都市（ホーチミン市とハノイ市）へ過度に集中していた。但し都市地域では，特にホーチミン市の場合，FDIとPEs企業の急速な発展によって，農村から移動された労働が十分に吸収されていたので，必ずしもこれらの地域での失業率を増加させなかった。

ところが2000年以降になると，ホーチミン市とハノイ市以外の地域でも工業化，新都市開発が急速に展開され（図表2-3を参照），両大都市での投資は労働集約的産業から不動産の開発や銀行・金融，情報サービスなどの分野を中心とする資本集約産業へシフトすることになり，単純労働はこれらの大都市から地方（の新都市）に流出する現象が現れた。

典型的な例は，ホーチミン市周辺（Binh Duong省など）の工業団地から北部（Hai Duong, Hung Yen, Bac Ninh省など）及び中部地域（Danang市など）の新開発都市への人口移行の動きである。この間，各地に新しく進出しているFDI及び現地新規中小企業（PEs）は中心から地方への人口（労働）の労働の移動に大きく貢献した。こうした逆流的な労働移動の現象は，トダロモデルでは説明されていない。

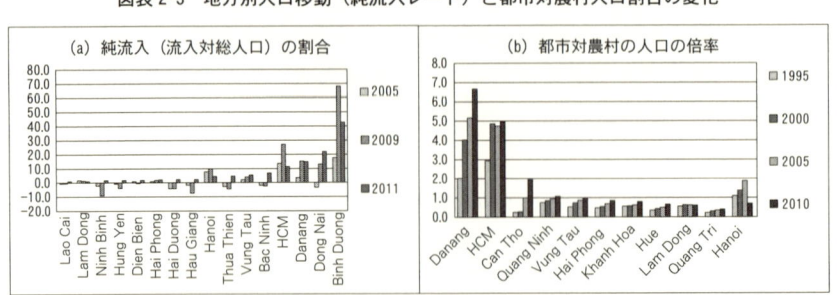

図表2-3 地方別人口移動（純流入レート）と都市対農村人口割合の変化

注：Binh Duong, Dong Naiとホーチミン市（HCM）は，日本の関東圏のように立地される。
　　その他の都市・省は，中国の沿岸部のように，北部から南部まで均等に立地される。
出所：統計総局（2012）から筆者計算，作成。

ベトナムで農村・都市間の人口の移動は労働の需要側（都市での工業・投資の発展）の他に，労働の供給側にも左右されている。即ち，第1に農村から都市へ移動した人口のうち，出身地域により異なる特徴がある。南部地域の農村は農業発展にとって恵まれた天然条件（気候，風土など）があり，人口密度も低く，実質の生活水準も比較的に高い。よって，これらの地域に出身した労働の移動は，比較的に機会費用が高い。一方北部又は中部地域の農村は，実質の生活水準がかなり低いので，都市への移動（出稼ぎ）の機会費用がゼロに近い。この特徴により，農村から都市への移動人口の中，中部又は北部地域出身の割合が高かった。

　第2に，大部分のベトナム農村の労働は，都市への移動をしながら，仕事が見つからない場合の（自発的な）保険として農村での生活拠点を残す方法を選択する傾向がある。都市で安定的な生活拠点を確保した後になって初めて，故郷へ戻る道を断つことを選択する。但し，大都市から地方への労働移動は，必ずしも工業セクターから農業セクターへの移動を意味せず，殆どの場合，物価が高い大都市での厳しい生活（仕事）を辞め，出身地近くの新開発都市・工業地帯に移動する動きである。

　第3に，農村から都市へ移動する労働者の大部分は非熟練・単純労働者である。このため，出稼ぎ労働者は安定的な仕事を見つけるのが難しい。さらに，都市での貧富の格差がますます広がり，インフレ率の増加は低賃金労働者の実質の生活水準をさらに低下させる傾向がある。これは貧困労働者が大都市から地方へ移動する動きを刺激し，結果的に都市で単純労働の供給が枯渇することになった。また，非熟練労働は単純な仕事しか担当できず，賃金が安いため，離職率が高い。この動きは逆に労働の需要に影響を及ぼし，雇用者は常に離職労働の代わりに新規募集を行う必要があり，結果として企業内部での賃金の改善を制限してしまう。

　要するに，これまでベトナムでの農村・都市間の人口（労働）の移動は，トダロの理論（期待所得—農村から都市への一方的人口移動—失業人口の増加という悪循環）を誘発せず，大都市（ホーチミン市，ハノイ市）での失業率を悪化させなかった。しかし以上の分析のように，これらの動きは実際のところ長期的には労働市場を不安定化させる（需給両側に関わる）要因になると見られ

る[8]。

(3) 労働市場の不安定をもたらす制度的な要因

以上の要因の他に，労働市場は直接又は間接的に経済制度及びマクロ経済政策の影響を受ける。

第1は，インフレに関わる経済政策である。ここでは，インフレの原因を追及するのは目的でないので，インフレ率の上昇と労働市場の不安定との関連性について言及したい。インフレ率の急上昇は，労働市場の需要と供給の両サイドに大きな影響を及ぼしていた。つまり，供給サイドでは，実質賃金水準が下がるため，労働供給は量及び質（離職率も含め）の両面で低下し，賃金上昇圧力が高まることになる。需要サイドでは，賃金上昇の圧力が労働コストを引き上げ，また賃金上昇率の急増は企業の経営に支障となり，結果的に労働の需要が拡大出来ない又は縮小してしまう。この労働需要縮小の悪循環は，経済発展を失速させてしまう。

第2は，不合理な最低賃金制度である。近年最低賃金政策の変更は極めて不透明で予測不能であるため，労働市場を不安定化させ，FDIに対する魅力，即ち安い労働コストの比較優位を失わせている。実際に，現段階ではベトナムでの賃金は近隣諸国より安いが，政府の規定により最低賃金水準の上昇はあまりにも早いので，企業が決まった経営計画を調整できず，労働者側の賃金の引き上げの要求に対応出来ない（図表2-4を参照）。インフレ率の上昇と不合理な最低賃金制度は，労働者の心理を不安定にさせ，その結果賃金問題に関わる労使紛争を原因とするスト行為は広範囲で発生している。

第3は，経済制度・政策の非効率性である。ベトナムは現在でも計画経済から市場経済への移行途中であり，市場経済体制が部分的に導入されたが，全体的にみると経済政策は計画経済（政府の市場への介入また官僚的）の特徴がまだ強い。例えば，労使に関わる組合法はストライキが広範囲に広まった後しか制定され，その内容も本来の目標（労働市場の安定化，ビジネス環境の改善）

8　図表2-3（b）に，2010年ハノイ市の都市対農村の人口の倍率の低下は，政府による首都の拡大計画（近隣のHATAY省などの合併）の結果であった。

図表 2-4　ベトナムの最低賃金水準の推移と国際比較

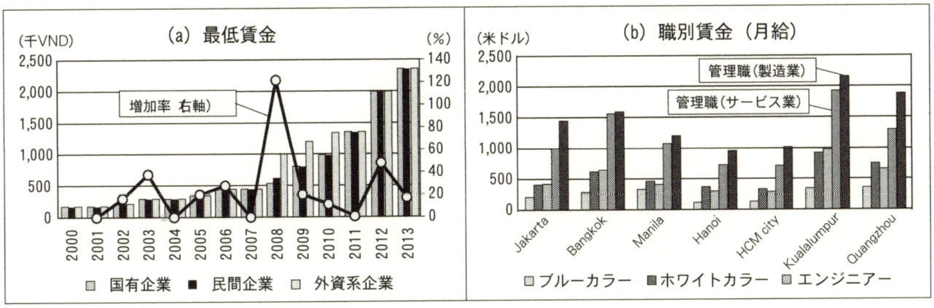

出所：ベトナムの各種の法律とジェトロの調査 *Jetro*（2012）から筆者計算，作成。

を追求せずに，官僚的な考えが反映されたものである。あるいは，労働の需給を擦りあわせする機能を持つ人材派遣サービスは主に公的機関及び政府に関わる組織が設立する会社に独占されている。これらの会社は政府と密接な関係があるため，情報の独占や不正競争などで，現実に労働市場の需要と供給のバランスを効率的に調整することが出来なかった。

また，世界貿易機関（World Trade Organization）への加盟後でも，投資環境に関する経済政策及び法律システムは一定の規制緩和がみられたものの，あらゆる分野で，政府の保護の恩恵を受けている非効率的な国有企業の存在が市場経済化への妨げとなっている。これは，労働需要サイドの主力な担い手である国内資本系民間企業の発展を妨げ，余剰労働の問題の解決を困難させてしまう。

4. 労働市場の安定化に関わる政策含意

以上の分析を参考に，今後労働市場を安定的に発展させるためには，以下の点に留意する必要があろう。

第1に，長期経済発展のためには，完全に市場経済に移行する目標を掲げ，経済制度・政策体系を抜本的に改革する必要がある。現段階での社会経済システムは様々な課題を抱えているが，それぞれの問題を断片的に処理するのでは

なく，市場への介入を最小限にする基本方針を決め，市場の機能を最大限効率的に利用できるような経済制度を設計することが必要不可欠である。

具体的には，労働市場にとって需要サイドを刺激するためには，税制や融資制度などの経済政策を行う際には，農業・農村から余剰労働を吸収する主力な経済主体となる国内資本系民間企業部門の発展を重視すべきである。当然，FDI の誘致も労働需要の規模を拡大させる効果もある。しかし，グローバル経済への統合（広域で投資・貿易の自由化）過程では，行政的な措置で労働集約型又は資本集約型 FDI を差別的に誘致することは認められないので，技術移転効果により労働の質を向上させながら余剰労働を最大限に吸収できる FDI の誘致を工夫する必要がある。このため，外国直接投資の誘致政策は大規模投資や高度技術（ハイテク，オートメーション云々）などの FDI 企業を誘致する必要はなく，むしろ裾野産業（部品・中間財産業）における大量の中小零細 FDI 企業への誘致を重視すべきである。

これらの FDI の受け入れは，労働市場の質と量の改善といった直接的な効果に加えて，流入した中小零細 FDI 企業と国内資本系民間中小零細地場企業との繋がりによる技術移転効果が期待され，またこれらの地場企業の雇用創出効果により労働市場の発展を促す間接的な効果も期待される。

SOEs 企業部門にとっては，徹底的に民営化するように抜本的な改革を行う必要がある。エネルギーや国防の安全に関わる重要なインフラ建設などの公共財，サービスなどは SOEs 企業の投資が必要だが，それ以外の分野においては規制緩和による自由競争環境をつくり出し民間企業の活力を最大限活用しなければならない。国有企業の徹底的な改革は，労働市場の発展に対する直接効果よりも，良質な競争環境に置かれる民間企業の発展によって雇用創出効果が発揮され，余剰労働の吸収に対する間接効果が大きい。

第 2 に，農村と都市間の発展の格差は，人口・労働の不合理的な移動・構造を通じて，都会での失業率の上昇や貧富格差問題の深刻化などを誘発してきた大きな要因であるので，マクロ経済政策は人口の過密集中問題を避けるため，都市部での工業発展と同時に農村開発（農業の近代化，都市化）の問題にも重点が置かれる必要がある。

むろん，農業発展・農村開発政策はそれぞれの地域の社会的及び自然的条件

を考慮に入れ，当該地域の比較優位を最大限利用しながら農業の生産性を向上する目的を目指すべきである。現在の農村開発政策は非合理的で長期経済発展を阻害する要因を誘発する恐れがある。こうした中で，近年最も深刻な問題となっているのは「耕作地のコンクリート化」の問題である。大都市だけではなく，多くの農村地域（省，県）は地元の経済発展戦略として都市化計画を立て農業用地を新住宅地や工業用地（工業団地）にする政策を実施してきた。しかしこの動きは，実際に農業用地を消失させ，多くの農民を失業状態に押し込んでしまった。こうした非効率的な農村の工業化政策は，工業部門の生産性を改善出来ないだけではなく，逆に農業の生産性を悪化させてしまい，従って農村での平均所得を低下させ，農村と都市間の賃金格差を広げ，結果的に労働市場はさらに不安定となっている。

　第3に，低所得労働者をサポートする政策が必要であるが，無理に最低賃金政策を乱用，悪用してはならない。こうした最低賃金水準は，実際に科学的な根拠がなく官僚主義的な考え方により決められ，雇用に対する影響は無視されている。最低賃金政策は，政府の労働市場への過度の介入である。さらに最低賃金が変更される度に，賃金や雇用保険，労働条件などの改善を要求する労働者の心理的な反発が発生しやすいため，労使紛争を誘発させる要因ともなる。近年，賃金問題を中心とする労使紛争による広域でのストライキの多発は，非合理的な最低賃金政策の導入との直接的な因果関係があると考えられる。

　低賃金労働者層を保護するには，最低賃金政策ではなく，労働者をサポートできる法的規制が重要となる。但し，最も重要なのは，労働者が自主的に自らの労働組合を組織することである。既存の（「計画経済」時代から制定・設立された）法体制及び政府主導型組合組織は，市場経済の環境では機能することが出来ない。労働者の自力で結成される労働組合でなければ，賃金や労働条件の交渉に「市場の失敗」（雇用者の談合による労働価格と自由競争市場の価格との差）を克服することが出来ない。現実に，市場経済でも，雇用（企業）側も労働を安定に使用するため，企業内部の労使関係の仲介役として労働組合に頼る必要がある。

　第4に，労働市場を健全的に発展させるためには，需要サイドの他に供給サイドの改善も重要である。工業セクターに相応しい労働を安定的に供給するた

め，農村地域の労働の質（基礎，義務教育知識など）を振興する政策を導入する必要がある。農村での余剰労働は，職業教育を受ける能力を事前に備えれば，農工間の労働移動及び農村・都市間の人口の移動はより合理的且つ効率的に展開されやすい。ここで言及される労働の質とは，工業セクターに求められる熟練度合や技能，専門職の経験等ではなく，それよりも健康，識字能力，（社会科学や自然科学に関する）一般教養知識，職業訓練を受けられるための基礎能力・知識である。このため，農村地域での基礎，義務教育の振興は政府にとって大変重要な政策課題である。

5. おわりに

開発途上国の場合，労働市場を安定的に発展させるには，政府の役割が欠かせない。しかし，労働市場を効率的に調整するためには，労働政策はそれぞれの問題を断片的且つ孤立的に解決するのではなく，それよりも市場経済体制が健全に発達するための体系的な移行戦略と整合することが必要不可欠である。本章は農工間の労働移動と農村・都市間の人口移動の問題を中心に，労働市場の現状と問題点の分析に重点を置き，ベトナム労働市場の発展に関わる政策立案の参考材料として最も根本的な留意点を述べた。具体的な法律システム及び政策体系を構築するには，労働の供給サイドの量及び質的な発展に関する条件の検討を含め，より包括的な分析枠組みが必要であるが，残された課題として引き続き次の研究で追究したい。

〔ド・マン・ホーン〕

参考文献
<日本語>
・トラン・ヴァン・トゥ（2010），『ベトナム経済発展論―中所得の罠と新たなドイモイ』勁草書房。

<英語>
・ADB (2012), *Key Indicators for Asia and the Pacific 2012*, Manila.
・Anita Chan (ed.) (2011), *Labor in Vietnam*, Institute of Southeast Asian Studies.
・Cu Chi Loi (2005), 'Rural to Urban Migration in Vietnam' in Ha Huy Thanh and S. Sakata (eds.) *Impact of Socio-Economic Changes on the Livelihoods of People Living in*

Poverty in Vietnam, pp.116-143.
- GSO (2010), *The Enterprises in Vietnam 9 years at the beginning of century 21*, Hanoi.
- GSO (2012), *Statistics Year Book of 2012*, Hanoi.
- JETRO (2012), 『アジア・オセアニア主要都市地域の投資関連コスト比較』No.22, 海外調査部。
- Lee, E. S. (1966), 'A Theory of Migration' in *Demography, 3(1)*, pp.47-57 (The Polulation Association of America).
- Lewis, Arthur W. (1954), 'Economic Development with Unlimited Supplies of Labour' in *The Manchester Scholl, 22(2)*, pp.139-91.
- Sudipto Mundle and Brian Van Arkadie (1997), *The rural-urban transition in Viet Nam : some selected issues*, Asian Development Bank (Occasional papers / Asian Development Bank. Economics and Development Resource Center; No.15).
- Todaro, Michael. P. (1969), 'A Model of Labor Migration and Urban Unemployment in Less Developed Countries' in *American Economic Review 59(1)*, pp.138-48.
- Todaro, Michael. P. (1976), *Internat Migration in Developing Countries*, International Labor Office, Geneva.

第3章

中国の労働移動と社会変動

1. はじめに：中国の労働移動を見る視点

　近年，中国の労働移動問題が2つの側面から注目されている。1つは，いわゆるルイスモデルに関わる問題である。すなわち，農村からの人口移動はいつまで続くのか，農村から都市への人口移動が減少する，あるいは止まると，中国の経済成長にどのような影響を与えるのか，ということである。もう1つは，中国の戸籍制度に関わる問題である。周知の通り，1950年代から始まった戸籍制度によって，中国の人々は都市住民と農村住民に厳格に区別されている。大量の人口移動は，この戸籍制度が維持されるなかで発生しており，戸籍制度に大きな衝撃を与えている。人口移動の結果，戸籍制度が崩壊し，中国社会に大きな変動をもたらすのではないかと推測されている。

　この研究プロジェクトの問題関心は，アジアの国家間の労働人口の移動の問題である。しかし，厖大な農村人口を有し，地域格差が非常に大きい中国では，アジアの国々との間の労働移動はまだ本格的に発生していない。むしろ，中国の国内において，労働移動の循環が起こっているのである。中国にとって，いわゆる華僑や華人をめぐる海外移動の問題を除けば，労働移動の国際化はむしろ将来の問題である。

　もちろん，近年，国際社会における中国の影響力の増大，とりわけ中国の海外投資の拡大にともなって，小規模な労働力の海外移動が始まっている。しかし，それはアジア地域に限定されたものではなく，アフリカや南米にまで広がった現象である。また，この移動は，国の政策に基づく移動であり，市場原理に基づく労働人口の自由な移動とは明らかに違う。将来中国と諸外国との間の労働移動が拡大し，中国も国際労働移動の大国になるかも知れないが，現段

階では中国の国内における人口移動の問題が、中国にとって最も重要な問題である。

　一方、アジア域内の労働移動は、国家間の相互依存関係の中で発生している。アジアの構成員として、現在の中国は自国内の労働移動の活発化により、アジア地域の労働移動の全体像に影響を及ぼしている。中国国内の労働移動は、アジア全体の労働移動を構成する重要な部分である。つまり、アジア全体の労働移動のイメージを描くには、中国国内おける巨大な人口移動の現実にも注目しなければならない。

　ところで、中国の労働移動に関する研究は日本でも優れた業績が発表されている。代表的なものとして厳善平や丸山知雄の一連の研究[1]を挙げることができる。これらの研究は、まず、立法と政策面から、農民工の実態を把握することに力点を置いている。とくに近年中国政府の対応が注目されている。例えば、労働契約法と雇用促進法の施行（2008年）にともなって、最低賃金制度が適用され、それにともなって、農民工の労働条件が改善されたことはしばしば指摘されている。これらの先行研究は、具体例を紹介しながら、長時間労働が禁止され、農民工も労働組合加入の権利を手に入れ、医療年金制度の対象にもなったことなどを取り上げ、中国における労働移動の実態を明らかにしている。

　また、一連の先行研究は、労働移動が中国の身分制度に与えた影響にも光を当てている。現代中国の身分制度を規定しているものは、改革が叫ばれて久しい戸籍制度である。戸籍制度は国民を農村住民と都市住民に二分し、人びとの移動を制限してきた。同時に、都市と農村の間に差別をつくり、農民は都市住民と同等の教育、医療、年金などを享受することができなかった。しかし、農村から都市への人口移動が拡大の一途を辿り、農民工の権利意識が台頭するなかで、50年代以来の戸籍制度も限界に達しつつある。政府は戸籍制度の改革を模索し始め、一部の地域では具体的な実験も始めている。先行研究は実例を

1　厳善平の代表的な研究は、『農村から都市へ――一億三〇〇〇万人の農民大移動』（岩波書店、2009年）、『中国農民工の調査研究―上海市・珠江デルタにおける農民工の就業・賃金・暮らし』（晃洋書房、2010年）、『中国の人口移動と民工―マクロ・ミクロ・データに基づく計量分析』（勁草書房、2005年）などがある。また、丸川知雄の研究として、『労働市場の地殻変動』（名古屋大学出版会、2002年）などが知られている。

挙げながら，農村から農民工として都市に移動してきた農民たちが，徐々に事実上の都市住民として受け入れられる実態を明らかにしている。

　農民工の規模と様態は，中国の急成長にともなって常に変化をつづけている。先行研究は改革開放以降の農民工に対する統計的研究も蓄積してきた。農民工の出身地，移動先，農民工の性別，年齢，政治的立場などを分析することによって，農民工の全体像がより鮮明になりつつある。同時に，農民工の働き方，生活状況に関する研究も盛んである。例えば，農民工の住宅状況，医療保険，都市での恋愛と結婚，子弟の教育などである。これらのことは，中国社会の安定にかかわる問題であり，政治問題としての農民工問題も指摘されている。

　ハリス・トダロモデル（労働移動のプロセス：農村→都市部の非正規部門→都市部の正規部門）の中国への適用についての指摘もなされている。先行研究が指摘しているように，中国では，一部の出稼ぎ労働者が労働訓練を受け，都市に定着する人もいるが，多くの場合，非正規部門に止まり，農民工としての立場を維持している。その結果，収入格差の問題は解消されず，農民工の不満もここから発生しているのである。

　また，2010年以降，新生代農民工の問題が特に注目されている。農村から都市への労働移動は80年代から始まっているが，一部の農民工は都市に定住し，都市で子供を育ててきた。しかし，厳しい戸籍制度の制約を受け，農民工の子弟は都市戸籍を獲得することができず，農民工の子供たちは無戸籍のまま，都市で生活している。なかには，教育制度に基づく学校教育を受けていない人もいる。今後，都市はこのような農民工子弟をどのように受け入れていくのか，大きな課題となっている。

　本章は，中国の労働移動問題に対する経済学的な分析を付け加えるものではない。先行研究の成果を踏まえて，最近中国政府が公開したデータや諸政策を参照しながら，中国国内における労働移動状況，とりわけ，農民工の現状，戸籍制度の改革，及び新生代農民工の形成などの問題に注目し，労働移動の拡大が中国社会にもたらした衝撃と変化を指摘してみたい。多くの中国研究者が関心を寄せているように，中国の改革開放は社会の変動をもたらし，中国は，労働者，農民，幹部，知識人という職業を中心に分類された社会構造から，権力

と資産の所有状況を基本とした「階層社会」に変化した。そして，都市と農村という単純で明快な「二元構造」が崩壊しつつある中で，中国はどのような社会構造に向かっているのか。本章は，農民工を中心とした労働移動の現状を確認した上で，それによってもたらされた，あるいは，もたらされつつある社会構造の変化について考えてみたい。

2. 労働移動の現状

　中国における労働移動の主体はいわゆる「農民工」である。そもそも国民を「農村戸籍」と「都市戸籍」に二分する中国の戸籍制度のもとで，農民工の定義は極めて複雑である。
　一般的な労働移動の概念で中国の農民工を理解するならば，農民工は農村と都市の間を行き来する，元農村住民のことに他ならない。彼らは自らの判断に基づいて都市へ移動するが，すべての移動者が安定した仕事と生活に恵まれるとは限らず，経済状況や政府の政策などにより農村へ逆戻りする現象もしばしば発生する。歴史上，このような人口の移動を「盲流」（国の計画に基づかない人口の流動）と呼称したこともあった。しかし，このような大雑把な理解に基づく「農民工」の定義は曖昧であり，農民工の状況を統計する上で大きな混乱は避けられない。
　現在一般的に用いられている農民工の定義は，中国の戸籍制度とリンクされたものである。中国政府が定義する農民工は，「戸籍を農村に残しながら，非農業産業に就職する労働力のことである。農閑期のみ都市での労働に従事する人と，都市に定住し，産業労働者として働いている人に分けられる[2]」。端的に言えば，農民工は「農民」という「社会的身分」と「都市労働者」という「職業」を兼有する人々のことである[3]。
　国家統計局は農民工のことを「外出農民工」と「本地農民工」の2種類に区

2　国務院「農民工問題を解決するための若干の意見」（中華人民共和国中央人民政府網 http://www.gov.cn/jrzg/2006-03/27/content_237644.htm，2014年11月11日閲覧）。
3　孫立平（2004），『転型と断裂　改革以来中国社会構造の変遷』清華大学出版社，322-323頁。

別して統計を実施している。いわゆる「外出農民工」とは,「調査対象の年度内に,戸籍が置かれている郷鎮地域以外で6カ月以上従業した農村労働力」のことである。一方,「本地農民工」は「調査対象の年度内に,戸籍が置かれている郷鎮地域内で6カ月以上非農業に従業した農村労働力」のことを指す[4]。さらに,「外出農民工」を細分して,個別の家族構成員だけの移動と,家族全員の移動とに分けて統計を行っている。

　本章で議論する対象はいわゆる「外出農民工」のことである。中国国家統計局が2014年5月12日に公表した「農民工監測調査報告」によれば,2013年の農民工総数は前年に比べ633万人増加して,2億6894万人に達した。そのうち,外出農民工数は1億6610万人で,なかでも家族ごとの移動ではなく,個人単位の農民工は1億3085万人に上り,全体の79%を占めている[5]。

　中国が人口移動のデータを初めて公表したのは2005年のことである。それ以来,中国の労働移動の大きな特徴は,中西部から東部への移動という趨勢が変わらないということである。省を越えた「外出農民工」のうち,中部地区からの移動者は4017万人で,そのうち,89.9%が東部地域へ移動している。また,西部地域からの移動者は2840万人で,そのうち,82.7%は東部に移動している。

図表 3-1　省外からの人口移動　　　　　（単位：万人，%）

地区	2010 外省流動人口	2000 外省流動人口	外省からの流動人口増加数	外省からの流動人口増加率
広東	3,128.2	2,105.4	1,022.8	48.6
上海	897.7	346.5	551.2	159.1
北京	704.5	256.8	447.7	174.3
浙江	1,182.4	859.9	322.5	37.5
天津	299.2	87.3	211.9	242.7
福建	431.4	214.5	216.8	101.1

出所：鄒湘江「基於六普数拠的我国人口流動与分布分析」(『人口与経済』2011年第6期, 24頁)

4　中華人民共和国国家統計局「2013年全国農民工監測調査報告」(http://www.stats.gov.cn:82/tjsj/zxfb/201405/t20140512_551585.html, 2014年11月11日閲覧)。
5　同上。

図表3-2 各省の人口状況　　　　　（単位：万人，%）

地区	2010年人口数	2000年人口数	2010年全人口との比較 比率	2010年全人口との比較 順位	2000年全人口との比較 比率	2000年全人口との比較 順位	比率変化
広東	10,430	8,642	7.79	1	6.83	3	0.96
上海	2,302	1,674	1.72	24	1.32	25	0.4
北京	1,961	1,382	1.46	26	1.09	26	0.37
浙江	5,443	4,677	4.06	10	3.69	10	0.18
天津	1,294	1,001	0.97	27	0.79	27	0.11
新疆	2,181	1,925	1.63	25	1.52	24	0.07
山西	3,571	3,297	2.67	18	2.6	19	0.06
江西	4,457	4,140	3.33	13	3.27	14	0.04
雲南	4,597	4,288	3.43	12	3.39	12	0.03
河北	7,185	6,744	5.36	6	5.33	6	0.03
海南	867	787	0.65	28	0.62	28	0.03
寧夏	630	562	0.47	29	0.44	29	0.01
青海	563	518	0.42	30	0.41	30	0.01
チベット	300	262	0.22	31	0.21	31	0.01
福建	3,689	3,471	2.75	17	2.74	18	-0.01
江蘇	7,866	7,438	5.87	5	5.88	5	-0.02
山東	9,579	9,079	7.15	2	7.17	2	-0.04
内モンゴル	2,471	2,376	1.84	23	1.88	23	-0.05
黒竜江	3,831	3,689	2.86	15	2.91	15	-0.06
陝西	3,733	3,605	2.79	16	2.85	16	-0.08
遼寧	4,375	4,238	3.27	14	3.35	13	-0.11
広西	4,603	4,489	3.44	11	3.55	11	-0.11
甘粛	2,558	2,562	1.91	22	2.02	22	-0.11
吉林	2,746	2,728	2.05	21	2.16	21	-0.19
湖南	6,568	6,440	4.9	7	5.09	7	-0.19
貴州	3,475	3,325	2.59	19	2.78	17	-0.29
河南	9,402	9,256	7.02	3	7.31	1	-0.29
安徽	5,950	5,986	4.44	8	4.73	9	-0.29
重慶	2,885	3,090	2.15	20	2.44	20	-0.29
湖北	5,724	6,028	4.27	9	4.76	8	-0.49
四川	8,042	8,329	6	4	6.58	4	-0.58
全国合計	133,972	126,478	-	-	-	-	-

出所：同図表3-1，25頁。

しかし、近年、中西部の開発が進み、農民工の移動は内陸部にも向かい始めている。2013年、中西部に移動した農民工は1068万人に増加し、全体の13.8％に達した。

2010年中国は第6回国勢調査（人口普査）を実施した。中国人民大学の鄒湘江が調査結果に基づいて、10年間の人口の流動と分布状況の変化について解説を行っている[6]。そこで強調されたポイントを紹介しておきたい。

第1は沿岸部への人口の移動規模は極めて大きい、ということである。図表3-1は流動人口を公表した省の一覧である。他の省から多くの人口が移入した省は沿岸部に集中しており、そのうち、広東省は一番多くなっている。また、天津市の増加の速度が最も早い。

第2は人口が増加した地域と減少した地域が一層鮮明になってきたことである。人口の移動によって、中国各省に人口数の変動をもたらしたことはいうまでもない（図表3-2）。その中で、増加幅が一番大きいのは広東省である。広東省の人口総数は、2000年では第三位であったが、2010年には第一位に上昇した。一方、人口比率が大幅に下がったのは、四川、湖北、重慶、河南、安徽の各省、市である。これらの省と市は、人口が最も多く流出する地域である。

第3は中国はこれからも都市化が進み、都市人口はさらに大きく増加するということである。図表3-3は、今後数年間の都市人口の増加を予測したものである。今までの増加の状況から推測すれば、これからは、毎年1500万人の勢

図表3-3　都市人口の予測

年代	総人口（億）	都市化率（％）	都市人口（万人）	毎年の都市人口自然増加数	一年間の平均移動数
2001年末	12.9	37.2	48,076.8	-	1,394.8
2005年末	13.2	41.3	54,489.6	205.2	1,345.8
2010年末	13.4	46.5	62,403.0	236.9	1,483.8
2015年末	13.7	51.8	71,173.2	270.3	1,693.3

出所：同図表3-1、27頁。

6　鄒湘江「基於六普数拠的我国人口流動与分布分析」（『人口与経済』2011年第6期、23-27頁）。

いで，都市人口が増加することになる。

3．戸籍制度と労働移動

　習近平政権成立の後，中国政府は社会の構造的改革を宣言し，戸籍制度改革をその重要な部分と位置づけた。2014年7月国務院は「戸籍制度改革の推進に関する意見」を公表し，改革の青写真を提示した。4カ月後の11月17日，中央政府はさらに戸籍制度改革の加速を各地方政府に指示した。中央政府が改革を統括しているものの，具体的な政策は地域ごとの状況に応じて策定されることになる。
　2014年11月現在，河南省，新疆ウィグル自治区，黒竜江省，河北省，貴州省，及び江西省は省内の戸籍改革案を公表している。改革案のポイントは，農業戸籍と非農業戸籍の区分を撤廃し，都市と農村の戸籍を一本化し，それにともなって，「居住証明」制度を新設することである。上記6つの省，自治区のうち，黒竜江省は14年11月1日から実施を開始している[7]。
　戸籍制度の改革は，「都市」と「農村」を二分する中国の社会構造を変革し，人々の自由な移動を制度的に保障するものであり，労働市場の活性化につながることは言うまでもない。しかし，戸籍の一本化は，従来の戸籍制度に付随するさまざまな差別的な制度も同時に廃止されたことを意味しない。都市部の受け入れ能力に限界があるため，かつての農村戸籍保有者の都市への定住と，それに伴う教育，医療保険などの諸制度の適用は未だ実現されていない。すなわち，現段階では，名目的な一元化が達成されただけで，全国民が一元化によってもたらされる生活の変化を実感できるのは，まだ先のことである。
　そのような状況のなかで，新疆ウィグル自治区だけが比較的に具体的な路線図を描いている。それによると，「居住証明」を保有するもののうち，都市部に2年間在住するか，2年間社会保険に加入したものは，従来の都市戸籍所有

7　「多くの地域で戸籍制度改革意見を提出」（中国新聞網 http://www.chinanews.com/gn/2014/11-21/6799291.shtml，2014年11月21日閲覧）。

者が享受している教育手当，就業保険，住宅保障，年金などの社会福祉を受けることができるようになる。また，農民工などの子弟のうち，保護者とともに都市部に4年以上在住し，保護者が3年以上社会保険に加入したものは，都市で高校及び大学の入学試験を受けられるようになる。

戸籍制度の抜本的改革に先立って，一部の都市は「定住ポイント制」を導入して，農民工などの移入者の都市での定住を受け入れている。中国最大の労働移動の受け入れ省として知られている広東省は2009年からこの制度を実験的に導入している。すなわち，広東省に移入した人口に対し，その学歴，資格，社会保険加入状況，住宅所有状況，社会貢献度，賞罰などをポイント化し，一定のポイントに達したら，定住にかかわる諸権利を手に入れることができるように，制度が設計されている。

例えば，広東省中山市の場合，ポイントを「基礎ポイント」「追加ポイント」および「マイナスポイント」の3種類に分類して計算している[8]。「基礎ポイント」の場合は，最高学歴が中卒の場合は20ポイント，大卒の場合は80ポイント，という具合である。初級の技術労働者は20ポイントに対し，高級技術の有資格者は110ポイント，というように，移住者の教育と資格状況を基礎に計算している。住宅保有状況も基礎ポイントとしてカウントされる。本人あるいは配偶者が中山市の基準住宅面積以上の住宅を保有している場合，50ポイントを獲得することができる。

一方，追加ポイントには，年齢，婚姻状況，計画出産（1人っ子政策に基づく出産）の有無などの評価基準が含まれる。例えば18歳から35歳までの「青年」は5ポイント，未婚者は15ポイントを獲得できるようになっている。

ポイントの合計が60点に達した人は，公共住宅の申請資格を得ることができる。また，30点に達し，しかも個人所有の住宅をもっている人は，子供を居住区域内の小中学校に入学させることができる。

中山市のほか，北京などの都市でも同じような制度を導入している。この制度は，農民工の都市部での定住に大きな可能性を与えていることで高く評価さ

---

8 「流動人員に対するポイント管理制度の導入に関する中山市人民政府の通達」（中山市政府網 http://www.zs.gov.cn/main/zwgk/newsview/index.action?id=124606，2014年11月18日閲覧）。

図表 3-4　都市規模定義基準

都市定義	都市定住人口（万）	都市分類	都市定住人口（万）
小型都市	〜50	Ⅰ型	20〜50
		Ⅱ型	〜20
中型都市	50〜100		
大型都市	100〜500	Ⅰ型	300〜500
		Ⅱ型	100〜300
特大都市	500〜1000		
超大都市	1000〜		

出所：人民日報 2014 年 11 月 21 日付参照作成。

れている。しかし，一方で教育や年齢，婚姻状況などにより国民が差別を受けていることも明白である。一般的には農民工の教育水準は比較的に低い。しかも彼らは短期間内に教育水準を高めることはほぼ不可能である。したがって，農民工が都市部に本格的に定住することは依然として非常に難しいことである。

資格などの条件も同様である。高級技師の資格はおろか，初等の技術資格を持っている農民工も稀で，彼らにとって定住につながるポイントを稼ぎ出すことは至難の業である。

新しい制度が策定されたことは評価されるが，このような差別的な制度は新たな社会問題を生み出す温床ともなり得ることを忘れてはいけない。

ところで，農民工の「定住」を選択的に受け入れているのは，比較的に規模の小さい都市であり，大型都市は人口と環境の問題もあり，受け入れることに極めて慎重である。特に人口 100 万以上の「特大都市」は保守的である。そして「特大都市」と言われた都市は，全国で 140 にも上るのである。

2014 年 11 月 20 日，国務院は「都市規模定義基準の調整に関する通知」[9] を発表し，都市規模の再定義を行った。

この新しい規定によれば，人口 50 万以下の都市は「小型都市」，人口 50 万-100 万の都市は「中型都市」，人口 100 万-500 万の都市は「大型都市」，人口 500 万-1000 万の都市は「特大都市」，そして人口 1000 万人以上の都市

9　人民日報，2014 年 11 月 21 日付。

は「超大都市」と新たに定義された。「特大都市」の最低人口規模を100万人から500万人に引き上げた結果，「特大都市」の数は140から16に減少した。そして，人口の流入を制限する都市を「特大都市」と「超大都市」に限定すれば，かつての「特大都市」の大半も受け入れざるを得なくなる。都市化の進展に伴う中国政府の政策調整は，農民工の都市部への移動に有利な条件を提供したといえよう。

4. 新生代農民工の衝撃

　中国政府は2010年1月の農村政策に関する通達で初めて「新生代農民工」という概念を用いた。「80後」「90後」と呼ばれる80年代，90年代生まれの農民工のことである。「第三世代」農民工ともいわれる。

　1978年を起点とする中国の改革開放は農村から始まり，農民工現象は早くも80年代半ば頃から始まった。人民公社の解体にともなって生産の自由を手に入れた農民たちは自主的に耕作面積や生産内容を決めることができるようになり，農村には大量な余剰労働力が出現した。これを吸収したのは，農村地域に大量に設立された「郷鎮企業」であった。郷鎮企業に勤めた農民は改革開放後の「第一世代」の農民工で，「離土不離郷」（農業生産から離れても，農村から離れない）がその特徴であった。もちろん，農村を離れて都市へ流れる農民はいなかった訳ではないが，その数は限定的なものであった。そういう意味で，改革開放の初期に急成長した郷鎮企業は，都市に負担をかけることなく，農村の余剰労働力問題の解決に貢献した。

　大量の農民が農村を離れ，第二の農民工ブームが現れたのは1992年のことである。この年，鄧小平のいわゆる「南巡講話」が大々的に宣伝され，89年の「天安門事件」以降の中国経済の停滞を打破するために，中国政府は改革開放の加速を呼びかけた。外国からの投資は東部の沿岸各省を中心に増加し，加工工場は急成長した。この時期に職を求めて都市部へ移動した農民工は「第二世代」農民工といわれた。

　そのときからさらに20年が経過し，第二世代農民工の高齢化が進む一方で，

全く農業経験のない農民工が都会に進出するようになった。彼らは以前の農民工と違い，比較的に高いレベルの教育を受け，価値観も極めて都会人に近い。彼らの父母が農民工で，彼ら自身はほとんど農村で暮らしたことがない。第一世代，第二世代の農民工と比べて，第三世代は教育を受ける年数が長く，都市での「定住」願望も強い。「離土不離郷」は彼らにとってもはや選択肢ではなく，「離土亦離郷」は当たり前の生き方となった。本来なら，彼らは事実上の「都会人」と何ら変わりもないが，戸籍制度の存在で，彼らは依然として「農民工」と見なされている。

最新の統計[10]によれば，新生代農民工は2013年には1億2528万人に達し，農民工総数の46.6％を占めるに至った。1980年以降生まれの農村人口の65.5％が，この新生代農民工である。新生代農民工のうち，中学，高校の卒業者は81.1％で，専門学校，大学の学歴を有するものも12.8％に及んでいる。彼らの6割以上は沿岸部の都市に流れ込み，その大半は大，中レベルの都市に集中している。彼らの親の世代の農民工が初めて都市へ移動した時の平均年齢は36歳であったが，新生代農民工は22歳の若さである。従来は建築現場が農民工の主な職場であったが，新生代農民工の約4割は製造業に従事し，建築業はわずか14.5％に止まっている。消費傾向も大きく変化した。実家への送金が大幅に減少し，収入の大半は都市での生活に費やされている。

新生代農民工はもはや都市生活者の一員としての自覚を持つに至っている。しかし，戸籍制度の存在によって彼らの生活は事実上多くの制限を受けている。新生代農民工の実態と現行制度のギャップは農民工の権利への主張につながった。例えば，収入や待遇への不満が原因で，彼らは抗議活動を頻繁に起こしている。また，都会志望が強くても安定した職業を得られず，都市の治安に影響を及ぼしているのも事実である。社会の安定を最優先課題にしている中国政府にとって，新生代農民工の処遇は重要な政治課題でもある。

前述の通り，2010年から中国政府は新生代農民工問題に真剣に取り組むようになった。同年6月14日，当時の温家宝首相が地下鉄の工事現場で働く若い農民工を訪ね，「政府と社会の各界は，自分の子供と同じように若い農民工

10　前掲，中華人民共和国国家統計局「2013年全国農民工監測調査報告」。

に接しなければならない」と発言し，メディアに大々的に報じられた[11]。いま，農民工政策の対象は，移動型の農民工から都市定住志向の強い新生代農民工へとシフトしつつあることは明らかである。

5. 労働移動がもたらす中国社会の構造変化

　労働人口の農村から都市への持続的な移動は，中国社会にかつてない激しい変動をもたらした。
　まず，古い社会システム，従来の制度の解体をもたらした。旧制度の特徴の1つは，人の移動を厳しく管理することによって，体制の安定を図ったことである。別の言い方をすれば，すべての国民は「体制内」に縛られていた。しかし，移動の自由が許されると，農民が率先して体制内から飛び出した。
　その結果，安い労働力を都市部に提供することになり，従来の都市労働者の分解を促した。従来の都市労働者が個人経営に転じたり，私有企業に転職したりすることが可能になった。その結果，労働者，農民，知識人，幹部などで構

図表 3-5　中国社会階層の変動

改革開放以前	改革開放以降
労働者	国家と社会の管理者（幹部）(2.1%)
	大中企業の経営者 (1.5%)
農民	私営企業経営者（8人以上雇用）(0.6%)
	専門技術者 (5.1%)
知識分子	事務員，ホワイトカラー (4.8%)
	「個体工商戸」(4.2%)
幹部	サービス業界の従業員 (12%)
	産業労働者（内，農民工は3割）(22.6%)
	農業労働者 (44%)
軍人	失業者 (3.1%)

出所：陸学芸主編『当代中国社会階層研究報告』（社会科学文献出版社，2002年）。

11　新華網 http://hxd.wenming.cn/ssjt/content/2010-06/17/content_137498.htm　2014年11月11日閲覧。

成される中国の社会構造が急激に解体し，今は10の階層によって構成される，より多元化された社会に変貌した（図表3-5）。

　この変化について毛里和子は，中国社会は改革開放以前の二元構造から三元構造に変化したと解釈している[12]。例えば，80年代の村民自治運動の結果，従来の中央対地方の二元構造が，中央，地方，末端の三元構造に変容した。また，農民工の大量出現によって，従来の労働者と農民の二元構造が，労働者，農民工，農民の三元構造に変化した。

　中国の社会変動を象徴するもう1つの現象は「国家」と「集団」と「私人」の境界がはっきりしてきたことである。かつての計画経済体制の下では，中央と地方，都市と農村にかかわらず，「国家」と「集団」という2つの分け方で社会と生産の組織ができていた。しかし，市場経済の確立にともなって，このような管理構造が解体され，両者の間にはっきりした境界線が生まれ，さらに「私人」の部分が大きくなった。

　もちろん，共産党の一党支配や，土地の国有制が象徴しているように，社会主義の基本的体制がなくなったわけではない。しかし，「国家」や「集団」の組織や企業から離れて，「私人」として経済，社会活動をおこなう人が増加した。例えば，農民が農民工になることはその典型的な現象であるが，労働者も国有企業から離れて，私有企業に所属することも当たり前のようになってきた。

　このような中国社会の構造を朝貢体制の力関係に似た同心円構造として表現することができよう。

　すなわち，核の部分は「国家」が管理し，影響する部分であり，この部分は改革開放以後も変化しなかった基本体制にあたる。この部分は，社会主義の政治制度や，所有制度などのルールに基づいて動くものである。核の部分にあたる国家から第一と第二の「公共」と「私人」へ多様な要素が投げ出された。また，各空間の間の移動は比較的自由であり，第二と第三の比較的自由な空間の求心力も極めて強い。自由空間にいるものは，必要に応じて「国家」の力を借りるケースもしばしばである。「上訪」（個人による陳情）制度はその典型と言

12　毛里和子（2011），『現代中国政治』名古屋大学出版会。

中央（党，政府），幹部，
計画，都市

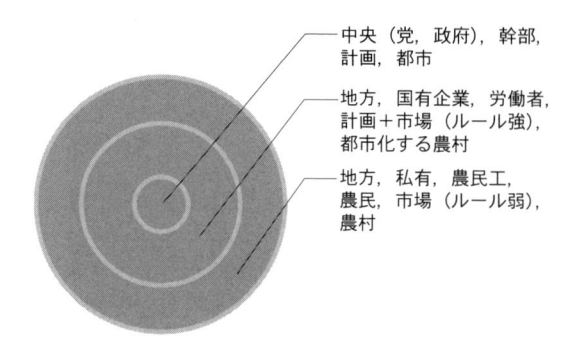

地方，国有企業，労働者，
計画＋市場（ルール強），
都市化する農村

地方，私有，農民工，
農民，市場（ルール弱），
農村

えよう。

6. おわりに

　最後に，農民工を中心とした労働移動と，労働移動によってもたらされた社会変動が今後の中国にどのような影響を及ぼすのか，について展望をしてみたい。

　格差が多重化している中国において，一部の地域では，ルイス・モデルが提示した転換点をすでに越えたのではないかと思われる。比較的に発達した内陸部の賃金も上昇し，成長が速い内陸地域から沿岸部への人口の移動が鈍くなった。しかし，中部と西部の経済発展が著しく遅れている地域からの農民工の移動は今後も続くだろう。また，沿岸部の賃金上昇にともなって，格差がさらに拡大傾向にある限り，中国国内の労働移動の流れは止まることはない。

　計画経済から市場経済への移行のなかで，職業や移動の自由が奪われた社会主義体制下の「公人」の一部が体制から飛び出し，「私人」化した。農民工の増加と都市部での定着は，都市「私人」の拡大を促した。「農村私人」から「都市私人」に変貌した農民工は，政治や社会のあり方を左右する重要なアクターとして登場してくるのも時間の問題である。近年中国に現れた抗議活動や，反日デモなどの中心勢力はこのような流動人口ではないかと推測される。その結果，農業，農村，農民のいわゆる「三農問題」が中国社会の最重要解題

だといわれた時代は終わりつつある。中国社会科学院の報告[13]によると，2011年中国の都市人口が初めて農村人口を上回り，中国の都市化はさらに一歩前進した。社会科学院の報告書はこの変化を「社会構造の歴史的変化」と位置づけた。大量の「都市私人」に変身した「農村私人」に充分な社会福祉を提供し，公平な社会を実現していくことは中国政府が直面している最重要課題である。

如何に「都市私人」のパワーをマネジメントし，そして，その活力を活用しながら，社会の発展と進歩を実現していくのか，中国は同じ社会主義の体制を維持し，市場経済を推進しているベトナムと共通の課題に直面しているといえよう。

〔劉　傑〕

13　中国科学院（2012），『中国都市発展報告　第5号』社会科学文献出版社．

第 4 章
広東省の人口動態と日本企業
～労働者の質的変化と政策課題～

1. はじめに

　世界の工場と称されるようになった中国の工業生産において広東省はその中心的な存在となっている。『中国統計年鑑 2013』[1] および『広東統計年鑑 2013』によると、2012 年の中国の一般機械（HS84）および電気機械（HS85）を合わせた軽機械産業貿易に占める広東省の割合は、輸出の 36.6%、輸入の 35.2% を占め、中国最大の貿易地域となっている。そして、広東省の軽機械産業の発展を支えてきたものは、内陸部からの出稼ぎ労働者が担う低賃金労働の豊富な賦存にほかならない。しかしながら、近年、輸出志向型軽機械産業を取り巻く事業環境は、労務コストの上昇や人手不足、人民元高、加工貿易規制の強化などがつづき、産業高度化へ向けた構造転換が喫緊の課題となってきている（池部 2013a, 2-4 頁）。

　こうした中国の労働コスト上昇は、これまで大規模な労働集約型生産工程によって輸出の量的拡大を実現してきた企業に、産業高度化、不採算事業の転出といった事業再編の必要性を迫るようになった。そして、日中間の政治リスクも加わり、ベトナムなど東南アジア諸国に二次展開先を求める、いわゆるチャイナ・プラス・ワンの企業行動が 2000 年代初頭から日本企業の間でみられるようになった（池部 2012, 420-428 頁）。

　本章では、広東省の輸出産業が直面する産業高度化の課題について、主に農

---

[1] 中華人民共和国国家統計局 HP（http://www.stats.gov.cn/tjsj/ndsj/　2014 年 7 月 11 日最終確認）

民工など労働力の量的,質的変化に注目した考察を行い,近年のチャイナ・プラス・ワンのひとつの背景に中国労働市場の質的変化が影響している可能性について検証をおこなう。

　第2節では,中国の戸籍制度の運用経緯を概観する。具体的には人口移動の厳格な管理の時代から,改革開放政策後に農業戸籍のまま都市部で就労する出稼ぎ形態の労働が可能となった経緯をレビューする。そして,広東省の人口動態を考察し,深圳の農民工意識調査を基礎に労働者の質的変化を確認する。

　第3節では,広東省経済について中国全体のなかで比較し,主に加工貿易によって産業集積が実現した過程を考察する。そのうえで,業種別の資本労働比率の変化を観察し,労働集約的な産業について資本労働比率の上昇が低位で,機械化や自動化が限界を迎えつつある可能性について指摘する。

　第4節では,広東省の日系企業の事例研究を行い,実際の農民工の質的変化による企業の雇用環境の実態を考察する。最後に第5節で結論を述べる。

2. 広東省の労働人口の変化

(1) 中国の労働移動の経緯

　1978年に改革開放政策を打ち出し,目覚ましい経済成長をつづけてきた中国は,上海,深圳といった沿海主要都市の高度成長がそのけん引役となってきた。特に,外国企業を含む企業立地が沿海部に集中し,新たな雇用を創出するとともに,高い経済成長を達成してきた。都市部の高成長によって建設作業やサービス業なども新たな雇用を次々と生み出し,発展から取り残されてきた中国内陸各地から沿海部へと労働者の流入を加速させた。

　中国の戸籍制度は国民を都市戸籍(非農業戸籍)と農民戸籍(農業戸籍)の2種類に分類する。内陸部の貧困地域からの出稼ぎ者の多くは,戸籍の移動を伴わない形で都市部において就労する農民戸籍の労働者,いわゆる「農民工」である。

　中国は1958年に「戸口管理条例」を発布し,現在までつづく戸籍制度を導入した。その後,改革開放政策が本格化する1980年代初頭までの20年超の期

間，国内の人口移動を厳しく制限してきた（山口 2008，40頁）。1985年に公安部から「城鎮暫住人口の管理に関する暫行規定」が発布され，農村から都市へ移動して3カ月以上滞在する16歳以上の外来者は「暫住証」の発行を受けることによって都市での就労が可能となった（山口 2008，50頁）。これにより，農村から都市へ向かう農民工の出稼ぎ労働がはじまったのである。

戸籍制度による農村と都市間の人口移動制限が緩和され，開放政策による沿海部の経済成長がはじまると，労働を求めて農村から都市へ移動する農民工が増加した。また，計画経済に基づく配給制も終了し，戸籍地に居住する経済的意味が希薄化したことも労働移動を加速させる要因となった。そして，都市と農村の経済格差の拡大によって農民工の労働移動はますます活発化した。

山口（2008，53頁）によれば，2000年以降，中国中央政府は各地方都市に対して，農民工の都市転入に伴う各種不合理な制限の廃止など，外来労働者への公平な扱いを求めたとされる。その意向に沿って受け入れ地となる沿海都市部では，例えば農民工に対する人口管理費，暫住費といった費用徴収を廃止し，就業，社会保険，教育，住宅などで農民工が差別されないよう制度改革が進められたとされる。

また，王（2009，54頁）は，差別的な待遇が改善しつつあるとはいえ，現在の中国各都市では外省農村出身者に対し，都市戸籍者と同様の「市民待遇」を与える政策はほとんどないと指摘する。農村出身者は沿海都市部で就労可能でも，銀行融資を受けることは難しく，起業するにはさまざまな困難がともなうとされる。また，農民工は税制や社会保険，子弟の就学でも制度的支援はほとんど受けられない。都市部に出稼ぎにやってきた農村戸籍の労働者はいわば無権利状態の労働者だと指摘する。また，社会保険の制度が緩和されたとはいえ，都市部で納付しても戸籍地に帰ってから給付を受けることは難しいとされ，都市部の政府にとって実質的な予算外収入になっていると指摘する。外省からの流入者はこうした機会不平等があるため，都市部で非合法経営や無許可営業に走りやすく，治安悪化などの原因として取りざたされることも多いとされる（王 2009，44-49頁）。

沿海部の大都市では，農村出身者の都市部への急流入が起こることを理由に転入制度の緩和に難色を示してきた。しかし，実際は都市部へ出稼ぎを希望す

る農村出身者はすでに自由に流入できる状況にあり，かつ戸籍地の農村近郊でも雇用が創出されてきた現在，都市部への急流入が社会混乱をもたらす規模で発生するとは考えにくい（王 2009，53 頁）。そして，経済発展に必要な労働力という意味からは，現行制度のままでも都市部の雇用者が農民工を確保することは難しくない。このため各都市が農民工受入制度の緩和に際し，慎重かつ消極的になるのだと考えられる。

　いずれにしても，中国では人口移動制限の道具として利用されてきた戸籍制度であるが，1980 年代半ばからは農民工の都市部就労が制度的に可能となっており，労働移動の制約機能を果たさなくなった。そして，現在ではその制度の存在が，むしろ農民工への差別を生み出す結果となっている。農民工は最下層の職業に就き，最下層の職業間で転職を重ねるしかなく（王 2009，44-49 頁），優秀な人材であっても故郷を離れ都市部で機会を得ることが難しい状況がつづいているのである。

(2) 広東省の人口動態

　中国の人口統計は「常住人口」と「戸籍人口」による区別があり，日本でいえば前者は住民票届出ベース，後者は本籍地ベースとなる人口統計である。広東省は年末常住人口が 2010 年に 1 億人を突破し，中国最大の人口を擁する省となった。

　図表 4-1 は広東省の人口動態を示す。広東省をはじめとする沿海地域の特徴は，常住人口が戸籍人口を上回ることにある。これは大学進学，就業に際し，省外からの流入が流出を上回ることを示している。外省人は就業地での暫住手続きによって居住が可能となる。概ね出稼ぎ労働者の受入地となる沿海都市部では常住人口が戸籍人口を上回り，出稼ぎ労働者の送り出し地となる農村部は常住人口が戸籍人口を下回るのである。

　図表 4-1 を見ると，広東省の老齢人口比率（65 歳以上）は，常住人口に対して 7.0%（中国平均では 9.4%，『中国統計年鑑 2013』による）である。広東省の老齢人口比率は中国沿海部では最も少ない比率であり，それだけ就労世代の若年世代の流入が戸籍転入も含め多いことを示している。実際，省外から戸籍人口への流出入率は 1995 年には 0.11% であったが，経済成長にあわせて

図表 4-1　広東省の人口動態推移

項目	単位	1995	2000	2005	2010	2012
年末常住人口	万人	7,387.5	8,650.0	9,194.0	10,440.9	10,594.0
戸籍/常住人口比率	％	91.9	86.7	85.9	81.6	81.5
0～14歳人口比率	％	N.A	24.2	21.3	16.9	16.0
15～64歳人口比率	％	N.A	69.8	71.3	76.3	77.0
65歳～人口比率	％	N.A	6.0	7.4	6.8	7.0
都市人口比率	％	39.3	55.0	60.7	66.2	67.4
年末戸籍人口	万人	6,788.7	7,498.5	7,899.6	8,521.6	8,635.9
非農業人口比率	％	30.0	31.2	51.7	52.2	52.2
省外からの流出入率	％	0.11	0.10	0.26	0.25	0.08

出所:『広東統計年鑑2013』より筆者作成。

2005年に0.26％と上昇し, 2010年は0.25％となった。その後, 2012年に流入率は低下し, 1995年以来最低の0.08％となった。戸籍人口への流入率が省外からの農民工の人口動態を必ずしも示さないが, 近年, 広東省への戸籍転入人数が減少していることは明らである。第4節の事例研究で後述するが, 農民工であっても一定年数を広東省で過ごし, 都市戸籍へ転入を希望する場合, 収入, 学歴, 納税といったさまざまな要件を満たしたごく一部の外省人が戸籍に転入できる制度となっている。

また, 広東省の常住人口の年齢構成は, 労働力人口 (15歳～64歳) 比率が2000年以降上昇し, 未就業人口 (0歳～14歳) が減少している。1979年から導入された産児制限, いわゆる「1人っ子政策」により, 若年層の就業人口は構造的に減少傾向を辿っており, 労働力人口を増加させるためには外省人の流入に依存せざるをえない状況にある。このため, 就業年齢の人口構成比だけが上昇しているのである。このほか, 戸籍人口に占める非農業人口は1995年に30.0％だったが, 2012年には52.2％にまで上昇した。工業化や都市化の進展で省内の農業従事者が減少し, 工業やサービス産業の上昇で非農業者が増加 (農業戸籍から都市戸籍への転換) しているのである。

(3) 広東省各都市の特徴

図表4-2は広東省の都市別人口を比較したものである。広東省全体で常住人

第4章 広東省の人口動態と日本企業　69

図表 4-2　広東省都市別常住人口推移と構成　　（単位：万人，％）

市別	2000	2005	2010	2012	2000年比伸び率	2010年比伸び率	戸籍人口比率	農業人口比率	就業人口比率
広東省	8,650.0	9,194.0	10,440.9	10,594.0	22.5	1.5	81.5	47.8	77.0
広州	994.8	949.7	1,271.0	1,283.9	29.1	1.0	64.0	9.4	58.5
深圳	701.2	827.8	1,037.2	1,054.7	50.4	1.7	28.4	0.0	73.1
珠海	123.7	141.6	156.2	158.3	28.0	1.3	67.3	0.0	66.3
汕頭	467.8	494.5	539.6	544.8	16.5	1.0	97.8	0.9	43.9
仏山	534.1	580.0	719.9	726.2	36.0	0.9	52.0	0.0	60.2
韶関	273.7	292.3	283.0	286.9	4.8	1.4	113.8	50.7	49.9
河源	226.8	278.2	295.8	301.0	32.7	1.8	118.0	78.3	45.4
梅州	380.5	411.8	424.5	429.4	12.8	1.2	121.4	74.2	49.1
恵州	321.8	370.7	460.1	467.4	45.2	1.6	73.2	40.3	57.8
汕尾	245.7	279.9	293.9	296.9	20.8	1.0	116.9	50.5	40.2
東莞	644.8	656.1	822.5	829.2	28.6	0.8	22.4	48.9	76.1
中山	236.5	243.5	312.3	315.5	33.4	1.0	48.2	46.5	66.2
江門	395.2	410.3	445.1	448.3	13.4	0.7	87.4	43.7	55.4
陽江	217.2	232.1	242.5	247.0	13.7	1.8	114.4	58.0	53.4
湛江	603.4	669.0	700.4	710.9	17.8	1.5	110.4	62.9	46.6
茂名	524.8	584.0	582.6	596.8	13.7	2.4	125.5	63.1	46.6
肇慶	337.7	367.6	392.2	398.2	17.9	1.5	107.4	70.7	54.1
清遠	315.0	359.4	370.4	376.6	19.6	1.7	107.7	70.4	52.5
潮州	240.4	252.0	267.2	270.0	12.3	1.0	98.1	71.9	50.0
掲陽	524.6	559.7	588.3	595.6	13.5	1.2	113.2	65.4	45.7
雲浮	215.5	234.0	236.3	241.7	12.1	2.3	118.8	63.6	54.4
珠江デルタ	4,289.8	4,547.1	5,616.4	5,689.6	32.6	1.3	54.6	27.4	64.0
東翼	1,478.5	1,586.0	1,689.0	1,709.7	15.6	1.2	106.4	44.6	44.8
西翼	1,345.5	1,485.1	1,525.6	1,556.9	15.7	2.1	116.7	62.2	47.7
山区	1,411.4	1,575.7	1,610.0	1,637.8	16.0	1.7	115.7	68.5	50.1

注：比率は全て常住人口に対する比率。
出所：『広東統計年鑑2013』より筆者作成。

口が2000年比22.5％増となるなか，深圳が50.4％増，恵州が45.2％増と大きく増加したほか，仏山（36.0％），中山（33.4％増）も平均値を上回る増加をみせるなど，総じて珠江デルタ地区[2]の伸びが顕著だった。ただし，2000年比で32.6％増となった珠江デルタ地区であるが，2010年比では1.3％増と省平均伸び率を下回り，常住人口の増加ペースは低下しつつある。

2　珠江デルタ地区の範囲について，『広東統計年鑑2013』にしたがい，広州，深圳，珠海，仏山，江門，東莞，中山，恵州，肇慶の9市からなる地域とする。

図表中の戸籍人口比率は，低ければ低いほど外省人の流入が多い地域となる。深圳（28.4％）と東莞（22.4％）が極端に低く，外省からの出稼ぎやその他暫住者が常住人口の7割超から8割弱を占める。このほか，中山（48.2％）や仏山（52.0％）も戸籍人口が常住人口の約半分程度と低い。省都の広州も64.0％であり，広州市戸籍をもたない外省人口が約3分の1を占めるのである。また，外省からの出稼ぎ労働の多くが工場労働や建設労働に従事しており，戸籍人口比率が低い地域はそれだけ経済発展が進んだ地域と推定でき，そのため就業人口比率が高くなっている。

　改革開放の実験地として早くから対外開放と経済成長をはじめた広東省は，外省からの出稼ぎ労働者が経済活動の根底を支えてきた。特に発展の中心地域である珠江デルタ地域で多くの外省労働者を受け入れており，2012年時点でも戸籍人口比率は54.6％，農業人口比率は27.4％，就業人口比率は64.0％となっている。

(4) 珠江デルタ地域への農村人口の流入経緯

　図表4-2が示したとおり，深圳，東莞など香港に近接する都市は出稼ぎ人口比率が高く，外省からの労働者の流入が大きい地域であった。深圳は1979年に経済特区に指定されて以降，急速な発展を遂げ，人口の拡大が続いた。東莞も香港や深圳の後背地として工業化の生産立地を受け，1990年代以降外省人の受入を増加させてきた。

　1979年に深圳が改革開放の実験地として同国最初の経済特区となったのも，香港に隣接する地の利と無縁ではない。実際，世界の工場となった中国の中核地域である珠江デルタへの輸出産業の集積は，香港の機能を最大限に利用した加工貿易型ビジネスモデルによって推進されてきたからだ（池部 2013b，78-79頁）。加工貿易は中国が外資導入の法整備を進める以前から実体化し，ルール化よりもはやいスピードで発展してきた。いわば自然発生的な輸出産業の生産立地を法律や制度が後から裏付けるという作業がつづいた。一例を示せば，中国他地域では輸出加工区という特別区域でしか成立しない加工貿易モデル，特に転廠取引が広東省では省内全域を事実上の輸出加工区とみなして実施可能であった。広東省の加工貿易ビジネスは中国全体の事業環境のなかでも特殊で

あり，また隣接する香港の存在があればこそのビジネスモデルとして外国企業の生産立地を誘引したのである。

中生（1993，256-257頁）は東莞の農村地域がどのようにして香港から委託加工を引き受け，次第に外省からの出稼ぎ労働者を受け入れるようになったかを詳述している[3]。それによると，1980年代，東莞のある村が香港在住の親戚の紹介によって縫製工場を誘致し，香港から機械と材料を持ち込み，加工して全量を輸出する典型的な委託加工（加工貿易）がはじまった。当初は工場立地場所周辺の若者が雇用されたが，地元の労働者は長時間労働に疑問を抱くようになり，次第に外省人の受け入れへと転換していったとされる。1988年当時，東莞の南に位置する宝山県の人口は81万人で，うち戸籍人口は27万人であり，外来労働者が66.7％を占め，うち95％が16歳〜25歳の女性だったとされる（中生1993，257頁）。

(5) 広東省の工業化と人口移動

図表4-3は広東省の就業人口比率を所有セクター別，業種別に見たものである。これによると，2000年比で比率が上昇したのは，外国投資企業（3.7％→16.9％），有限責任会社（1.0％→5.8％），私営企業（5.5％→19.6％），個人企業（7.7％→18.0％）であり，逆にシェアが低下したのは，国有企業（11.8％→7.2％），集体所有制企業（59.4％→28.7％）であった。また，業種別では農林水産業が低下した一方，製造業（33.2％→37.2％），小売卸売（11.2％→13.2％）が増加した。

まさに社会主義時代の中心的な所有セクターである国有企業や集体所有制企業が2000年代以降低下し，外国投資企業や有限責任会社，私営企業，個人企業などの新しい所有セクターのシェアが上昇した。産業セクター別では，産業構造の高度化によって，農林水産業がシェアを低下させ，製造業と小売卸売のシェアが上昇したのである。

前述の東莞の出稼ぎ労働者流入の経緯でみたとおり，加工貿易による生産立地の主な生産品目は1980年代には縫製産業が多かったが，その後，玩具，染

---

3 中生（1993）ではポッター夫妻（Potter, S.H. and J. M. Potter 1990）の調査を援用している。

色などに拡大し，光学機器やコンピュータ機器，通信機器，テレビ受像機などさまざまなIT関連製品へと波及していった。その多くが，形式的には香港からの受託生産方式による加工貿易制度を利用した生産立地であり，大量の単純労働者を雇用し，輸出産業の量的拡大によって出稼ぎ労働者の流入量はますます拡大することとなった。

図表4-3が示すとおり，広東省の産業セクター別就業人口の推移は2012年に5966万人で2010年比1.6％増となった。図表では示さないが『広東統計年鑑』で確認すると，広東省就業人口の伸びは製造業などが属す第二次産業が10.7％増と最大で，輸出産業に加え自動車産業など内需型産業の勃興により，製造業の就業人口が増加したと考えられよう。ただし，農民工の流入が多い輸出産業が集積する深圳，東莞の第二次産業人口の伸び率をみると，それぞれ2.8％増，71.6％増であった。深圳は省内第二次産業就業者数の伸びを下回り，就業者数でみた量的拡大は現在のところ収束したと推測できるが，東莞は引きつづき急増している。

こうした統計を見る限り，農民工の流入は減少しておらず，輸出産業の生産に労働者供給が不足しているとは考えにくい。後述の事例研究で詳細を考察するが，大量雇用環境の変化ではなく，例えば賃金上昇や労働者の資質の変化が

図表4-3　広東省の所有セクター，業種別就業人口比率の推移

(単位：万人，％)

項目	2000	2005	2010	2012
就業人口	3,989.3	5,023.0	5,870.5	5,966.0
国有企業	11.8	7.6	6.7	7.2
集体所有制企業	59.4	40.6	31.6	28.7
有限責任会社	1.0	4.1	5.2	5.8
外国投資企業	3.7	16.3	17.4	16.9
私営企業	5.5	13.3	17.7	19.6
個人企業	7.7	14.6	17.8	18.0
農林水産業	N.A	32.1	24.4	23.8
鉱業	N.A	0.3	0.2	0.2
製造業	N.A	33.2	37.7	37.2
小売卸売	N.A	11.2	13.0	13.2

出所：『広東統計年鑑2013』より筆者作成。

生産環境に影響を与えていると推測できる。

(6) 深圳の農民工

深圳大学の労働法および社会保障法研究所が市内日系企業で働く農民工175人を対象に行った質問紙調査の結果報告『深圳日系企業における新世代農民工調査報告』を概観し，外資系企業で就業する農民工の姿を考察する。

本調査は2010年5月と12月の2回に分けて実施されたもので，1979年の産児制限以前に生まれた農民工を旧世代農民工，1979年以降に生まれた1人っ子世代を新世代農民工と分類している。母数175人のうち，旧世代は22人，新世代が153人であった。男女比率は女性が66%，平均年齢は24.7歳（新世代農民工のみで22.7歳）だった。深圳に生産立地する日系企業は軽機械産業の輸出企業であり，作業工程も繊細な組立加工が多い。このため，雇用側が男性よりも女性労働者を求める傾向が強いと考えられる。また，調査対象となった175人の農民工のうち，農業経験がある者は13.2%に過ぎず，学歴も中等教育（日本の高等学校にあたる）修了者が新世代農民工で70.2%（旧世代は45.5%）に達した。

また，職業選択の際に重視する項目として，「給与や福利厚生」を上げる回答が新世代（84.6%），旧世代（93.8%）とも最大であったが，自己実現を志向する「将来性の有無」では新世代が51.7%，旧世代は43.8%であり，「職業訓練（スキルを身につけられるか）」については，新世代が34.2%，旧世代12.5%となった。給与収入の多寡が最も重要な要素であるものの，就業を通した自己実現を重視する姿勢が，新世代農民工で強いことがわかる。ただし，旧世代農民工は調査時点の年齢が30歳以上であり，自己実現へ向けた志向の差異は年齢差によるところも大きいと考えられる。こうした自己実現の欲求は，現在の職場より良い仕事，より将来性のある仕事を求めることから，全体の57.6%の農民工が転職を希望していた。また，転職以外の自己実現では，新世代農民工は33.1%が職業訓練で技術的な資格を取得したいとし，31.5%が経営者になりたいと回答した。

さらに報告書は，「政治的平等」についても聞いている。これによると，78.9%の農民工が都市戸籍者と同じ待遇を求めると回答したほか，35.4%は戸籍

制度の廃止を主張した。

　この深圳大学の調査報告書からもわかるとおり，「農民工」や「出稼ぎ」という言葉がもつイメージとは異なり，実際の農民工と呼ばれる労働者は都市戸籍者の若者と何ら違いがない。特に新世代農民工は，農業経験もほとんどなく，高校卒業程度の学歴を持ち，就業目的として自己実現を掲げ，戸籍制度による差別的な待遇に不満をもつのである。

　現代の農民工は都市戸籍の若者と出生地あるいは両親の戸籍の属性による差しかなく，それ以外の点で差異を見つけることの方が難しい。王（2009, 44-49頁）が指摘したように，農民工と都市戸籍という戸籍上の分類が，現在も都市での就業や起業機会で有形無形の差別を残しているのである。そして，第4節でみる事例研究でもわかるとおり，農民工の製造現場での定着率は低く，単純作業からまた別の企業の単純作業へと転職を重ねている様子が浮き彫りとなる。

(7) 小括

　中国の戸籍制度による労働移動制限が緩和され，農民工による都市部最下層の労働作業が可能となって約30年が経過した。急成長を持続した広東省の経済発展もこうした農民工が建築労働や輸出品生産工場の労働を支えてきた。

　しかし，統計からは近年外省からの出稼ぎ労働者の流入ペースが減速し，特に珠江デルタ地域でかつてのような人口流入とそれによる常住人口の増加がみられないことを確認した。広東省の第二次産業の域内総生産（GRP）成長率は，2012年に7.3%となり，1980年以来最低の伸びにとどまった（『広東統計年鑑2013』）。農民工の流入について，その送り出し側の農村で出稼ぎ労働者となる余剰労働者の数が減少したとも考えられるが，同時に沿海部の工業と建築業が景気減速に伴い求人を減らした結果でもある。

　また，農民工の30年におよぶ歴史のなかで，その労働者としての質は大きく変化した。かつては生活苦を理由とした出稼ぎ労働が多かったが，新世代農民工については経済的な理由だけで沿海部での就労機会を求めていない。将来性や技術修得，独立起業といった自己実現を掲げ上向き志向な労働者に変容したのである。単純作業の繰り返しとなる職場が敬遠され，キャリア・パスを示

すことができる職場を求める労働者の姿がそこには示されていた。

3. 広東省の輸出産業

(1) 中国のなかの広東省

　図表 4-4 が示すとおり，広東省の常住人口は 1 億人を超え，中国全土で最も人口の多い省となった。経済規模では，域内総生産（GRP）が全国の 11.0% を占め，セクター別内訳をみると，中国全体に占める第 1 次産業の構成比は 5.4% と低いものの，第 2 次産業，第 3 次産業でいずれも高い水準にあり，全国の 11% 強を占めている。また，1 人当り GRP は 5 万 4095 元（約 8606 ドル）に達し，全国平均を 4 割上回る。1 人当り可処分所得額も 3 万元超と全国平均を 3 割以上上回っており，広東省は中国のなかでもとりわけ経済水準の高い発展地域となっている。広東省経済の中心地域は珠江デルタ地域である。同地域の面積は日本の九州よりやや大きい 5 万 4733 平方 km で，人口は 5690 万人，1 人当り GRP は 8 万 4355 元（約 1 万 3420 ドル）とすでに世銀が定義する高所得国の水準に達している。

　2012 年の広東省への対内直接投資（認可ベース）は前年比 0.8% 増の 349.9 億ドル，実行ベースでは前年比 8.0% 増の 235.5 億ドルと全国の 21.1% を占めた。近年，人件費上昇などにより労働集約型産業を取り巻く事業環境は厳しさ

図表 4-4　広東省の経済規模対全国比較

	広東省	対全国シェア
常住人口（2012 年末，万人）	10,594	7.8
域内総生産（GRP）（億元）	519,322	11.0
第一次産業	52,377	5.4
第二次産業	235,319	11.8
第三次産業	231,627	11.4
一人当り GRP（元）	54,095	38,420
一人当り可処分所得（元）	32,270	24,565

出所：『広東統計年鑑 2013』および『中国統計年鑑 2013』より筆者作成。

を増していると言われるが，2012年の対内直接投資（実行ベース）のうち56.1％にあたる132.1億ドルが製造業分野への投資であった。

(2) 広東省の製造業密度

広東省の輸出産業集積の過程で香港が大きな役割をはたしたことはすでに述べた。香港に法人を設立した外国企業は広東省の深圳市や東莞市の中国企業に生産委託し輸出品製造をおこなってきた。『広東統計年鑑2013』によると，2012年の広東省の軽機械産業の品目別生産高は，テレビ5810万台（中国生産台数の47.3％），エアコン5342万台（同40.2％），携帯電話5億7605万台（同48.8％），コンピュータ5382万台（同15.2％），集積回路172億3260万個（同20.9％）となっている。

また，同省の製造業法人数は約28万7165社で，市場から退出する低付加価値企業も多数存在するが，それを上回る新規設立があるため2012年の法人数は前年比8.2％増加した。同省各市の製造業法人数を各市の面積で除し製造業の立地密度を求めると，深圳は1平方キロメートルあたり29社，東莞は18社，仏山は11社にもなる。広東省珠江デルタのなかでも深圳，東莞，仏山が大規模かつ密度の高い産業集積地を形成し，そこに広州，中山，珠海，江門，恵州，肇慶各市といった工業都市が隣接して珠江デルタ全体の大規模工業集積を形成しているのである。

図表4-5は広東省製造業（売上高500万元超の企業）の業種別，都市別の内

図表4-5 広東省の製造業

広東省の製造企業数（社）	37,811	構成比（％）
コンピュータ・通信機械製造	4,035	10.7
うち深セン	1,629	40.4
東莞	818	20.3
広州	325	8.1
電気機械・機器製造業	3,928	10.4
うち深セン	897	22.8
仏山	742	18.9
中山	700	17.8

注：年間売り上げ高500万元以上の企業のみ。
出所：『広東統計年鑑2013』より筆者作成。

訳を示す。最大業種は全体の 10.7％ を占めるコンピュータ・通信機械製造で，うち 4 割が深圳，2 割が仏山に所在している。次に企業数が多い業種として，電気機械・機器製造業があり，これも同省製造企業数の 1 割強を占め，所在地は深圳（22.8％），仏山（18.9％），中山（17.8％）となった。同省の輸出産業の主要業種である電気機械・機器製造およびコンピュータ・通信・電子に関わる製造業は深圳，東莞，仏山が巨大な企業集積を形成してきたことがわかる。

(3) 資本労働比率でみる高度化の進展

図表 4-3 でみたとおり，広東省の製造業における就労人口比率は 2010 年をピークに微減している。これは，製造業以外の産業セクターの就労人口が大幅に伸びたことによると考えられる。また，製造業に絞って考察すれば，労働者の賃金上昇により事業縮小あるいは撤退がおこなわれているか，機械化や自動化によって省力化が進んでいることを示している。ただし，前節でみたように東莞では第二次産業（製造業と建設業が含まれる）の就業者数が激増しており，省全体の平均的な傾向とは異なる可能性もある。それを踏まえた上で，本節では省内製造業で生産性が向上（就労者が減少，あるいは設備投資が上昇）している可能性に注目して業種別に検証をおこなう。

図表 4-6 は広東省の工業分野の所有セクター別および業種別の資本労働比率を 2007 年と 2012 年とで比べたものである。資本労働比率は有形固定資産額を従業員数で除した数値であり，労働者 1 人当りの設備保有規模をみる指標である。労働装備率，資本装備率とも呼ばれ，産業の機械化（あるいは労働集約化）を確認する指標となる。今回，広東省の統計は固定資産合計を従業員数で除したものであるが，特に 2000 年代後半は地価の上昇が著しい時期でもあり，土地の含み益が固定資産額を上昇させている点は留意が必要だ。

図表 4-6 では消費者物価指数（2007 年末から 2012 年末まで 13.85％ 上昇）をデフレータとして 2012 年の数値を実質化した。これによると，広東省全体では資本労働比率が 35.9％ 上昇し，所有セクター別では国有企業が唯一省内平均値を上回る上昇を示した。これは，一般的に土地資産を豊富に所有する国有企業の固定資産が地価上昇によってかさ上げされたこと，余剰従業員の整理が進んだことなどが背景にあると考えられる。一方，外国投資企業やマカオ・香

図表 4-6　広東省工業セクターの資本労働比率推移

	2007年			2012年			上昇率
	固定資産 (億元)	従業員数 (万人)	資本労働比率 (人民元/人)	固定資産 (億元)	従業員数 (万人)	資本労働比率 (人民元/人)	(2012/2007)
広東省計	12,102.3	1,307.4	92,568.0	21,208.9	1,452.2	125,823.2	35.9
国有企業	1,760.4	24.5	718,229.3	3,732.2	29.1	1,106,260.0	54.0
集体所有制企業	31.7	5.3	59,455.9	114.9	23.2	42,590.2	▲28.4
株式会社	3,390.6	337.9	100,343.6	7,326.7	504.2	125,193.2	24.8
外国投資企業	2,959.4	289.7	102,146.6	4,640.4	312.7	127,864.8	25.2
香港・マカオ・台湾企業	3,574.5	561.5	63,662.5	4,831.6	514.2	80,948.2	27.2
石油天然ガス	101.6	0.2	4,232,083.3	272.2	0.3	7,610,185.9	79.8
食品製造	122.0	13.3	91,675.4	221.9	17.7	108,013.6	17.8
種類・飲料製造	120.0	6.0	198,922.1	223.5	8.0	241,488.5	21.4
たばこ製造	34.6	0.6	540,625.0	72.3	0.8	774,497.2	43.3
紡績	403.3	62.7	64,361.6	443.1	45.7	83,519.7	29.8
アパレル，衣類，靴	218.0	100.2	21,752.0	385.5	101.8	32,630.3	50.0
木材加工業	58.6	8.8	66,925.7	88.0	8.7	87,586.3	30.9
家具製造	99.7	31.9	31,270.0	183.3	32.4	48,766.3	56.0
製紙業	324.4	25.0	129,947.9	658.7	25.6	221,987.1	70.8
化学原料	698.2	27.2	257,080.3	973.4	33.6	249,601.3	▲2.9
医薬品	119.4	8.3	144,666.7	241.6	11.6	179,609.4	24.2
化学繊維	57.5	2.1	271,037.7	45.8	1.5	262,352.8	▲3.2
プラスチック	80.6	13.9	57,916.7	766.7	83.2	79,362.5	37.0
ゴム	423.3	73.3	57,734.6				
非鉄金属	588.3	52.5	112,158.2	1,035.7	57.1	156,390.5	39.4
汎用機械	196.8	29.4	66,870.5	378.6	44.0	74,118.8	10.8
専用機械	195.0	31.2	62,524.1	398.1	33.0	104,075.6	66.5
自動車製造	491.9	33.1	148,655.2	804.9	31.6	219,589.9	47.7
電気機械	737.1	160.9	45,799.7	1,370.9	187.0	63,171.4	37.9
コンピュータおよび通信機械	1,502.6	253.3	59,321.0	2,906.8	337.7	74,165.7	25.0

注：2012年の資本労働比率は期間CPI上昇率13.85で実質化した数値。
出所：『広東統計年鑑』2008年版，2013年版より筆者作成。

港・台湾企業，株式会社は省の平均値を下回る結果となった。

業種別で資本装備が最も拡大したのは石油天然ガスで79.8％増となった。その他，資本労働比率の上昇率が高い業種は，製紙（70.8％増），専用機械（66.5％増），家具製造（56.0％増）で，低い業種は化学繊維（3.2％減），化学原料（2.9％減），汎用機械（10.8％増），食品製造（17.8％増）であった。

また，珠江デルタの主要品目であるIT関連製品は，コンピュータおよび通

信機械が25.0%増,電気機械が37.9%増となった。 特にコンピュータおよび通信機械で,資本労働比率の上昇率が低い水準にあった。『広東統計年鑑2013』によれば,同省の輸出に占めるコンピュータ・通信機械の割合は29.5%であり,うち外国投資企業による輸出比率が74.3%となる品目である。また,これら製品分野の最終財生産は比較的労働集約的な工程を多く持つ特徴がある。広東省のなかでも外国投資企業の寄与率がとりわけ高い品目でありながら,資本労働比率の変化が低位であることは,機械化率が限界を迎えつつあることを示唆していると考えられ,これについては次節の事例研究で確認する。

広東省は生産要素のうち,労働コストの上昇が著しい状況にある。例えば,深圳の最低賃金は2005年の690元から2013年に1600元へと2.3倍に上昇し,労働集約型産業の賃金を大幅に上昇させた。そして,資本労働比率の上昇も限界に近づいているとしたら,一部の生産工程を他地域へ移転するといった工程間分業か,生産拠点全体を移転させるなど,何らかの事業再編が志向される段階にあると考えられる。

つまり,チャイナ・プラス・ワンと呼ばれる外国投資企業の二次展開の動きは,機械化で限界を迎えつつあるコンピュータおよび通信機械がより強く二次展開の動機を持つと言えよう。

4. 事例研究

図表4-3で見たように,広東省全体で就業人口は増加しているにも関わらず,外国投資企業や製造業で就業人口比率が減少に転じていた。一方で東莞の第二次産業の就業者数は大きく増加しており,建築労働が大きく伸びた可能性も否定できない。いずれにせよ,人口統計だけで実態を把握するのは難しく,本節では外省からの出稼ぎ労働者の現状について,主に珠江デルタ各市で加工貿易に関わる輸出志向型の日本企業の工場について事例研究を行う。筆者が訪問ヒアリング調査を行った5社について取り上げ,主に労働者の問題について考察する。

(1) ワイヤーハーネス製造（東莞）（訪問日：2012 年 12 月 3 日）

同社は 2002 年から東莞市で来料加工工場として事業を開始した家電向けワイヤーハーネス加工企業である。2006 年に法人を設立し，2009 年には従前の来料加工工場と独資工場を一体化した。また，2012 年 2 月からは広東省北部の遠隔地である韶関市の産業移転工業園区に一部労働集約工程を移管した。中国は広東省のほか，1990 年代初頭に浙江省に進出するなど複数カ所の工場を有している。

同社の広東省工場の従業員数は東莞工場が 704 人，韶関工場が 236 人で，日本人は 3 人が駐在している。生産の約 7 割が家電向けワイヤーハーネスで，全て日系メーカーへ納入している。

同社にとって最大の悩みは熟練労働者の確保だという。勤務年数 5 〜 6 年のエンジニアや管理職は育ったものの，単純作業の労働者は定着せず，工場全体で離職率はおよそ 10％／月になる。工場所在地の法定最低賃金は 1100 元だが，同社は初任給を 1300 元に設定し労働者確保に努めている。韶関市の産業移転工業園区に組立と検査工程を専門に扱うサテライト工場を設立したのも，安定的な雇用と高い定着率が見込め，東莞市よりも熟練工を確保しやすいと考えたからだという。

東莞市政府の政策緩和などにより，出稼ぎ労働者（外省戸籍の人）も一定の要件を満たせば東莞市籍を取得しやすくなり，優秀な従業員の定着が以前よりも改善したという。

(2) 印刷機械部品製造（中山）（訪問日：2012 年 12 月 4 日）

同社は印刷機械用ゴムローラーを生産し，軸とプラスチック・ゴム部品は近くの協力工場から調達している。調達先の約 8 割は日系企業で，1 割が台湾と香港系で残りの 1 割が中国系メーカーだという。

労働者については，人は集まるものの長くつづかず，1 年で 7 割は辞めていくという。従業員数は約 500 人（2007 年は 800 人だった）で，うち 2 割が中核を担う人材に育ったという。最低賃金は 1100 元だが深圳市の 1500 元と比べ差が大きいため，労働者は距離的に近い深圳に流れてしまう。このため，同社では 1500 元を実質基本給とし人材を確保しているという。賃金だけでなく住

宅積立金の雇用主負担増といった社会保障費の上昇も大きなコスト増の要因で，労務コストの上昇ピッチがはやいことが最大の悩みであるとした。

中山市では優秀な従業員であっても戸籍をとることが難しく，子供が学齢に達すると故郷へ帰らざるをえない人が多い。スタッフレベル（大卒者）なら定住化は可能でも，単純作業員の中から将来の班長，技術者が育っていくので，優れた人材（農民工であっても）を定住させるための政策が必要だとした。

中山工場では従来3人でやっていた工程を1人ないし2人でできるようにするため自動化設備を導入し，従業員の提案制度も取り入れ効率化を進めている。こうした活動がうまくいき，年率7-10%の生産性の向上を達成しているという。

(3) 電子部品製造（東莞）（訪問日：2012年12月5日）

同社は1995年から来料加工で東莞に進出し，2011年11月に独資化した。生産品目はAV機器のリモコンやコネクタなどである。販路は10年くらい前までは日系企業が多数であったが，現在は半分程度になったという。

従業員は3300人（ピーク時は2008年の6000人）で，日本人の駐在者は現地採用も含め15人になるという。従業員は3割が固定され，残りの7割は1年程度で入れ替わるという。同社としては作業者の昇格といったキャリア・パスをこれ以上用意できないことなどから，単純作業者の入れ替わり（流動性）をもう少し増やしていきたいということだった。

賃金率上昇の対応として生産性の向上に力を入れており，毎年20%アップを達成してきた。製品構成を変更して，機械で生産可能な製品の受注を増やすよう努力しているという。自動化機械は従業員からの改善提案も受入ながら自社専用のものを中国で製造する場合が多いという。

(4) AV機器製造（東莞）（訪問日：2012年12月5日）

同社は複数のグループ工場が東莞地域に来料加工工場などを設置済みだったため，2001年7月の設立当初から独資化法人としてスタートした。東莞市内には委託加工時代からの製造拠点を含め，現在4カ所の製造工場を有している。

従業員はピーク時の2006年には6600人体制だったが，現在は2800人で，日本人駐在員は12人の体制になっている。離職率は10～15％／月程度だという。女性が65％であり男性比率が近年上昇している。組立などの細かい作業は女性向きだが，最近は男性を配置する必要があり，男性が作業するに適した作業環境や工程に適宜変更しているという。ワーカーは湖南，四川，江西，湖北省の出身者が多く，6割は寮に入っているという。会社で用意した寮もあるが，寮で1～2年生活した後に自分で民間のアパートを借りる人が多いという。

同社の工場進出時は，日本の多能工方式を分解して，タクトタイムを計算して単純作業におきかえ，長いラインをつくった。そして10mおきに品質確認者を配置し，最終的には最新型の検査機でチェックし，不良を出さない体制をつくってきた。しかし，現在の状況はこうした生産方法では限界がきており，自動化や多能工化が必須となってきたという。

今後は，単純作業者のまま定着している人を多能工化し，小ロット生産に対応するラインと，大量生産品に対応する従来ラインとに分けて生産していく方針だ。大量生産ラインでは必要に応じ作業をさらに単純化し，新たに採用した従業員でもすぐ配置できるような作業環境にし，流動性が高い労働市場に対応していくとした。

(5) 電子部品製造（東莞）（訪問日：2012年12月6日）

同社は家電製品の印刷回路（PCB）の受託加工企業で，設計から部品調達，PCB調達，実装・組立までをおこなう。1986年に香港に工場を設立し，2001年に東莞に来料加工工場を設立した。その後，2004年には内販のために独資会社を同じ東莞に設立した。

従業員は季節変動が大きいもののおよそ800人から1200人で推移し，日本人駐在員は5人である。作業者の初任給は1200元で，離職率も高く，1年で全員が入れ替わる。中核メンバーとなるスタッフクラスは徐々に定着してきたが，熟練工が少なくなると，安定的な品質保持に影響がでる。このため，三段階を経る厳重な検査工程をおき，品質保持に努めているという。

(6) 小括

　本節では広東省の日系企業ヒアリングを通じ，労働環境を企業目線で概観した。いずれも IT 関連製品の輸出企業で，賃金の上昇と労働者の離職率の高さが課題として指摘された。

　各社とも月間の離職率は概ね 10％から 15％が平均的な水準であった。いずれの企業も新規採用後 2−3 日で辞めてしまうケースが多く，これが全体の離職率を引き上げる要因となっていた。

　労働者の定着問題については，第 2 節の深圳大学の調査報告書でもみたとおり，労働者側の資質の変化が大きいだろう。将来性のある職場を求める姿勢が労働者側には強く，単純作業だけの職場では長くつづかない。こうしたなか，事例研究で紹介した企業側の努力としては，定着しはじめた優秀な人材を多能工化し，その先は班長や主任，課長といった昇格を行うなど，キャリア・パスを明確に示す企業もあった。

　しかし，定着した作業員のキャリア・パスを示して順調に昇給・昇格をさせても，優秀な企業人材が道半ばで辞めてしまうケースも散見された。これは，学齢に達した子弟の進学問題によって会社を辞めざるをえないからである。大卒のスタッフ職であれば以前に比べ現住都市の戸籍取得が容易となったものの，高卒レベルの農民工の場合，「就業期間」，「銀行預金額」，「納税額」，「社会保障費納付額」といった定住化の条件は満たしても，「学歴」が不十分のため現住都市戸籍が取得できないことが多いという。このため，子弟教育の公的支援が受けられず，結局は本籍地へ帰らざるをえなくなる。事例研究では東莞市では戸籍取得が以前より容易となり，企業人材の定着が進んだとしたが，中山市では戸籍取得が依然難しく緩和を求める声が上がった。

　輸出企業の事例では，遠隔地の産業移転工業園区に一部工程を移転した企業もあった。地元労働者の比率が高く，高い定着率を見込める遠隔地の分工場に検品などの労働集約的かつノウハウ蓄積を必要とする工程を移転したのである。

　このように，エレクトロニクス関連企業の事例研究からみえてきたのは，企業の生産性向上努力のなかで，労働者の確保が大きな課題である点だ。前節でみたように，同業種は資本労働比率の伸び悩み，つまり機械化率で限界を迎え

つつある状況が示唆されたが，事例研究でも，自動化設備の導入や省力化などを進めると同時に労働者の定着者を増やしてノウハウの内部化を進める必要性に直面していた。しかしながら，制度的には戸籍の移動が難しい現実があり，優秀な企業人材を永続雇用できないことが経営の現地化と高度化を阻害する要因となっていた。

5. おわりに

　これまで広東省の輸出産業は四川省，湖南省，江西省といった近隣省からの出稼ぎ労働によって支えられてきた。廉価な人件費で安定的大量雇用が可能な時代は労働集約型産業が大いに隆盛した。しかし，2005年頃からは人件費の上昇が顕著になり，2010年以降は年率10%から15%といった賃金上昇がみられた。さらに，社会保障費の雇用主負担分の上昇もあり，加工賃上昇が広東省の輸出志向型企業にとって共通した悩みとなってきた。

　広東省の輸出産業を取り巻く労働市場環境の変化は，農民工の量的な減少というよりも，事例研究で指摘された定着率の低さという企業経営側から見れば労働者の質的変化が事業運営に大きな影響を与えていた。1990年代の広東省は，農村部から無尽蔵に供給される農民工を3年間の有期契約で雇用し，ほとんどの農民工が3年間の労働期間を全うするのが一般的であった。しかし，事例研究でみたように現在の広東省の労働市場では，ひとつの職場に農民工が定着しなくなっている。流動性の高い労働市場で企業経営者は一定程度の定着率確保を目指し，ラインの組み換えやキャリア・パスの提示といった対応を迫られていた。

　広東省の主要輸出品であるIT関連製品は，コンピュータおよび通信機械の資本労働比率が伸び悩み，生産の高度化に向けた改革が行き詰った可能性について第2節で確認した。こうした電気機械や一般機械などの軽機械産業は，その最終工程は労働集約型工程を多く含むため，賃金率上昇と低定着率の労働環境下では苦しい経営を迫られる。さらに，生産効率を上げようにも機械化率が限界に近づいていおり，これが，労働力に比較優位をもつ中国内陸部やベトナ

ムといった地域への二次展開の動機となっているのである。実際，広東省とベトナムの印刷機械の分業構造では，高付加価値の複合機を広東省で生産し，汎用機をベトナムへ移管する水平的な分業構造があることが輸出入単価の分析によって明らかとなっている（池部 2013b，187-193 頁）。また，定着率の低い中国と比較的定着率が高いベトナムの双方に生産立地する事務用品製造企業の事例研究（池部 2013b，152 頁）によれば，大規模生産を必要とする製品を設備の整った中国工場で行い，人材にノウハウや技術の蓄積が必要な製品をベトナム工場で生産する分業体制となっていた。

　広東省の製造業の現場では，農村部からの出稼ぎ労働者の移動と就労を前提として良好な生産環境を享受してきた。しかし，近年，労働者の質的変化によって中期的（3年程度）な雇用関係を持続できる労働者の確保が難しくなってきたのである。企業はこうした労働市場の変化に対応するため，生産の高度化を進めるとともに，労働コストが安価でかつ中期的雇用が可能な労働市場へと資本移動を行なうことになる。これがいわゆるチャイナ・プラス・ワン，つまり二次展開を必要とする企業行動の背景となる。労働市場の変化が資本移動による企業の国際分業構造を現出させる要因のひとつとなっているのである。

〔池部　亮〕

参考文献
＜日本語＞
- 池部亮（2012），「チャイナ・プラス・ワンの実像」関満博，池部亮編『ベトナム／市場経済化と日本企業』新評論，420-439 頁。
- 池部亮（2013a），「加工貿易を中心とした輸出産業の高度化」広東省政府発展研究中心・日本貿易振興機構アジア経済研究所編『広東経済の高度化へ向けた政策課題―日本の経験から―』共同研究報告書，1-20 頁，（ウェブサイト：http://www.ide.go.jp/Japanese/Publish/Download/Report/2012/pdf/a201_07.pdf）。
- 池部亮（2013b），『東アジアの国際分業と「華越経済圏」』新評論。
- 王春光（2009），「制度と「機会所有権」中国における農村出身者の都市流入に関する社会学的考察」『アジア研究』Vol.55, No.2, April，アジア政経学会，42-55 頁。
- 中生勝美（1993），「農村の社会変容」石原亨一編『「社会主義市場経済」をめざす中国―その課題と展望―』アジア経済研究所，243-268 頁。
- 山口真美（2008），「農村労働力の地域間移動をめぐる政策の変遷」池上彰英・寳劔久俊編『中国農村改革と農業産業化政策による農業生産構造の変容』調査研究報告書，日本貿易振興機構アジア経済研究所，39-76 頁。

＜英語＞
・Potter, S. H. and J. M. Potter (1990), *China's Peasants: The Anthropology of a Revolution*, Cambridge University Press, pp.316-321.

＜中国語＞
・深圳大学労动法和社会保障法研究所編（2011），『深圳日资企业新生代农民工调查报告』2011年3月，日本貿易振興機構香港事務所委託調査。

＜統計＞
『広東統計年鑑』各年版，中国統計出版社。
『中国統計年鑑』各年版，中国統計出版社。

第 II 部
国際間労働移動における送り出し国の問題

第 5 章

民主化改革時代のインドネシアにおける
送り出し政策の転換と課題
～家事・介護労働者派遣からの脱却と高度人材の育成～

1. はじめに

　本章では，東アジア（東南アジアを含む）において，1990年代以降フィリピンに次ぐ主要労働力送り出し国に成長したインドネシアを取り上げ，2000年代の民主化改革の展開に伴う政策転換とその課題について報告する*。
　オランダと日本を旧宗主国にもつインドネシアは，出稼ぎ大国フィリピンやメキシコのように北米その他の英語圏へのパイプをもたず，従来は中東や東アジアを中心に，製造業やプランテーション，家事・介護などに従事する移住労働者を送り出してきた。日本にも，技能実習生や船員，EPA（Economic Partnership Agreement：経済連携協定）を通じた看護師・介護福祉士候補などが多数来日している。とりわけ，東アジア域内の家事・介護労働市場においては，フィリピン人が1990年代後半から撤退してゆくにつれて台頭し，2009～2011年のピーク時には外国人労働者100万人以上の7割近くを占めるまでとなった。

＊　本研究は，平成20～22年度文部科学省科学研究費補助金「東アジアにみるインドネシア・ベトナム女性移民の急増と家事介護労働者－花嫁間の推移」（基盤研究B海外，課題番号20401047，代表：奥島美夏），平成23～25年度「東南アジア医療福祉にみる看護・介護人材送出実態の実証研究：対日EPA問題を中心に」（基盤研究B海外，課題番号23401045，代表：奥島美夏），および平成23～25年度「経済発展と国内・国際労働移動に関する調査研究：ベトナムを中心とした東アジアの動態」（基盤研究B海外，課題番号23402034，代表：トラン・ヴァン・トゥ早稲田大学教授）の成果の一部である。多大なご指導・ご支援をいただいた研究メンバーおよび調査協力者の先生方・皆様に深謝する。

だが，インドネシア人労働者は非熟練労働に偏り不法就労・失踪も多く，2001年の9.11テロ事件（米国同時多発テロ）以降は受け入れ諸国の管理強化が厳しくなった。また，インドネシア国内でも，30年余り続いたスハルト政権が1998年に崩壊し，民主化改革の下で移住労働者の斡旋企業やその所轄である労働移住省の不正・汚職への批判が高まって，2004年の移住労働者保護法成立とともに，送り出し制度の改革が始まった。
　こうした流れを受けて，インドネシア政府は政策焦点を非熟練労働から熟練労働へ，インフォーマル部門（個人雇い）からフォーマル部門（法人雇用）へシフトさせつつある。特にインフォーマル部門は，個人宅に住み込んで家事・介護に従事する女性労働者に大部分が占められ，彼女らに対する不正や虐待が跡を絶たなかった。このため，政府は被害の多いマレーシアや中東諸国への派遣を2009年より長期凍結し，さらに2017年までに従来の家事・介護労働者の派遣を完全に停止して，調理師や介護士などの「専門職」のみの派遣に切り替える計画を2012年初頭に公表した。
　この新たな指針は2014年10月に成立したジョコ・ウィドド新政権に引き継がれ，政策転換に伴う諸問題の解決が急がれている。例えば，熟練労働者としての家事・介護労働者の養成にはよりコスト・時間がかかるうえ，フォーマル部門に移行すれば，雇用主側の負担もより増える。受け入れ国によって要求される技能・業務内容も異なるため，どのように技能標準化するのかも模索中である。また，インドネシア政府としては，大手顧客ではあるが問題も多い中東諸国より，地理的にも言語・文化的にも近い東アジアや，通貨力の高い米豪などへの送り出しを拡大したいが，他の送出諸国との競争が激しいため，今のところ非英語圏を中心に市場開拓を進めており，労務管理がそれだけ煩雑になるという悩みがある。さらには，2017年以降は家事・介護労働者として渡航できなくなる女性国民のために，どんな雇用を創出するのか，いかに教育水準を向上させるのか，といったより根本的な問題も抱えている。以上のような政策動向と課題について，順を追ってみていこう。

2. インドネシアの送り出し政策

(1) 送り出し概要と家事・介護労働者派遣の拡大

インドネシアでは国家独立以前から，イスラーム教徒のマッカ（メッカ）巡礼や，旧宗主国オランダへ渡った移民のネットワークなどを利用した個人的な移動がさかんであった（Spaan 1994；奥島 2009）。1980年代に入ると，石油景気に沸く中東や，企業の海外進出を促進する日本やアジア NIEs（台湾，香港，韓国，シンガポール），そして東アジアの製造業の生産拠点となったマレーシアなどが，採掘，建設，農業，製造業などの分野に外国人労働者・研修生を受け入れるようになり，二国間協定を通じた送り出しが拡大してゆく（Hugo 1995；奥島 2009；2013）。また，島嶼国家ならではの特色を活かして，船員もフィリピンに次ぐ送出実績を誇り，商船員の国際資格取得が厳格化された現在も，世界第4位（約7.8万人）の地位を保っている（BIMCO/ISF 2010）。

ただし，二国間協定に基づくとはいえ，事前研修や渡航手続きなどの実務は両国の斡旋企業が請け負っており，政府はもっぱら労働省（現・労働移住省）や海事水産省などが傘下の斡旋企業の事業を形式的に承認するだけであった（奥島 2009）。このため，事前研修や教育の不徹底，斡旋料の水増し請求や給与不払い，渡航先でのパスポートや銀行通帳の差し押さえ，雇用主の不正や暴力などの黙認といった種々のトラブルが頻発した。さらには，マレーシアやシンガポールなどの近隣地域へ不法就労・不法入国させる企業もあり，移住労働者も手っ取り早く出国して稼ぐために合意するので，渡航先で足元をみられ一層不正・暴力に遭いやすくなる，という悪循環に陥ることも少なくなかった。

その中で家事・介護労働者の派遣も徐々に増加した。中東には1970年代末頃から観光ビザを使った非公式の人流がみられ，香港やシンガポールでは欧米系富裕層などがメイドや乳母を雇う英国流の風習があった。これらの職は，個人宅に住み込んで家事・育児に従事するというものであったが，少子高齢化や女性の社会進出が進み，庶民の家庭でも雇用が一般化するにつれて，高齢者介護・介助を兼務するようになった。台湾は1991年に高齢者介護専従の外国人

労働者の受け入れを開始したが，自営業の補助や介護施設での就労などのケースも水面下で増えていく。

外国人家事・介護労働者の給与は現地社会の最低賃金額を基本としているうえ，インフォーマル部門，すなわち法人でなく個々人が所定の手続きを経て雇用する形態をとる。よって，一般の企業・事業所と異なり給与や勤務時間の体系が曖昧で，個人宅に住むため勤務時間やプライバシーが守られにくく，不正や暴力も表面化しにくい。実際，インドネシア人家事・介護労働者はほぼ女性からなり，虐待やレイプがしばしばおこっていた。だが，インドネシア政府は労働条件の劣悪な職場にも積極的に送り出し，先住のフィリピンやスリランカからの労働者と競合するため，給与などの条件切り下げを黙認すらしていた。

1990年代は，外国人家事・介護労働者市場に2つの大きな変化が訪れた。1つは，フィリピン人家事労働者がシンガポールで死刑判決を受けた「コンテンプラシオン事件」をきっかけとして，1995年に移住労働者の人権保護法（RA 8042: Migrant Workers and Overseas Filipinos Act of 1995，いわゆるフィリピン移住労働者法）がフィリピンで制定されたことである（小ヶ谷 2003, 338-346頁；知花 2014, 114-115頁）。これと前後して，フィリピンは国連移住労働者権利条約（International Convention on the Protection of the Rights of All Migrant Workers and Members of their Families；ICRMW）にも署名し，1990年代後半から徐々に東アジアへの送り出しを縮小して，現在は香港を除き中東諸国を主な派遣先としている。だが，移住労働者派遣のシェアを伸ばしたいインドネシアやベトナムなどは，フィリピン人の抜けた穴を埋めるため家事・介護労働者派遣を継続し，その結果，新たな送出諸国として台頭したのである（奥島 2014a）。

折しも，もう1つの大きな変化として，アジア通貨危機にインドネシア経済は打撃を受け，国内の政情不安から1998年にスハルト政権（1968～1998年在任）が崩壊した。この時期に，移住労働を兼ねた一時避難者が海外へ流出し，マレーシアには1990年代末に推計190万人のインドネシア人労働者がいたという（Hugo 2000）。マレーシアやシンガポールなども不況のため労働環境が悪化する傾向にあったが，家事・介護労働者に関しては大半の受け入れ諸国で増加し続け（図表5-1），インドネシアにとっては外貨確保の重要な産業となった。

図表 5-1　インドネシア人労働者の新規送り出し人数の推移

(単位：千人、小数点以下は四捨五入)

年	1994	1995	1996	1997	1998	1999	2000	2001	2002	2003	2004	2005	2006	2007	2008	2009	2010
総数（人）	175.2	121	517.2	253.3	411.6	427.6	435.2	295.2	480.4	293.9	380.7	474.3	680	696.8	644.7	632.2	575.8
1. 男女内訳																	
男性	42.8	39.1	228.3	39.3	90.5	124.8	138	55.2	116.8	80	84.1	149.3	138	152	148.6	103.1	124.6
女性	132.4	81.8	288.8	195.9	321.2	302.8	297.3	239.9	363.6	213.8	296.6	325.1	542	544.7	496.2	529.1	451.2
2. 受け入れ国内訳																	
A) アジア太平洋	74.8	71.5	381.4	102.8	230.8	271.3	305.7	178.5	238.4	109.9	161	297.3	326.8	352	311.5	256.8	268
1. マレーシア	41.7	24	321.8	36.3	133	169.2	191.7	74.4	152.7	89.4	127.2	201.9	219.7	222.2	187.1	123.9	116.1
2. 台湾	3.4	4.8	9.5	9.6	17.5	29.4	50.5	36	35.9	1.9	1	48.6	45.7	50.8	59.5	59.3	62.1
3. シンガポール	15.7	23	31.2	35.5	41.1	34.8	25.7	33.9	16.1	6.1	9.1	25.1	28.7	37.5	21.8	33.1	39.6
4. 香港	3.3	3.9	3.1	5.3	19.5	12.8	21.7	22.6	20.4	3.5	14.2	12.1	20.1	30	30.2	32.4	33.2
5. 韓国	3.3	9.1	9.6	8.4	6.8	11.1	6.7	4.1	4.3	7.5	2.9	4.5	4	3.8	8.1	1.9	7.6
6. ブルネイ	1.9	1	2.3	2.7	6.3	6.5	4.4	5.7	8.5	1.2	6.5	5	8.5	5.9	3.9	4.8	7.3
7. 日本	0	0	0	0	0	0	0	1.4	0.4	0.1	0.1	0.1	0	0.1	0.2	0.4	0.2
8. 米国	4	3.5	0.9	1.1	2.6	3.3	1.3	0.3	0	0.2	0	0	0	1.3	0.1	0	0.1
9. その他（カナダなど）	1.6	2.3	2.9	4.1	4.2	4.3	3.7	0.1	0	0	0	0	0.1	0.5	0.6	1	1.7
B) 中東・アフリカ・欧州	100.5	49.4	135.8	132.4	180.8	156.3	129.5	116.7	242	184	219.7	177	353.2	344.8	333.2	375.4	307.9
1. サウジアラビア	96.5	43.5	127.1	122	161.1	131.2	114.1	99.2	213.6	171	203.5	150.2	281.1	257.2	234.6	276.6	228.9
2. アラブ首長国連邦	2	4.6	7.9	9.4	17	17.6	9.6	10.7	7.8	1.5	0.1	5.6	22.7	28.1	38.1	40.4	37.3
3. カタール	0	0	0.8	0	0.3	0.6	0.1	1	0.9	0.2	0.1	1	8	10.4	8.6	10	13.6
4. オマーン*1	0	0	0	0	0	0	0	0.5	1.3	0.5	0	1.2	5.2	7.1	8.3	9.7	9.3
5. ヨルダン	0	0	0	0	0	0	0	0.4	1.2	0.2	0.1	2.1	11	12.1	11.2	11	5.7
6. バーレーン	0	0	0	0	0.1	0	0.1	0.2	0.7	0.1	0	0	0.6	2.3	2.3	2.8	4.8
7. クウェート	0	0	0	0	0	4.2	3.8	3.2	16.4	10.3	16	16.8	24.6	25.8	29.2	23	0.6
8. その他（イタリア、オランダなど）	1.8	1.2	0.7	1.1	2.3	2.7	1	0.1	0.1	0.2	0	0	0	1.7	0.9	1.9	7.8

注1：2005年まではチュニジアを含む。
出所：BNP2TKI (2008 ; 2012c) より筆者作成。

(2) 民主化改革と 9.11 テロによる政策転換

　スハルト政権崩壊後のインドネシアは民主化改革時代へと突入し，1999年から地方分権化や基本的人権法の制定，言論・報道などの規制撤廃などが実施された（佐藤 2011, 66-81 頁）。移住労働産業についても，斡旋企業や労働省の汚職が批判にさらされ，専門の所轄を設立して改善を図るという政令が出されていたが，より抜本的改革に踏み切るきっかけとなったのは，2001年の9.11 テロ事件（米国同時多発テロ）とそれに続く国際情勢の変化であった（奥島 2014a, 70-72 頁）。国民の 8〜9 割がイスラーム教徒であるインドネシアは，同テロ勃発後，一時的に受け入れ諸国への入国制限を受け，その後も不法就労や失踪が多いという理由で，マレーシアや台湾が受け入れ凍結や大量強制送還を実施した（奥島 2009, 24-25 頁；図表 5-1 の 2001 年，2003〜04 年を参照）。日本や中東諸国のエンターテイナーや研修生なども，搾取的な労働環境でテロ組織の資金源とされやすいと米国に批判を受け，受け入れ自粛か制度改正を余儀なくされた。

　この情勢変化を受けて，インドネシアも不法就労者を摘発・防止に乗り出すとともに，最も不法就労者化しやすい家事・介護労働者を始めとする非熟練労働職およびインフォーマル部門への送り出しを縮小して，看護師や IT 技師などの熟練労働者や工場労働者などのフォーマル部門を拡大するという政策目標を掲げることとなった。すでに移住労働者保護政策を実施しているフィリピンと協力しながら，インドネシアは 2004 年に先の国連移住労働者権利条約に署名し，続いて国内初の移住労働者法である「インドネシア人労働者派遣・保護に関する共和国法 2004 年第 39 号」(Undang-Undang Republik Indonesia Nomor 39 Tahun 2004 tentang Penempatan dan Perlindungan Tenaga Kerja Indonesia di Luar Negeri) を制定して，これまで斡旋企業に一任していた移住労働者の募集から労務管理までの全過程を監督することとした（奥島 2014a, 71-72 頁，77-84 頁）。

　同法制定直後，ユドヨノ大統領（2004－2014 年在任）による新政権が成立し，人的資源開発と保健医療・教育などの国民福祉の拡充を最優先する国家長期開発計画 (Rencana Pembangunan Jangka Panjang Nasional 2005－2025；RPJP)，および第 1 次国家中期開発計画（2005－2009 年）が立案され

た[1]。また，官僚をはじめ国内中にはびこる汚職文化の一掃も目標に掲げられた（佐藤 2011，89-92 頁）。これらをガイドラインとして，各省庁もそれぞれ開発計画を立案・実施したが，それまでの度重なる政権交代と過激な民主化改革による混乱で，計画実施は全般に遅れがちであった。先の懸案であった移住労働専門の所轄も，「海外労働者派遣・保護庁」（Badan Nasional Penempatan dan Perlindungan Tenaga Kerja Indonesia；BNP2TKI，日本では「ナショナルボード」とも）として 2007 年にようやく開設され，不法就労者の摘発や家事・介護労働者の賃上げ交渉などに着手したが，移住労働者法の運用による人権保護や汚職の撲滅は遅々として進まなかった。海外労働者派遣・保護庁の職員の約半数は，汚職の悪名高い労働移住省からの天下りであり，斡旋企業などとの癒着も著しかったためである（奥島 2009）。

　また，家事・介護労働者派遣からの脱却，および熟練労働・フォーマル部門へのシフトも容易ではなかった。熟練労働者の養成にはコスト・時間がかかり，教育・資格制度もある程度標準化しなければならない。そして，より本質的な問題として，費用と手間をかけて養成した高度人材を流出させれば，国家にとって損益となる。国家開発の視座に立てば，移住労働産業はあくまで暫定的な雇用対策であり，熟練労働者を派遣するとしても，国際協力や技術移転といった明確な目的・意義が必要になる。その意味で，インドネシアの移住労働産業は自己の再定義を迫られた[2]。

　とはいえ，実際問題として家事・介護労働者の大多数は低学歴の農村女性であるため，送り出しをただちに停止することは難しい。香港やシンガポールなどの不況が持ち直し，マレーシアや台湾の受け入れも再開すると，インドネシア人労働者の新規派遣数は再び増加して 2007 年のピーク時には約 70 万人に達した（図表 5-1）。実際に増加したのはインフォーマル部門で，2011 年までは

1　アジア通貨危機で頓挫したスハルト政権の第 6 次 5 カ年開発計画（REPELITA VI，1994〜1999 年）には，すでに人的資源の開発や貧困撲滅などが謳われており，国家長期開発計画（2005〜2025 年）も民主主義的国家づくりという指針を基調としつつ，この流れを引き継いでいる。
2　例えば，看護師その他の保健医療人材の移住労働については，保健省と海外労働者派遣・保護庁が，すでに勤務経験のある者が海外で一層の研鑽を積むための手段の一つであり，就労したばかりの若手はあまり行くべきではないといった旨を呼びかけるようになった。詳細は奥島（2014b，60 頁）を参照のこと。

全体の6割から7割以上を占めていた（図表 5-2）。インフォーマル部門には男性労働者（施設介護，ドライバー，守衛など）も若干名いるが，9割以上は女性であり，家事・介護労働者である。この非熟練労働者，インフォーマル部門，そして女性という三重の弱者の立場に置かれた家事・介護労働者に対して，中東やマレーシアなどでは不正・暴力が絶えることなく，インドネシア政府は 2003 年，2005 年などに抗議表明や送り出しの一時凍結を試みたが，大きな効果は得られなかった。

その後も，金融危機にもかかわらず家事・介護労働者の需要は拡大し続け，2009 年以降は中東・東アジアの各受け入れ国において最大国籍集団となった。特に，東アジアでは域内 100 余万人の外国人家事・介護労働者のうち，7割近くを独占するまでとなった（奥島 2011b；2014a）[3]。だが，インドネシア政府は第 1 次国家中期開発計画の成果がはかばかしくなかったことに対する反省をふまえ，第 2 次計画（2010-2014 年）への布石として，国民の人権保護を最優先とする民主主義国家としての姿勢をより明確に打ち出すことにした。こうして，次節で述べるように，中東やマレーシアへの家事・介護労働者派遣の長期凍結が実施され，さらに 2017 年までに派遣を完全に停止する計画が公表されたのである。

図表 5-2 インドネシア人労働者の性別とフォーマル・インフォーマル部門の対応

（単位：千人，小数点以下は四捨五入）

	2005	2006	2007	2008	2009	2010	2011	2012	2013
男	149.3	138	152	148.6	103.1	124.6	210.1	214.8	235.2
女	325.1	542	544.7	496.2	529.1	451.2	376.7	279.8	277
フォーマル	196.9	177.6	196.2	182.4	103.9	158.4	261.5	258.4	285.2
インフォーマル	277.4	502.4	500.6	462.3	528.3	417.4	319.6	211.2	226.9

出所：BNP2TKI（2012b；2012c；2014d）より筆者作成。

3　インドネシアは 2009 年後半から派遣長期凍結を実施したが，家事・介護労働者は国によって 2～3 年間の契約期間があるため，2010-11 年頃までは最大国籍集団であった。台湾では総数 20 万人近くのうち約 14 万 8000 人（2011 年末）（勞働部，2014），香港約 27.4 万人のうち 49％の 13.4 万人以上（2010 年 3 月，Immigration Department, 2010），シンガポール約 20 万人のうち 10 万人，マレーシア約 35 万人のうち 8 割の 28 万人（*The Straits Times*, 2012）が就労していた。

3. 政策転換による移住労働の変容：
フォーマル部門・受け入れ国・送金の拡大

(1) 家事・介護労働者の派遣長期凍結から完全停止へ

　海外労働者派遣・保護庁は，自国の家事・介護労働者の保護対策として，事前研修の向上や対処法指導を行うだけでなく，給与や住環境などの労働条件を改善し，安全かつ公正な就労を保証する二国間協定，ないし移住労働者保護法規の整備を受け入れ諸国に要請した。だが，実務を民間斡旋企業に委ねているため政府の介入には限界があり，また自国民のために家事・介護労働職の賃金を安価に保ちたい受け入れ諸国も全般に非協力的であった。

　中でもマレーシアは，受け入れ人数ではサウジアラビアに次ぐ大手顧客であったが，同じマレー語圏でありながらインドネシア人労働者への差別感が著しく，通貨力の差も小さかった。また長年，不法就労や密貿易，焼畑の煙害などもめぐって，しばしば外交関係が悪化していた。そこで海外労働者派遣・保護庁は，インドネシア国内外の労働や保健医療分野の立法を担当する国民議会第9委員会（Komisi IX DPR），および労働移住省と合意形成をしたうえで，「インドネシア人労働者を大事にしない国に送り出す必要なし」と宣言し，2009年6月26日より家事・介護労働者の派遣長期凍結を開始したのである（BNP2TKI 2009a ; 2009b）。

　これにより，2005～2008年まで年間19万人弱から22万人以上を受け入れていたマレーシアは，2009年には受け入れ総数を6万人以上減らすことになった（図表5-1）。2011年以降は再び受け入れ人数が増加したが（図表5-3），インフォーマル部門は2008年の6万238人から翌年には3万9047人まで減少し，2010年には605人，2011年も6427人のみとなった（BNP2TKI 2012b）。それでもマレーシアは強気の姿勢を崩さず，カンボジアやミャンマー，ケニアなどからの受け入れを試行した（*The Straits Times* 2012）。だが，カンボジアが自国女性労働者の死亡事故や渡航先での虐待を受けて2年後にやはり派遣を停止し（奥島 2012b ; BNP2TKI 2013e ; 初鹿野 2014, 232-233頁），その

他の送り出し諸国からの労働者も定着しにくいという現実に直面して，マレーシアはようやく態度を軟化させ，インドネシアに送り出しの再開を要請するようになった。

マレーシアに続いて，中東諸国への派遣長期凍結も次々と実施された。2009年9月にクウェート，2010年7月にはヨルダンへの家事・介護労働者派遣が中断され，2011年8月にはサウジアラビアとシリア，そして2014年4月からはアラブ首長国連邦とカタールが同様の措置を受けた（BNP2TKI 2009a；2009b；2010a；2010b；2012a；2012d；2013f；2013g；2014c）。ヨルダン，クウェート，アラブ首長国連邦などにおける外国人労働者への強制労働や暴力は国際労働機関（ILO）にも指摘されており（Harroff-Tavel and Nasri 2013），シリアは2011年初頭から騒乱が勃発していた。

だが実のところ，虐待による死亡事故を含めた労働トラブルが突出しているのはサウジアラビアであった。同国が年間20〜30万人台受け入れるインドネシア人労働者の大半は家事・介護労働者であり，このため長期凍結については実施の1年以上前から国民議会で取り沙汰され（BNP2TKI 2010a；2012a），政府も二の足を踏んでいたことが窺われる。長期凍結が始まると，2010年から2011〜2012年と2012〜2013年は年間9万人ずつ減少し，新規派遣数4万人台，受け入れ諸国中第3位まで降下した（図表5-1，5-3）。マレーシアと同様に，サウジアラビアも当初は南アジアやアフリカからの受け入れを試行したが，やはり上手くいかず，2013年にインドネシア人家事・介護労働者の処遇を保証する覚書を締結した（BNP2TKI 2013a；2013b）[4]。

それでもなお，インドネシア政府は移住労働者法に基づいて，法制度整備と安全管理が十全でない国に送り出しはできないとして，長期凍結を今日まで再開せず，渡航希望者たちにも中東就労のリスクを説いている（例えばBNP2TKI 2013g；2014e）。これは，長期凍結対象国を専門としてきた斡旋企業や家事労働者の一部が，巡礼などのビザを使って不法就労を続け，結果として暴力や不正がなくならないためでもある。だが，より大きな理由は，第2次

---

[4] サウジアラビアとの覚書には，家事・介護労働者への給与支払いを銀行口座経由にして，契約に違反した雇用主には罰則を適用することなどが定められている（BNP2TKI 2013a；2013b）。

図表5-3　家事・介護労働者派遣長期凍結後の送り出し人数の推移

(単位：千人，小数点以下は四捨五入)

	2011	2012	2013*1		2011	2012	2013*1
総数	586.8	494.6	512.2	13. イタリア	3.4	3.7	3.8
受け入れ国内訳				14. 日本	2.5	3.3	3
1. マレーシア	134.1	134	150.2	15. クウェート	2.7	2.5	2.5
2. 台湾	78.9	81.1	83.5	16. 中国	1.1	2	2.1
3. サウジアラビア	137.8	40.7	45.4	17. トルコ	1	1.2	1.5
4. アラブ首長国連邦	39.9	35.6	44.5	18. スペイン	1.5	1.8	1.4
5. 香港	50.3	45.5	41.8	19. オランダ	0.6	0.8	1.2
6. シンガポール	47.8	41.6	34.7	20. ドイツ	0.3	0.7	1.2
7. カタール	16.6	20.4	16.2	21. タイ	1.1	1	1
8. 韓国	11.4	13.6	15.4	22. モーリタニア	0.5	1	1
9. 米国	13.8	15.4	15	23. 豪州	0.5	1	1
10. ブルネイ	10.8	13.2	11.3	24. 南アフリカ	1.3	1.4	0.9
11. オマーン	7.3	8.8	10.7	25. フィジー	0.6	1	0.9
12. バーレーン	4.4	6.3	5.4	26. その他*2	16.7	17.4	16.6

注1：2014年の速報値であるため，総数は後日変化する可能性がある。
注2：原本では2011年が59,059人，2012年が24,005人となっているが，計算間違いと思われるため表中のように訂正した。
出所：BNP2TKI (2014d) より筆者作成，一部修正。

　国家中期開発計画の最優先課題である「グッドガバナンスの実現」と，開設から5年が経過した海外労働者派遣・保護庁の事業評価が2011年後半に行われ，家事・介護労働者派遣の縮小および完全停止という方向性が固められたことである (BNP2KTI 2011b)。
　こうして2012年，5年後に家事・介護労働者に代えて専門職のみを派遣するという「2017年家事・介護労働者派遣ゼロ指針 (Roadmap Zero Penempatan TKI PLRT / Domestic Workers 2017)」が公表され，受け入れ諸国を騒然とさせた (*The Straits Times* 2012 ; BNP2KTI 2012a)。これは，家事や幼児・高齢者介護などを兼務させられてきた従来の家事・介護労働者の派遣を2017年までに完全に停止し，「調理師」「ハウスキーパー」「介護士」「ベビー

シッター」の 4 分野に特化した職業人を派遣することで，差別的イメージを払拭すると同時に，給与などの待遇も改善することを狙っている。また，個人宅住まいでなく宿舎からの通勤にして，身の安全や外出の自由，勤務時間や時間外手当などをも確保するという。これを受けて，マレーシアやサウジアラビアだけでなく，香港もバングラデシュとインドからの受け入れを試行するなど，各国で受け入れ続行か代替手段をとるかの模索が始まっている（*The Straits Times* 2012；BNP2TKI 2013c；2013d；2013e）。

(2) フォーマル部門の拡大と受け入れ国の多様化

インドネシアの送り出しにおけるフォーマル部門の拡大は，9.11 テロ事件以来の政府の目標であったが，入管改正後のマレーシアが再び大人数を受け入れた 2005 年を除いて，図表 5-2 にみるようにフォーマル部門の人数は送り出し総数の 3 割弱程度に過ぎなかった。だが，2009 年からの派遣長期凍結の影響が顕著になる 2011 年には，フォーマル部門が全体の 5 割近く，2012 年に初めてフォーマル部門がインフォーマル部門を上回り，現在 6 割近くまで伸びてきている。

これは単純に考えれば，ピーク時の送り出し総数約 70 万人から見て 20 万人以上，2009 年の総数からみても 10 万人以上減少したため，相対的にフォーマル部門の比率が上がっただけに見える。だがこの間，海外労働者派遣・保護庁は派遣凍結と並行して，フォーマル部門および熟練労働職の新規開拓を進め，凍結対象諸国にも家事・介護労働者でなければ積極的に派遣した。そのような職は大概，他国の移住労働者がすでに就労しているので，当初は 1 国当り数名から数百名程度という小口の派遣が中心であったが，地道な積み重ねにより徐々に需要が伸びている。図表 5-3 のように，2011 年以降は従来の主要受け入れ諸国に加えて，中国，トルコ，ASEAN や EU などの諸国も登場し（16〜25 位），その他に数は少ないが中南米やアフリカ，共産圏諸国などへも広がっている。

これを職種別にみると，図表 5-4 のように「家事・介護・その他のホスピタリティ」が今日も一番多いが，過去 2 年は 26〜27 万人台となっている。最盛期（2006〜2010 年）は，サウジアラビアの年間新規渡航者 23〜29 万人近くのほとんどが家事・介護労働者で，これにマレーシア 6〜8 万人，台湾 5〜6 万

図表 5-4　インドネシア人労働者の業務別就労人数　　　（単位：人）

年	家事・介護・その他のホスピタリティ	農林水産	製造業	船舶	建設	運輸・通信	販売・ホテル・レストラン	採掘	電気・水道	財務・金融・リース	その他・不詳	合計
2011	372,675	84,273	48,976	31,467	15,352	10,684	9,283	3,093	1,836	905	8,258	586,802
2012	268,999	85,498	55,404	29,213	19,368	20,009	8,020	2,485	1,792	1,000	2,821	494,609
2013	262,947	86,073	63,636	33,566	25,688	23,000	9,147	2,731	1,898	1,098	2,384	512,168

出所：BNP2TKI (2014d)、一部筆者編集。

人，シンガポール・香港がそれぞれ3万人前後を加えると，少なくとも40万人近くいたことになるので，それから3～4割は減少している。

ただし，この分野では単に人数が減っただけではなく，「その他のホスピタリティ」，すなわちスパセラピストや看護師などの新たな職種が増えつつある。スパセラピストはバリ島の専門学校を中心に養成され，モルジブやインド，中東などへ数千人が送り出されている。バリは先進諸国からもマッサージ研修を受け入れており，スパセラピストのカリキュラムを作成して国際ブランド化する動きもある（BNP2TKI 2014a）。一方，看護師・助産師などは資格制度などの問題もあってまだ小規模であるが，2011年は1401人，2012年には1676人が，台湾やサウジアラビア，クウェート，日本などへ送り出された（Depkes 2012；2013）[5]。日本ではEPA（経済連携協定）を通じて2008年より看護師・介護福祉士候補を受け入れており，台湾や香港も個人宅の家事・介護労働者に加えて介護施設専属の労働者を受け入れ始め，さらにドイツや北欧も介護施設での看護研修を開設している（奥島 2009；2012；2014c）。そして，2015年末に予定されているASEAN経済共同体でも，看護師は医師や歯科医師などと共に，職業相互認証の対象とされている[6]。

家事・介護労働に次いで多いのは農林水産業で，これは主にマレーシアのプランテーションや木材伐採などであるが，近年はカナダや豪州，EUでの精肉

5　ただしこの人数は，原本の保健省年次統計は表計算に誤りが多かったため，各項目の数値を正しいとみなして修正したものである。詳細は奥島（2014b，65頁）の注23を参照。

6　ASEAN域内職業相互認証制度に含まれているのは，エンジニア，測量士，建築士，看護師，医師，歯科医師，会計士，そして旅行業専門職の8つである（山田 2014, 4頁）。

や農作物の収穫なども少しずつ増えてきている。その他，家事・介護労働者に代わって伸びているのは製造，建設，運輸・通信の 3 分野であり，2011 年から 2013 年の間にもそれぞれ 1～1.5 万人増えている。これらはマレーシアや台湾の製造工場，中東の建設現場などである。また，上記の ASEAN 経済共同体では，測量士や建築士も相互認証対象である。

なお，諸外国からの製造や建設の需要は，インドネシアの送り出し人数よりはるかに多く，2013 年は製造 31 万 7554 人，建設 11 万 7541 人の需要があったという (BNP2TKI 2014d)。これは，斡旋企業や海外労働者派遣・保護庁にとって不得手な分野で人材養成が難しい，あるいは移住労働者候補に要求される技能水準・資格がない，渡航などの費用が高すぎて応募者が集まらない，などの理由が考えられるが，少なくとも今後フォーマル部門がさらに成長する余地はあることを示している。

(3) 本国送金の拡大と移住労働の意義

このようにして，新たな職種・受け入れ諸国への送り出し人数は伸びたものの，10 万人以上も減少した家事・介護労働者のぶんを穴埋めするにはまだ至っていない。それでもインドネシア政府が家事・介護労働者の派遣凍結・完全停止計画を敢行できたのは，労働条件のよりよいフォーマル部門の拡大によって，本国送金が安定しているからである。

インドネシアの外貨送金額は，マレーシアと台湾が受け入れを再開し，韓国も雇用許可制による単純労働者の受け入れを開始した 2004～2005 年以降飛躍的に伸びた[7]。2008 年の金融危機から派遣長期凍結の影響が表れる 2011 年頃まで

7　送金額が急増したもう 1 つの理由としては，台湾が 2004 年末の凍結解除にあたりインドネシア人労働者の失踪・不法就労の抜本対策を条件づけたため，インドネシア政府は保証金を移住労働者に課し，それを斡旋料・事前研修費などと合わせて銀行ローンを組ませ，渡航後に分割払いをさせる銀行債務制度を導入した。これはもともと家事・介護労働者の逃亡・借金踏み倒しの対策として，インドネシアの斡旋企業が香港の金融業者と始めた方法であった。結果として，移住労働者だけでなく，雇用主の給与不払いや斡旋企業のピンハネなどの諸問題も防止しやすくなり，これまで無給だった残業・休日勤務の給与も銀行の返済計画書に組み入れられた（奥島 2008；2009）。こうして，インドネシア人労働者の 2005 年本国送金額は 54.2 億米ドルと，前年 18.7 億ドルの 3 倍に増大した (World Bank 2011, p.139)。同制度は 2006 年末から香港へ，そしてマレーシアや中東，シンガポールなどへも導入された（奥島 2008；2009, 307-312 頁）。

は，横這いになったものの減少はせず，2012年から再び伸びている（図表5-5）。

送金元の地域・国別にみると，2013年の総額約74億米ドルのうち，62%をアジア・太平洋地域が占め，2010年頃までシェアがごく小さかった欧米も1割に達しようとしている（図表5-6）。マレーシアやサウジアラビアが送金額順位のトップにあるのは以前と同じだが，2013年はサウジアラビアより通貨力の低いマレーシアが8億ドル以上増えている。アラブ首長国連邦やカタール，バーレーンなども，それぞれ受け入れ人数がはるかに少ない米国，日本，マカオなどの送金額を下回っている。このように中東以外の地域，とくに米豪や日本などの先進諸国が増えたことと，家事・介護労働者も派遣長期凍結の影響で雇用主・政府が賃上げによって引きとめようとする傾向にあることなどが，本国送金の安定につながっている。

他諸国と比較してみると，インドネシアの本国送金額は2011年時点で世界第17位であるが，インド・中国は人口大国だけに海外永住者や帰化人も多く，3・4位の労働力輸出大国のメキシコとフィリピンも海外定住者・永住者が多い国々として知られている（図表5-7）。また，インドネシアより送り出し人数がはるかに少ないのに同程度の送金額を確保しているベトナムは，米国などへ流出した難民・移民，およびその係累からの送金が全体の6割を占めている

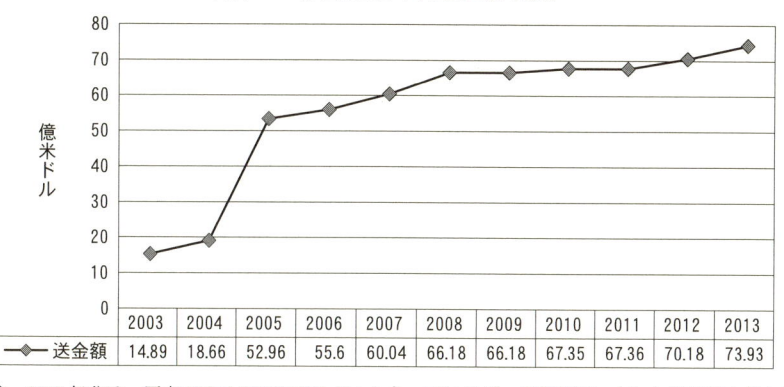

図表5-5　移住労働者の本国送金額の推移

	2003	2004	2005	2006	2007	2008	2009	2010	2011	2012	2013
送金額（億米ドル）	14.89	18.66	52.96	55.6	60.04	66.18	66.18	67.35	67.36	70.18	73.93

注：2013年分は，原本では7,403,938,995ドルとなっているが，計算間違いないし速報値と思われる（図表5-6の注参照）。
出所：Kompas (2010), World Bank (2011), BNP2TKI (2014d) より筆者作成。

図表 5-6　2013 年の外貨送金額の国別内訳　　　（単位：米ドル）

	A：アジア太平洋[1]	4,574,363,543	B：中東・アフリカ	2,209,527,013	C：欧米[2]	609,308,439
1	マレーシア	2,563,559,033	サウジアラビア	1,719,725,024	アメリカ	524,533,691
2	台湾	639,500,124	アラブ首長国連邦	214,599,754	イタリア	28,168,279
3	香港	587,336,254	ヨルダン	75,051,688	スペイン	15,687,062
4	シンガポール	323,743,814	カタール	69,388,482	ドイツ	10,335,903
5	日本	156,280,323	オマーン	29,694,394	イギリス	5,928,951
6	韓国	149,043,927	アフリカ	29,303,341	フランス	2,756,041
7	ブルネイ	85,988,624	クウェート	27,052,659	オランダ	1,194,218
8	マカオ	35,088,886	バーレーン	19,055,982	その他	20,704,294
9	豪州	10,823,752	キプロス	4,084,334		
10	ニュージーランド	3,278,628	エジプト・イエメン	1,919,141		
11	その他	19,720,178	スーダン	717,200		
12			その他	18,935,014		

総計：7,393,198,995 米ドル[3]

注 1：原本では 4,574,363,542 だが，小数点以下は四捨五入した。
注 2：原本では EU 合計が 95,514,748 となっているが A 欄の豪州が含まれているようで，C 欄の EU 小計 84,774,748 に合わせて修正した。
注 3：原本では 7,403,938,995 だが，注 2 の理由から C 欄小計に合わせて修正した。
出所：BNP2TKI（2014d），一部筆者修正。

からである（Nguyễn and Hoàng 2013, p.15）。

　インドネシアにも，第二次世界大戦の前後に移住したオランダや米豪の同胞が 50 万人程いると推計されるが（奥島 2009, 20-21 頁，また Spaan, Hillmann and Naerseen 2005 も参照のこと），すでに第二・第三世代が中心となっている現在，彼らの送金は親族・友人への援助などが中心で，在米ベトナム人企業家が本国に投資しているのとは事情が異なる。つまり，インドネシアは上位受供諸国のように海外定住者・永住者にはあまり頼れず，主に数年サイクルの出稼ぎから外貨を獲得していることになる。

　ここで移住労働者の出身地を見ると，州別の年間送り出し実績では西ジャワが首位（12 万 9885 人，2013 年），次いで中部ジャワ（10 万 5971 人），東ジャワ（9 万 3843 人），西ヌサトゥンガラ（6 万 3438 人）と，ジャワ島 3 州で全体の 6 割以上を占め，さらに首都ジャカルタやバンテンを加えると 7 割に達す

図表5-7 主な外貨受供国（2011年）

	国名	金額 （億米ドル）	在外民 （万人）	備 考
1	インド	550	1,136	定住者・永住者多数
2	中国	510	834	定住者・永住者多数
3	メキシコ	226	1,186	定住者・不法移民多数
4	フィリピン	213	428	定住者・永住者多数
16	ベトナム	72	223	定住者・永住者多数（60%が米国からの送金）
17	インドネシア	71	250	

出所：World Bank（2011）より筆者作成。

る（BNP2TKI 2014d）。西・東・中部ジャワはいずれも，送り出し人数の6～7割が女性，また5～7割がインフォーマル部門から成るので，家事・介護労働者の主要送出拠点であることがわかる。西ヌサトゥンガラだけは，男性とフォーマル部門がそれぞれ8割からそれ以上を占めている。

また，地方自治体（県）別では，西ヌサトゥンガラにある東ロンボクが最多の労働者を送り出しており（3万3287人），2・3位は西ジャワのインドラマユ（2万8410人）とチレボン（1万8675人）で，4位が中部ジャワのチラチャップ（1万7592人），5位が中部ロンボク（1万4793人）と続く（BNP2TKI 2014d）。いずれの自治体も，ジャカルタやバンドン，バリ，スラバヤなどに比較的近い首都圏近郊地域であり，必ずしも移住労働者の送金を受け取る家族・親族がそれらの地域内にいるとは限らないが，大半はそう見てよいだろう。

一方，これらの移住労働者を最終学歴別にみてみると，西ジャワと西ヌサトゥンガラは送り出し人数の約半分が小学校卒業者（47%と56%），3割以上が中学校卒業者（32%と37%）であるのに対して，中部・東ジャワでは中卒が約半数（48%と51%），高卒も3割近く（27%と29%）と好対照をなしている（BNP2TKI 2014d）[8]。つまり，前者の地域では都市部と農村部の経済格差

---

[8] なお，このジャワ3州では，家事・介護労働者の派遣長期凍結によって，主に小学校卒の女性労働者が減少した。彼女たちは，学歴が低いだけに言語や技能を身につけにくく，手っ取り早く渡航するため不法就労なども厭わず，その結果，暴力や不正にも遭いやすい。

が著しく，低所得者層を中心に劣悪な労働環境ないし失業状態にあり，後者の地域では就職難にある若年層が多数含まれており，学費を家族に返済する必要もあって，それぞれ移住労働を選んだことが推察される。

　ひるがえって国内で貧困ギャップ率が最も高いパプア，マルク，ゴロンタロなどの州をみると，送り出し人数はそれぞれ年間 40～400 人台にすぎない（BPS 2014；BNP2TKI 2014d）。これらの地域は，ジャカルタやスラバヤの国際空港から遠く，現地斡旋企業も少ない。そして，渡航前の事前研修や書類作成，渡航後の生活などに必要な財力や知識もないので，移住労働者になるのが難しいのである。

　以上から，インドネシアにおける移住労働と外貨獲得の意義は，貧困撲滅の抜本対策や資本投下による起業・雇用創出というより，首都圏近郊の失業者や低所得者層の一時的な救済措置としての色合いが濃いといえる。つまり，彼らの労働環境や教育水準が改善されれば移住労働も不要となるので，本来は家事・介護労働者の専門職化だけでなく，近郊農業の開発や教育の引き上げなども急がねばならない。政権交代と第 2 次国家中期開発計画終了の時期にあたる現在，具体案はまだ公表されていないが，第 3 次以降の国家開発計画に沿った移住労働政策のグランドデザインが作成中であるという（Sekretariat Kabinet Republik Indonesia 2014）。

4. おわりに：民主化改革時代の送り出し政策の課題

　最後に，インドネシアの政策転換に伴う課題を整理しておきたい。

　東アジアの家事・介護労働市場最大のシェアを占めていたインドネシアが，フォーマル部門・熟練労働職の送り出しを強化したことは，給与不払いや暴力を防いで国民の権利を守るとともに，買い手市場であった受け入れ諸国に待遇改善や法制度整備を促す圧力ともなった。実際，インドネシアは 21 世紀に入ってフィリピンやカンボジアと連帯しつつ，移住労働者の人権保護を国連や ASEAN の諸会議で積極的に提言している（鈴木 2012；山田 2014, 21-26 頁；奥島 2014, 76 頁，97-98 頁）。ASEAN 諸国は 2015 年末の経済統合を控

えて，受け入れ・送り出し諸国の公平な制度構築に向けた協議を急いでいるが，域内相互認証の対象とされるのは先述の7つの熟練労働職のみであり，被害に最もさらされやすい非熟練労働者については待遇改善が進んでいない。今後の自由貿易圏や経済共同体の形成をも見据えたアジア域内移動の活性化に向けて，インドネシアの存在が重要性を増している。

一方，インドネシアの政策転換は，受け入れ国の多様化による多言語研修や労務管理，各職業分野の技能標準化，そして新制度から取り残されるであろう低学歴・低所得者への就労・教育支援など，新たな課題を国内にもたらした。第3節2項でみた通り，この数年でインドネシア人労働者の新たな受け入れ国が増え，リスク分散は達成されつつある反面，それらの国々は主に非英語圏であるため労働者や斡旋企業，政府の負担になっている。例えば，フィリピン人は同じ介護職でもより条件のよいカナダやイスラエル，中東諸国の施設を中心に就労している。インドネシア人が英語圏に参入するには，これらの先住の労働者と競合しなくてはならず，結果として賃金の安いマレー語・アラビア語圏へ流れるか，台湾や韓国，日本など言語面での負担が大きい国々へ送り出さざるを得ない。

次に，2017年から送り出される「調理師」「介護士」などには，いずれも技能水準が設けられ，最低200時間の事前研修を義務づけられるという（*Jawa Post* 2012）。ただし，その熟練度は厳密な技能水準だけでなく，移住労働者の経験や知識にも多分に基づいて評価されるようで，例えば香港で働くインドネシア人労働者が2017年以降に契約更新あるいは再就職をした場合，従来のビザを上記の新規ビザに切り替えられる制度が受け入れ諸国との間で協議されている（BNP2TKI 2014b）。インドネシア政府は差別や暴力を一掃するため，家事・介護労働者を最低賃金しか払われないインフォーマル部門から，プロフェッショナルな職業人とみなされるフォーマル部門へ移行させることを重視しており，それにより待遇も全体的に底上げされると考えている（*Jawa Post* 2012）。また，住み込みではなく宿舎からの通勤にして，外出や通信の自由，パスポートの携帯，休憩・休日や時間外手当なども確保するという。

だが，この構想にはいくつかの疑問が伴う。まず，最低200時間ないし2カ月弱の事前研修が必須とされているが，中国語などの言語学習が難しい受け入

れ国や，重度の介護を必要とする施設での勤務には不十分である。筆者がインドネシアの斡旋企業や政府の主催する事前研修を調査した限りでは，例えば台湾で渡航できる最低水準の中国語日常会話を習得するのに最低2〜3カ月，長い場合は半年から1年はかかり，それでもなお漢字がほとんど読めず，保健医療の知識・実技も皆無という実情であった。

　また，受け入れ国や雇用主からみると，例えば調理と掃除・洗濯，あるいは調理と高齢者介護など，複数の業務を依頼したい場合，2人分雇用しなければならないのか，あるいは1名に兼務させ相応の給与を払うのか，などが問題となる。同様にして，通いで来てもらう場合，家賃は誰が負担するのか，数十万人の外国人家事・介護労働者を抱える国々でそれだけの住居を確保できるのか，フォーマル部門に移行すると雇用方法はどう変わるのか，などの懸念も尽きない。

　さらに，詳細は別紙に譲るが，インドネシア人労働者に多くみられる失踪や中途帰国，技能不十分などの問題もある。これは，劣悪な労働環境に対する弱者の抵抗といえるケースもあるが，学歴・社会性が低いため労働意欲や責任感も薄く，それを斡旋企業や雇用主に利用されて給与不払いや解雇につながる場合も多く，インドネシア国内でもしばしば問題となっている。これらの問題は国内社会の抜本的な底上げ，特に家事・介護労働者となる農村女性などへの教育・就労支援と併せて取り組む必要がある。

　以上の諸問題を抱えつつも，インドネシアはすでに国民の福利厚生を最優先課題として打ち出し，外貨獲得の代償として人材流出に苦しむフィリピンとは異なる送り出し国としての道へ踏み出した。熟練労働職・フォーマル部門へのシフトには今少し時間がかかるだろうが，成功すれば外国人労働者への暴力・差別が絶えない中東諸国への送り出しをさらに縮小し，インドネシアの政策転換に比較的理解を示している東アジアなどへの送り出しを拡大する，あるいは受け入れ諸国全体から非熟練労働者を引き上げ，技術移転や国際協力の目的でのみ移住労働を行う，なども夢ではない。新政権下でのさらなる展開が注目されるところである。

〔奥島　美夏〕

参考文献

<日本語>

- 小ヶ谷千穂（2003），「フィリピンの海外雇用政策―その推移と『海外労働者の女性化』を中心に―」駒井洋監修，小井土彰宏（編著）『移民政策の国際比較』明石書店，313-356 頁．
- 奥島美夏（2008），「台湾受け入れ再開後のインドネシア人介護労働者と送出制度改革―銀行債務制度とイメージ戦略から看護・介護教育へ―」『異文化コミュニケーション研究』20，111-189 頁．
- 奥島美夏（2010a），「インドネシア人介護・看護労働者の葛藤―送り出し背景と日本の就労実態―」『歴史評論』722，64-81 頁．
- 奥島美夏（2010b），「インドネシア人看護師・介護福祉士候補の学習実態―背景と課題―」『国際社会研究』1，295-342 頁．
- 奥島美夏（2011a），「インドネシアの保健医療・看護教育制度―どんな国から候補者たちは来ているのか・1」『看護教育』52（8），696-701 頁．
- 奥島美夏（2011b），「東アジア域内の移住労働―製造業から医療福祉へ，外国人労働者から移民への模索」和田春樹ほか（編著）『岩波講座 東アジア近現代通史（10）―和解と協力の未来へ―』岩波書店，85-106 頁．
- 奥島美夏（2012a），「外国人看護師・介護福祉士候補の受け入れをめぐる葛藤―EPA スキームにみる選抜方法・技能標準化・コストの課題―」池田光穂（編著）『コンフリクトと移民―新しい研究の射程―』大阪大学出版会，109-136 頁．
- 奥島美夏（2012b），「＜MUG Cup Essay 異国の窓から：インドネシア＞出稼ぎメイドはポスト資源大国の生存戦略」『賃金事情』(2631)，44-45 頁．
- 奥島美夏（2013），「第 57 章 来日する移住労働者―技能研修生から看護師・介護福祉士候補まで―」村井吉敬・佐伯奈津子・間瀬朋子（編著）『現代インドネシアを知るための 60 章』明石書店，338-343 頁．
- 奥島美夏（2014a），「インドネシアの労働者送り出し政策と法―民主化改革下の移住労働者法運用と『人権』概念普及の課題―」山田美和（編著）『東アジアにおける移住労働者の法制度―送出国と受入国の共通基盤の構築に向けて』アジア経済研究所，63-106 頁．
- 奥島美夏（2014b），「インドネシア人看護師の送出政策の変遷と課題―国内保健医療改革と高齢化の時代における移住労働の位置づけ―」『アジア研究』60(2)，44-68 頁．
- 奥島美夏（編著）（2009），『日本のインドネシア人社会―国際移動と共生の課題―』明石書店．
- 佐藤百合（2011），『経済大国インドネシア―21 世紀の成長条件―』中央公論社．
- 鈴木早苗（2012），「移民労働者問題をめぐる ASEAN のジレンマ」『アジ研ワールド・トレンド』(205)，39-44 頁．
- 知花いづみ（2014），「フィリピンの労働者送り出し政策と法―東アジア最大の送出国の経験と展望―」山田美和（編）『東アジアにおける移住労働者の法制度―送出国と受入国の共通基盤の構築に向けて―』アジア経済研究所，107-139 頁．
- 初鹿野直美（2014），「カンボジアの移民労働者政策―新興送出国の制度づくりと課題―」山田美和（編著）『東アジアにおける移民労働者の法制度―送出国と受入国の共通基盤の構築に向けて―』アジア経済研究所，215-242 頁．
- 山田美和（編著）『東アジアにおける移民労働者の法制度―送出国と受入国の共通基盤の構築に向けて―』アジア経済研究所．

<英語>

- BIMCO/ISF (2010), *Manpower 2010 Update: The Worldwide Demand for and Supply of Seafarers*, Dalian: Dalian Maritime University.

- Hugo, Graeme (1995), "International Labor Migration and the Family: Some Observations from Indonesia," *Asian and Pacific Migration Journal* 4(2・3), pp.273-301.
- Hugo, Graeme (2000), "The Crisis and International Population Movement in Indonesia," *Asian and Pacific Migration Journal* 9(1), pp.93-129.
- Harroff-Tavel, H., and A. Nasri, (2013), *Tricked and Trapped: Human Trafficking in the Middle East*, ILO (International Labour Organization).
- Immigration Department (Hong Kong) (2010), "Annual Report 2009-2010." http://www.immd.gov.hk/publications/a_report_09-10/eng/ch1/ (2010年10月10日閲覧)
- Nguyễn Đu'c Thành, and Hoàng Thi Chinh Thon, (2013), "An Overview of Viet Nam's Migrant Worker Flows: Major Characteristics and Economic Implications," presentation paper for VRI-VAPEC Symposium on "Labor Migration and Social Economic Development in East Asia" (Ha Noi, 12-13 March), 20pp.
- Spaan, Ernest (1994), "Taikongs and Calos: The Role of Middlemen and Brokers in Javanese International Migration." *International Migration Review* 28(1) Spring, pp.93-113.
- Spaan, Ernest, F. Hillmann, and T. van Naerseen (2005), *Asian Migrants and European Labour Markets: Patterns and Processes of Immigrant Labour Market Insertion in Europe*, London: Routledge.
- Star (マレーシア紙) (2011), "Worker Levy Up," 27 August.
- *The Straits Times* (シンガポール紙) (2012), "Jakarta Plans to Stop Sending Maids by 2017," 5 January.
- World Bank (2011), *The Migration and Remittances Factbook 2011*, Washington: The World Bank.

<インドネシア語>
- BNP2TKI (Badan Nasional Penempatan dan Perlindungan Tenaga Kerja Indonesia, http://www.bnp2tki.go.id/) (2008), "Penempatan TKI Negara Tujuan Tempat Kerja, Tahun 1994-2007."
- BNP2TKI (2009a), "Anggota Komisi IX DPR Dukung Penghentian Penempatan TKI" (18 June).
- BNP2TKI (2009b), "Menaker Setuju Moratorium, Jumhur: Malaysia Sering Abaikan Hak-Hak TKI" (25 June).
- BNP2TKI (2010a), "Irgan Usulkan Moratorium TKI ke Saudi" (8 February).
- BNP2TKI (2010b), "Moratorium, Ternyata Ada PPTKIS Kirim TKI ke Kuwait" (5 May).
- BNP2TKI (2011), "Tahun 2012 BNP2TKI Fokus Penempatan TKI Formal" (December 29).
- BNP2TKI (2012a), "Pemerintah Stop Kirim TKI PLRT Tahun 2017" (29 May).
- BNP2TKI (2012b), "Dirpamwas BNP2TKI Gagalkan Pemberangkatan Calon TKI PLRT ke Arab Saudi" (6 June).
- BNP2TKI (2012c), "Penempatan Berdasar Sektor (2006-2012)" (10 June).
- BNP2TKI (2012d), "Penempatan Berdasarkan Jenis Kelamin (2006-2012)" (10 June).
- BNP2TKI (2012e), "Wamenlu AS-Kepala BNP2TKI Bahas Kasus TKI di Yordania" (23 July).
- BNP2TKI (2013a), "Arab Saudi Keluarkan Aturan Perlindungan Pekerja Rumah Tangga" (17 July).
- BNP2TKI (2013b), "APJATI Dorong Menakertrans Buat MoU dengan Arab Saudi" (20

第 5 章　民主化改革時代のインドネシアにおける送り出し政策の転換と課題　111

July).
- BNP2TKI (2013c), "BNP2TKI Terima Kunjungan Delegasi Pemerintah Bangladesh" (26 June).
- BNP2TKI (2013d), "Pengiriman TKI PLRT Dihentikan, Warga Hongkong Ketar-ketir" (26 June).
- BNP2TKI (2013e), "Malaysia Mulai Cari Alternatif Tenaga Kerja Selain Indonesia" (15 August).
- BNP2TKI (2013f), "Kepala BNP2TKI: Moratorium Dilakukan untuk Menekan Permasalahan TKI" (13 October).
- BNP2TKI (2013g), "Penegakan Hukum di Daerah Perbatasan untuk Cegah TKI Nonprosedural" (13 October).
- BNP2TKI (2014a), "Menjadikan Spa Therapis Bali Sebagai Kiblat Spa Dunia" (12 March).
- BNP2TKI (2014b), "Kepala BNP2TKI Dukung Program Zero Penempatan TKI PLRT Jatim" (18 July).
- BNP2TKI (2014c), "BP3TKI Bandung Gagalkan Keberangkatan 15 TKI Non-prosedural" (25 August).
- BNP2TKI (2014d), "Penempatan dan Perlindungan Tenaga Kerja Indonesia Tahun 2013."
- BNP2TKI (2014e), "Benahi Kualitas Sebelum Penempatan TKI ke Arab Saudi" (29 October).
- BPS (Biro Pusat Statistik) (2014), "Jumlah dan Persentase Penduduk Miskin, Garis Kemiskinan, Indeks Kedalaman Kemiskinan (P1), dan Indeks Keparahan Kemiskinan (P2) Menurut Provinsi, Maret 2014." http://www.bps.go.id/ （2014 年 11 月 1 日閲覧）
- DEPKES (Departemen Kesehatan) (2012), *Profil Kesehatan Indonesia 2011.*
- DEPKES (2013), *Profil Kesehatan Indonesia 2012.*
- *Jawa Post*（インドネシア紙）(2012), "TKI di Malaysia: Tangani Satu Bidang Pekerjaan dan Naik Gaji" (18 March).
- *Kompas*（インドネシア紙）(2010), "Remitansi Akan Capai 7,139 Miliar Dollar" (11 November).
- Sekretariat Kabinet Republik Indonesia (2014), "Menggagas 'Grand Design' Perlindungan dan Penempatan TKI di Luar Negeri" (3 March). http://old.setkab.go.id/ （2014 年 11 月 1 日閲覧）
- *Suara Pembaruan*（インドネシア紙）(2013a), "Selesaikan Sengketa Tenaga Kerja, Indonesia Belajar dari Jepang" (30 October).

＜中国（台湾）語＞
- 勞働部（中華民國）(2014), http://www.mol.gov.tw （2014 年 10 月 10 日閲覧）

＜法令・国家開発計画など（原文）＞
- International Convention on the Protection of the Rights of All Migrant Workers and Members of their Families: ICRMW（全ての移住労働者及びその家族の権利の保護に関する国際条約, 1990 年 12 月 18 日採択, 2003 年 7 月 1 日発効）
- RA 8042: Migrant Workers and Overseas Filipinos Act of 1995（フィリピン共和国法第 8042 号：移住労働者と在外フィリピン人に関する 1995 年法）
- Rancangan Pembangunan Jangka Menengah Nasional (RPJM)（国家中期開発計画, 第 1

期：2004-2009年，第2期2009-2014年)
- Rancangan Pembangunan Jangka Panjang Nasional (RPJP)（国家長期開発計画，2005-2025年）．
- Undang-Undang Republik Indonesia Nomor 39 Tahun 2004 tentang Penempatan dan Perlindungan Tenaga Kerja Indonesia di Luar Negeri（インドネシア人労働者派遣・保護に関する共和国法2004年第39号)

第6章
海外フィリピン人労働者（Overseas Filipino Workers: OFWs）の流出パターン

1. はじめに

　海外フィリピン人労働者（Overseas Filipino Workers: OFWs）の送り出しは，フィリピンの経済発展のために不可欠な戦略として考えられてきた。フィリピン政府は明示的に労働力輸出政策を奨励してきたわけではないが，OFWsはフィリピンの経済に大きく貢献してきたと考えられており，彼らは共和国の現代のヒーロー／ヒロインと呼ばれている。しかし，一方でOFWsは無益な犠牲ではないか，と批判もある。本章は，OFWsがはたして経済成長に貢献してきたのかどうかに関する様々な見解を文献検索により紹介し，さらに実際のOFWsの流出パターンを統計により明らかにすることで，OFWsに関する問題点を明らかにすることを目的とする。
　第2節では，フィリピンの経済発展の過程と労働移動の実態を概観してOFWsが誕生した経緯について明らかにする。OFWsの誕生は，国内の余剰労働力のはけ口としてフィリピンの工業部門が十分に機能しなかったためであり，その過程を明らかにする。第3節では，OFWsの役割に関して異なる2つの見解をまとめ，OFWsがフィリピンの経済に与えてきた影響に関して考える。第4節においては，OFWsの実際の流れを職種別，行先別に観察し，その中でOFWsの置かれている立場について考察を加える。最後に，現在あるOFWsをめぐる諸問題を述べ，受け入れ国政策・フィリピン政府の政策に関していくつかの提言をまとめる。

2. フィリピンの経済発展と OFWs の誕生

　フィリピンは，1960年代までは ASEAN の中でも比較的1人当り GDP が高い国であった。しかし，1980年代〜2000年代と他の ASEAN 諸国が輸出を成長のエンジンとした，いわゆる外向き戦略で順調な経済発展を遂げる中，その経済発展の速度は遅く，2013年の時点では1人当り GDP でインドネシアの後塵を拝することになってしまった。図表6-1は ASEAN 主要4カ国に中国を加えて1人当り GDP を時系列で比較したものであるが，1960年時点でマレーシアと並んで先頭にいたフィリピンは，1980年代にタイに，2000年前後に中国に，そして近年インドネシアにも追い抜かれていったのである。
　フィリピンがこのように経済成長の波に乗れなかったのは，他国が直接投資を誘致し，製品輸出を積極的に行ったのに対して，フィリピンが輸出をあまり拡大できなかったことが大きな原因として挙げられるだろう。図表6-2は，

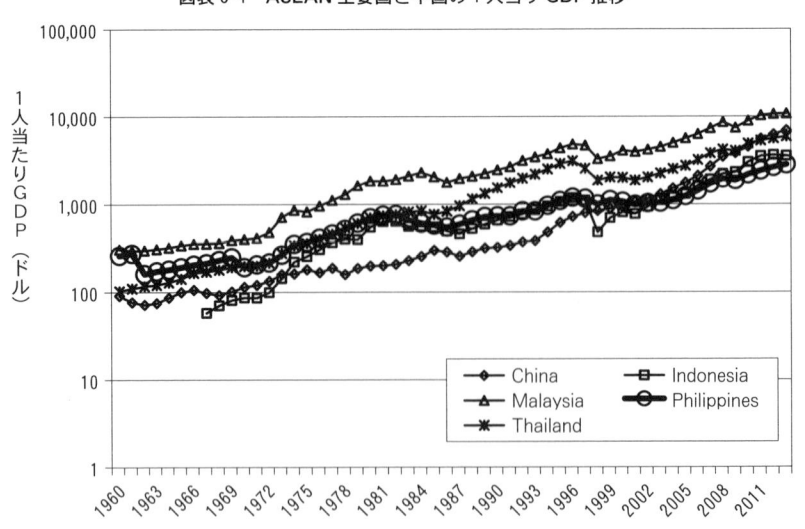

図表6-1　ASEAN 主要国と中国の1人当り GDP 推移

出所：World Development Indicators より作成。

第6章 海外フィリピン人労働者（Overseas Filipino Workers: OFWs）の流出パターン 115

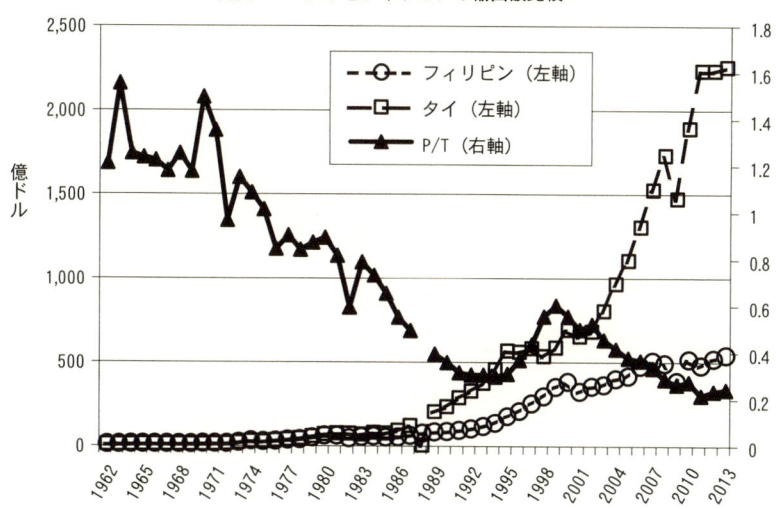

図表6-2 タイとフィリピンの輸出額比較

出所：UN Comtradeデータより作成。

　タイとフィリピンの輸出額を比較したものである。P/Tはタイの総輸出額でフィリピンの総輸出額を割ったもので，両国の輸出額の比率を示している。これによると，1962年時点ではむしろフィリピンの輸出額がタイのそれを上回っており，P/Tも1を超えていた。しかし，1970年代以降，フィリピンの輸出額は停滞し，P/Tも1を下回っていく。1990年代になってようやくフィリピンの輸出も目立って伸び始めるが，アジア通貨危機以降再び停滞し，速やかな回復を見せたタイとの差は開く一方である。
　フィリピンは他のASEAN諸国の例にもれず，経済発展の初期には大きな農業部門を抱えていた。1980年代初頭においても農業部門の就業者は全就業者の50％を超えていた。他国が製造業の拡大を通じた農業から工業へのLewisモデル的な労働移動を経験して農業就業人口の比率を減少させていったのに対し，フィリピンでは農業労働を吸収できるだけの工業特に製造業の発展がみられなかったのである。
　図表6-3はフィリピンの農業就業人口と製造業就業人口並びにそれぞれの就業者総数に占める割合を示したものである。これによると，農業就業人口比率

図表6-3 フィリピンの農業と製造業の就業人口

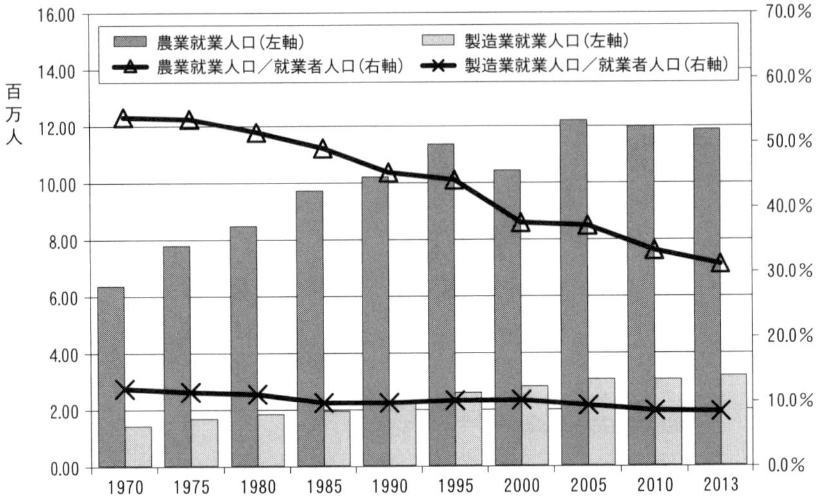

出所：ADB Key Indicators より作成。

は1980年代以降減少し，2013年時点では31％にまで下がってきている。しかし，注目すべきは農業就業人口の絶対数である。フィリピンは人口成長率が高い国であるが，就業人口も増加を続けており，絶対数で見ると農業就業人口は2005年くらいまで増加を続けているのである。しかし，フィリピンの農村部は既に土地のフロンティアは失われ，「土地生産性は少なからぬ増加をみせたものの，そのほぼ半分を農民1人当たり土地面積の縮小によって洗い流され，結果として労働生産性はわずかな上昇にとどまった」（渡辺 1986）という状況にある。すなわち，農業労働者の生産性はあまり上昇せず，農業部門には大きな余剰労働力と労働の流出圧力があったということが言える。さらに，フィリピンの特徴として，自作農や小作農が他の国に比べて少なく，農業賃金労働者が多いことも農村からの労働の流出圧力を強めているといえるだろう。さらに，政府の経済政策は，農業の生産性をあげることはあまり目標にはされず，むしろアンチ農業政策とでも呼びうるような政策が多かったことが，農業部門の生産性停滞の原因となったとも考えられる。

もう一度図表6-3に戻ってみよう。ここには製造業就業人口が描かれている

が，大きな伸びは見られない。むしろ，就業人口に占める割合ではだんだん低下している。ここでも，フィリピンが他の ASEAN 諸国のような戦略をとることに失敗したことが見て取れる。

このような状況下において，フィリピン政府が労働の海外移動を，労働の余剰のはけ口（vent for surplus）として考えたことは想像に難くない。幸い，フィリピン人は英語が話せるし，労働者としては優秀であるので，海外の需要に十分こたえることができた。政府は労働輸出を一時的な政策として採用してきたが，むしろ他国に先駆けてこのような労働移動政策をとったことで，OFWs が定着することにつながったのではないかと考えられる。以下の節では，この OFWs の役割について 2 つの相反する見方を検討したい。

3. OFWs についての 2 つの見解

(1) 有益なヒロイズム

フィリピンの国際労働移動は，具体的には，1970 年代の石油危機の結果として本格的に拡大した。フェルディナンド E. マルコス大統領により発行された大統領令 442 号または 1974 年労働法は，フィリピン人労働者の国際的な労働移動を本格的に拡大させる契機となった。

図表 6-4 は雇用形態別 OFWs の年間の数を示す。フィリピン海外雇用局（POEA）とフィリピン人海外委員会（CFO）から提供されたデータに基づいて作成したものである。これらのデータにおける「移住者」は以下のカテゴリーに分かれる。

① Permanent migrants（永久移民）：これは海外フィリピン人移民又は永住者であり，immigrants（移民者）と emigrants（移住者）と一般的に呼ばれる。

② Temporary migrants（一時的な移民）：これは，一時的な移民であっても，定期的に登録された滞在海外フィリピン人を指す。これは，ホスト国での雇用条件によって，契約社員，社内転勤，学生，研修生，起業家，ビジネスマン，トレーダー，および海外滞在 6 カ月以上である者などが含まれている。こ

のタイプの移民は overseas contract workers（海外契約労働者）と呼ばれている。また，これらの契約労働者には主として船の乗組員として労働するものと，ホスト国へ渡って労働するものの2つのタイプがいる。

③ Irregular migrants（不規則な移民）：これは，登録されていない移民である。この種の移民は，定住先と労働許可証を持っていない。この移民には，オーバーステイした外国の労働者や観光客も含まれる。このカテゴリーに当てはまる移住者は，6カ月以上そのような状況に置かれているものを指す。この移住者に対する中立的な呼び方は undocumented migrants（不登録移民）である。地元フィリピンでは，これらの移民は TNT（タゴナングタゴ，「常に隠れている」の意）と呼ばれている。

OFWs の総数は，1975 年に5万527 人で，35 年間で年平均 10.2％増加し，2010 年には 155 万 6901 人に上る。これは，同じ期間のフィリピン人口の平均年間増加率の約 2.3％をはるかに上回っている。

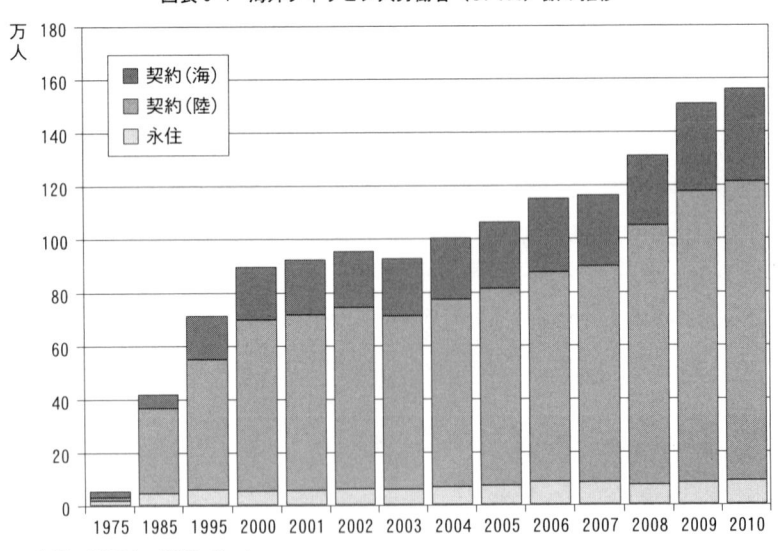

図表 6-4　海外フィリピン人労働者（OFWs）数の推移

出所：POEA, CFO データ。

第6章 海外フィリピン人労働者 (Overseas Filipino Workers: OFWs) の流出パターン 119

　1981年から1995年のデータを用いた，フィリピンの国際労働移動のマクロ経済的決定要因の研究において，Carlos (2002) は，OFWsの大きさは，出稼ぎの決断の確率や国内の人口の増減だけでなく，国内の雇用率との間に正の有意な関係があることを見出した。これは，国内の労働市場における余剰労働力のはけ口 (vent for surplus) としてのOFWsを示唆している。逆に，OFWsは労働市場がタイトな国にとっては，労働の過剰需要を緩和するのに役に立っており，国家間の労働の需給調整に貢献しているといえる。

　図表6-5は，フィリピン中央銀行が記録したOFWの国内への純FDI流入の送金を示している。対象期間のOFWsの合計送金額は，同じ期間の純FDIの160万ドルのほぼ平均10倍となっており，平均1140万ドルであった。

　Ang, Sugiyarto and Jha (2009) は，2000年，2003年，および2006年のフィリピン家計調査を使用して，送金が貧困からの脱出に大きく寄与することを実証した。世帯主の年齢，採用されているメンバーの比率，妻の雇用，世帯

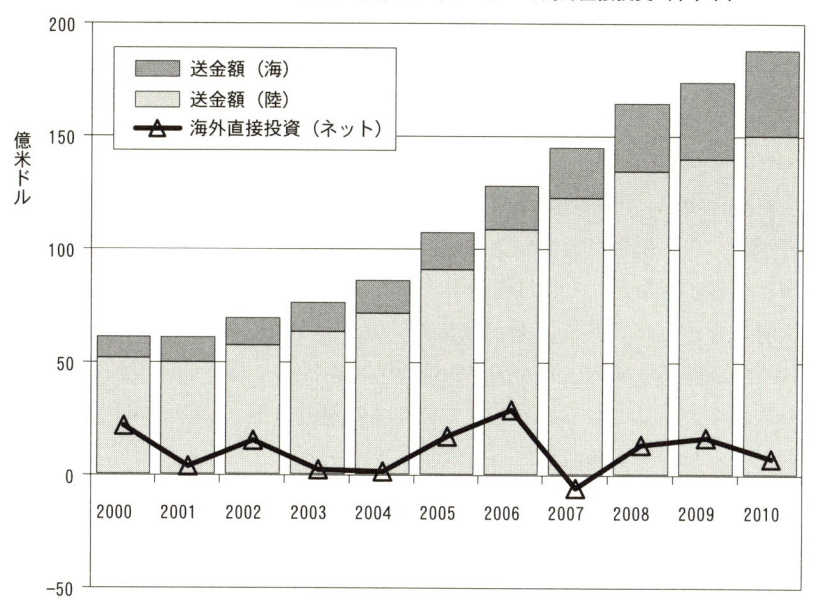

図表6-5　OFWsからの送金額の推移とフィリピンへの海外直接投資（ネット）

出所：フィリピン中央銀行。

の種類，農村インディケータ（ダミー変数：1＝農村の家計），および家計貯蓄などの要因をコントロール変数とした上で，なお送金がある群がない群に比べて貧困からの脱出確率を上昇させることを見出したのである。

このように，ミクロのレベルにおいては，OFWs は，貧困から抜け出すために大いに役立っているということができるだろう。

Ang (2007) は 1988 年から 2004 年までのデータを用いて，実質 GDP の変化と労働者送金の変化の間に正の関係を見出した。これは送金の増加と経済状況との負の関係を見出した Burgess and Hakshar (2005) の結論を否定したことになる。Ang (2007) は，Burgess and Hakshar (2005) と同じフレームワークを使用するが，次のような違いがある。Ang (2007) は，1 人当りの所得の実質 GDP を使用しており，海外直接投資や ODA や PORTFOLIO 投資など他の外国為替の源が含まれている。この知見は，送金と，個人消費支出，総資本形成，および実質 GDP の成長の正の相関を示した Bayangos and Jansen (2011) のシミュレーション結果により裏付けられた。シミュレーションは，フィリピンの四半期マクロ計量モデルを用いて，1998 年から 2003 年の間の労働移動および送金と労働市場との繋がりを観察したものである。また，1997 年 7 月から 1998 年 10 月まで，15 カ月の期間にわたって 1997 年のアジア金融危機の影響を評価した Yang (2008) によれば危機によるフィリピン・ペソの切り下げが，次のような変数の上昇と連動していることが観察できる：Potentially investment related items（教育の支出，不動産の購入，借金の返済，銀行預金）潜在投資関連，テレビや車両の所有権，送金の受け取り金額，世帯収入など。これは送金が，特に金融危機の場合には，景気循環と反対の動きを示していることを示唆している。つまり OFWs は，金融危機あるいは外国為替の危機のような国が困難な時に助けてくれる助っ人のようなものとしてとらえられているのである。それは外国企業がフィリピンに進出しにくくなるような時であることにも留意すべきである。

(2) **無益なヒロイズム**

Ofreneo and Samonte (2005) は，OFWs が海外勤務の前，中，後，それぞれの過程でさまざまな問題に直面することを，ILO 報告の中で述べている。

報告書はまた，1995年に成立した共和国法第8042号や「移住労働者と海外フィリピン人法」制定時にも指摘されていた問題のほとんどが，10年たっても何も解決されないまま残っていることを記している。労働移動に関する1995年Gangayco委員会報告書のための監視対策グループ（oversight action group）のメンバーであるRene E. Ofreneoは，Ofreneo（2007）で問題の改善が図られない状況ついて詳しく説明している。

シンガポールでのFlor Contemplacionの死刑執行[1]の余波を受けて，フィリピンのGangayco委員会は不安定な仕事についているOFWsの派遣を段階的に廃止していくことを奨励した。議会は共和国法第8042号を制定し，経済成長を維持し，国を発展させるための手段として，海外の雇用を抑制する，という国家の方針を再確認した。しかし，共和国法第8042号の制定後の12年間においてもOFWsの数は，3K（汚い，危険，困難）職種や「業務上枢要な（ミッション・クリティカル）」仕事まで，すべての職種で増加してきた。

また，図表6-4は一時的な労働者が年間総OFWsフローにおいて圧倒的なシェアを構成することを示している。1975年に永久移住OFWsのシェアは29%だったが，2010年には，わずか6%にまで減少した。殆どのOFWsが一時的な雇用という形態をとることが，ILOが提示した問題の基本原因となっている可能性がある。Flor Contemplacion事件は，フィリピン政府がもっと真剣にILOが提示した問題を検討しなければならないことを示したが，現在に至るまで，まだ不十分な対策しかとられていないと考えることができるだろう。こういった問題は，移動の増加と共に膨らんでいくと考えられる。OFWsの問題を解決する政策支援はまだ不十分であるといえよう。

また国内の労働市場の状況から見た，国際労働移動の負の影響を示したものにBayangos and Jansen（2011）の研究がある。この研究は，労働移動と送金が大幅に国内労働供給を減少させることを実証している。国際労働移動によ

---

[1] Flor Contemplacion事件（フロール事件）とは，シンガポールで働くフィリピン人メイドであったフロール・コンテプラシオンが，殺人容疑で死刑判決を受けたが，フィリピン国内では冤罪ではないかとの説が囁かれ，フィリピン政府も再審をシンガポール政府に要請したが，シンガポール政府は国内問題であることを理由に死刑を執行したという事件。両国間の関係が極度に悪化し，OFWsの人権に関する論争も引き起こされた。

図表 6-6　OFW をめぐる諸問題

雇用前または派遣の問題	業務先での問題	退職後または帰国後の問題
配置料の高コスト	虐待や搾取的労働条件	帰国した出稼ぎ労働者を吸収する機会の欠如
ホスト国の政策に関する情報の欠如	契約置換	貯蓄性の欠如
出稼ぎ労働者と家族の準備不足	不十分な防御機構	収入を管理することができない
違法採用，展開，出発	不十分なコンプライアンス監視	壊れた家族
国内の経済や雇用機会の欠如	限られるオンサイトサービスや海外労働者への支援	女性移住労働者の社会復帰の問題
限られた仕事の選択	健康ニーズへ不十分な対応	
	女性の人身売買横行	
	社会的，文化的適応の問題	
	暴力の発生率	
	異人種間の結婚のために不十分な準備	
	異人種間結婚の女性のための限られたサポートサービスやシステム	
	出稼ぎ労働者のニーズに対応するための福祉や他の職員の不足	
	ホスト国の政府からの支援や協力の欠如	

出所：Ofreneo and Samonte (2005)。

る国内労働供給の減少は，直接的に労働者数を減少させることに加えて，送金があることで労働意欲が減退することから，間接的にも労働供給の減少を招く可能性がある。OFWの送金が，マクロ経済的に悪影響を引き起こしてしまうのである。同論文では，移民および送金が新しいタイプの「オランダ病」ともいうべきマクロ経済的な悪影響を引き起こす可能性について，シミュレーションを用いて実証している。シミュレーションでは，移民および送金によって，国内労働供給の減少による賃金の増加がもたらされ，輸出品の競争力が著しく低下してしまうことが示されている。このような効果は，ある資源の輸出を通じた外国為替の巨大な流入によって自国通貨の為替レートが増価し，他の輸出が減少してしまうという「オランダ病」以上の負の効果を引き起こす。

Beja (2010) もまた，1984年から2008年までの期間のデータセットを用いて，オランダ病が，中・低所得の送金・被援助国で見られるという実証を提供している。中所得国に含まれているフィリピンは，マクロ経済政策（すなわ

ち，財政，金融，為替レート，貿易），および経済構造（すなわち，労働，産業，金融能力）の影響を排除しても，経済成長率と送金の金額との間に有意な負の関係を示している。

4. フィリピンの対外労働移動のパターン

(1) 受け入れ国と職種

前節は OFWs の数も送金額も共に増加しつつあることを見たが，ここではそれがどこに移動し，どのような職種についているのか分析したい。図表 6-7 は，フィリピン海外雇用庁 (Philippine Overseas Employment : POEA) の把握する，新規の OFWs 受け入れ国の上位 10 カ国を 1995 年から見たものである。上位 10 カ国の多くが東アジア諸国と中東諸国で占められているが，1995 年時点では東アジア諸国が上位であったのに対し，徐々に中東諸国への移動が多くなっている。特に近年は，中東諸国への移動が集中し，2013 年時点で，サウジアラビア，アラブ首長国連邦，クウェート，カタール，バーレーンの 5 カ国で，全世界の新規登録 OFWs の 69.0％を占めるに至っている。

このように OFWs の受け入れ先は東アジアか中東に集中しているのであるが，それらの地域の OFWs を職種別にみると大きな違いがあることに気付く。職種別データが取れる 2010 年のサウジアラビアと香港の職種別 OFWs を見てみよう。サウジアラビアで最も大きな割合を占める職種は，生産・運搬・単純作業であり，全体の 45.5％を占めている。次いでサービス業 (29.4％)，専門・技術職 (19.8％) の順である。しかし，香港では全 OFWs の実に 99.3％までがサービス業に集中している。しかも，そのサービス業の 100％が家事労働であり（サウジアラビアは 33.0％），香港では事実上，OFWs を家事労働者としてしか受け入れていないことがわかる。この香港のケースはいささか極端ではあるが，他の東アジア諸国の職種別割合もサービス業，特に家事労働の割合が大きく，似た傾向を示している。また中東の中でもクウェートなどは家事労働が 79.5％を占めており，同様の傾向にある。OFWs の受け入れが多い国では受け入れた OFWs の多くが未熟練労働に従事し，香港のような家事労働

図表 6-7　新規 OFWs の受け入れ国上位 10 カ国の推移

順位	1995 国名	人数	2000 国名	人数	2005 国名	人数	2010 国名	人数	2015 国名	人数
1	台湾	41,163	日本	59,841	サウジアラビア	64,674	サウジアラビア	119,275	サウジアラビア	166,744
2	香港	23,150	サウジアラビア	56,601	日本	38,772	カタール	36,795	アラブ首長国連邦	81,926
3	日本	23,111	台湾	34,960	台湾	34,367	香港	28,794	クウェート	34,211
4	アラブ首長国連邦	11,790	香港	27,772	アラブ首長国連邦	32,728	台湾	27,845	台湾	29,174
5	マレーシア	6,768	アラブ首長国連邦	15,450	クウェート	24,754	クウェート	27,110	カタール	28,453
6	カタール	6,608	クウェート	11,433	香港	17,599	シンガポール	6,447	香港	22,477
7	アメリカ	5,070	韓国	3,931	カタール	17,483	バーレーン	5,307	シンガポール	16,787
8	ブルネイ	3,953	シンガポール	3,791	レバノン	11,765	リビア	4,435	マレーシア	14,094
9	韓国	3,917	カタール	3,583	韓国	6,900	マダガスカル	3,350	バーレーン	9,275
10	シンガポール	2,811	ブルネイ	3,567	バーレーン	4,649	カナダ	2,954	パプアニューギニア	4,966

出所：POEA 資料から作成。

　者の受け入れが多い国とサウジアラビアのようにワーカーの受け入れの多い国の2つのタイプがあるのである。もっとも，2010年のデータではサウジアラビアへのOFWs全体の数は突出して大きく，香港の4.14倍もあることから，サウジアラビアの家事労働OFWsも絶対数では1万1582人であり，香港（2万8602人）の4割程度はいることになるが，それ以上にワーカーとしての受け入れが大きいのである。

　この2つのタイプの違いは，受け入れられるOFWsの性差にも反映される。家事労働で働くOFWsは98.2%が女性であり，逆に生産・運搬・単純作業は80.9%が男性である。香港をはじめとした東アジア諸国では，女性の受け入れが多い（香港の場合98.1%が女性）が，サウジアラビア等では男性の受け入れが多い（サウジアラビアの場合62.7%が男性）のである。

　なお職種別にみた場合，日本のOFWsの受け入れはユニークである。図表6-7では日本は2000年には国別受け入れ人数の最上位であり，2005年も第2位であったが，2010年以降上位10カ国から姿を消している。2013年には第20位で1,287人しか受け入れておらず，2000年の2.2%でしかない。2000年の職種別OFWsをみると，専門・技術職が全体の99.7%をも占めている。しか

しその内訳は，ほとんどをダンサー，シンガー・ミュージシャンが占めている。これらの労働者は興業ビザを受けて来日していたが，2006年に興業ビザの発給の要件が厳格化されたことで激減したものと考えられる。

(2) 看護師の移動

フィリピン政府は，1995年にラモス政権のもとで「移民労働者と海外在住フィリピン人に関する法律 (Migrant Workers and Overseas Filipinos Act 1995)」を制定して以来，未熟練労働者の送り出しを減らし，基本的には専門職・熟練労働者を海外に送り出すように方針を掲げている。その専門職・熟練労働者の代表が看護師である。実際，フィリピン人の看護師は，4年制大学でアメリカ標準の看護教育を受けており，その質は世界的に認められている。国家試験の合格率も5割を切ることがしばしばあり，質の管理が徹底されている。

図表6-8はフィリピン人の看護師の受け入れ国の上位10カ国の変遷を見たものである。1995年から2010年まで中東，特にサウジアラビアでの看護師受け入れ数は一貫して多いが，欧米諸国の受け入れ数は年によって大きなばらつきがあることがわかる。たとえば，アメリカは1995年，2005年には3000人

図表6-8 看護師の受け入れ国上位10カ国の推移

順位	1995 国名	人数	2000 国名	人数	2005 国名	人数	2010 国名	人数
1	アメリカ	3,690	サウジアラビア	3,888	サウジアラビア	4,627	サウジアラビア	8,513
2	サウジアラビア	3,015	イギリス	2,615	アメリカ	3,853	シンガポール	722
3	リビア	380	アラブ首長国連邦	295	アラブ首長国連邦	670	アラブ首長国連邦	473
4	オマーン	87	シンガポール	292	イギリス	546	リビア	417
5	マレーシア	80	クウェート	133	アイルランド	297	クウェート	409
6	シンガポール	79	アイルランド	126	クウェート	191	イギリス	350
7	クウェート	59	アメリカ	89	カタール	133	カタール	294
8	アラブ首長国連邦	46	オマーン	47	シンガポール	129	台湾	186
9	北マリアナ諸島	36	北イエメン	30	トリニダード・ドバゴ	113	ヨルダン	112
10	レバノン	22	ヨルダン	29	バーレーン	34	オマーン	92

出所：POEA資料から作成。

を超える看護師を受け入れているが，2000年は89人に過ぎず，2010年には上位10カ国の中にも入っていない。イギリスも2000年だけが突出して受け入れが多く，あとはそれほど多くの受け入れをしていない。これら欧米諸国は，フィリピン人看護師にとっては就労の条件がよく，人権も配慮され，大変魅力的な国であることは容易に想像できる。奥島（2010）では，海外で働くインドネシア人看護師の給与水準の比較を行っているが，それによると，月当り賃金はアメリカで38.6〜57.8万円程度，イギリスでは24.6万円程度と高く，サウジアラビアの14.5万円，シンガポールの8.9万円を大きく上回っている。

こうした欧米諸国へのフィリピン人看護師の移動が不安定なのは，欧米諸国の外国人看護師受入れ政策が国内の看護師市場の保護や，景気の変動のためにしばしば変わることによる。アメリカでは，外国人看護師が永住権（グリーンカード）を取得する際に特別永住権枠（Schedule A）があり，取得までの期間が比較的短かったが，2006年には失効し，一般の雇用ベースによる申請者と同じ扱いとなっている。また，イギリスでは2000年以降，看護師を労働者不足リストに載せ，外国から積極的に受け入れてきたのであるが，2006年7月に労働者不足リストから看護師が外され，「労働市場テスト（一定期間募集広告を掲示して，国内で応募がないものでなければ外国人を受け入れられない）」が実施されるようになった。

このようにみると，専門職・熟練労働者の代表たる看護師は確かに好条件での海外労働が可能なのではあるが，それは先進国側の事情によって大きく左右されるものであり，実際には，条件のあまりよくない国での労働が大部分を占めることになっている[2]。未熟練労働の送り出しを減らし，専門職・熟練労働の送り出しを増加させることを目標とする政府の方針は間違ってはいないが，専門職・熟練労働でさえ海外への労働者の送り出しは各国事情に大きく左右される脆弱なものであるということができるだろう。

---

[2] Maquito（2013）はフィリピン国内での労働力の移動に関して実証分析を行い，条件の悪い職に就業する労働者が多い状況を，多少アイロニーを込めてGLASSと呼んだ。GLASSとは，Giant Leap And Small Stepの頭文字をとったもので，地方から都市へ移住した貧困者が，その移住した時点ではGiant Leap（飛躍）に踏み出したが，都市ではスラムの生活からなかなか脱出せずにSmall Step（小さな一歩）しかできない状態を指している。OFWsの状況を観察するに，こうしたGLASSが海外労働移動でも存在することが示唆される。

第6章 海外フィリピン人労働者（Overseas Filipino Workers: OFWs）の流出パターン　127

5. おわりに

これまでの議論をまとめると以下のように言うことができるだろう。
① フィリピンは，農村部分に多くの労働力を抱えたまま経済発展を遂げてきたが，農業フロンティアの消滅で多くの余剰労働力を生み出したのにもかかわらず，国内の工業部門が脆弱で余剰労働力を十分吸収することができなかった。
② OFWs の発生は，1つにはこうした余剰労働の「余剰のはけ口」としての役割が期待されたことがある。
③ しかし，実際の経済発展に OFWs が貢献したかどうかには諸説あり，確定的なことは言えない。また，OFWs には人権の面から考えても多くの課題が残されたままである。
④ フィリピン政府は，未熟練労働者の送り出しを減らし，専門職・熟練労働者を海外に送り出すように方針を掲げているが，海外への送り出しは受け入れ国の事情によって左右されることが多い。また，海外で需要が多い職種は，東アジアでは家事労働，中東ではそれに加えてワーカーであり，いずれにしても未熟練労働の需要が大きい。

OFWs の誕生は，計画的に行われたというよりは工業化の失敗によりやむを得なく実施されたものであったということができるだろう。しかし，経済発展への貢献は必ずしも明らかにはなっていない。このような海外労働者をめぐる問題に関しては，送り出し国も受け入れ国も十分に検討を要する課題があると考えられる。
　まず，送り出し国としてのフィリピン政府であるが，未熟練労働者を送り出すのではなく，付加価値を付けた専門職・熟練労働者を送り出すという方針は誤りではない。しかし，実際のフローを観察するに，諸外国，特に東アジアや中東といった大量の労働者の受け入れ国が必要としているのは未熟練労働者であるということも考慮しなければならない。人口が希薄な中東では，工業化の

ための生産要素としての労働力が恒常的に不足している。また，東アジアでは急速な高齢化の進展で，やはり労働力が今後も不足することが見込まれており，特に家事労働や介護労働といった未熟練労働に対する需要はこれからもますます高まることが予想される。このような中で，未熟練労働者を送り出さないということは，単に未熟練労働者の就業先を狭めるにすぎないことになる。継続的な教育によって労働者の人的資本価値を高め，労働の受け入れ先に相応の待遇を要求することは基本的には間違っていない。しかし，多くの人間の人的資本価値を上昇させるためには多額の教育コストがかかることも考慮しなければならない。さらには，労働者の大部分が専門職・熟練労働者になることは不可能である。現状の未熟練労働の送り出しを減少させるためには，結局国内に未熟練労働の大きな需要を作り出すしかなく，大量の労働者を必要とする製造業を中心とした工業化と農業部門からの押し出し圧力を軽減するための農業の近代化・合理化が結局着実な方法であると考えることができる。また，専門職・熟練労働者の送り出し戦略に関しても，受け入れ国の事情で大きく左右される脆弱な戦略であることを考慮すべきである。経済発展への貢献も明らかになっていないものを経済発展戦略の核とする愚は避けなければならないだろう。

　受け入れ国としては，まずは海外からの労働力の受け入れに関して，法的な保護を確立する必要がある。人権上の問題で内国民との差があることは決して容認されず，労働力を受け入れるからには，法的な保護は必須条件となるだろう。さらに，受け入れ制度自体も透明性の高いものでなければならない。研修の名目での低賃金労働などは許されるものではなく，外国人の労働を活用するためには明示的な制度を構築しなければならないであろう。また，途上国の頭脳流出の問題にも十分配慮した受け入れ制度を考えなければならない。途上国の費用で育成した人材を先進国が奪うのは避けなければならず，むしろ受け入れ国側が送り出し国の人材育成に積極的にかかわる必要がある。送り出し国側も，そのような国を優先して選択するような工夫があってしかるべきであろう。

〔フェルディナンド・シー・マキト〕

参考文献

<日本語>
- 奥島美夏 (2010),「インドネシア人介護・看護労働者の葛藤：送り出し背景と日本の就労実態」『歴史評論』722 号。
- 知花いづみ (2012),「フィリピンにおける人の移動と法制度」山田美和編『東アジアにおける人の移動の法制度』調査研究報告書, アジア経済研究所。
- 渡辺利夫 (1986),『開発経済学—経済学と現代アジア』日本評論社。

<英語>
- Anderson, J. E. (2011), "The Gravity Model", Boston College and NBER, January 19, 2011.
- Ang, A. P. (2007), "Workers' Remittances and Economic Growth in the Philippines" DEGIT Conference Papers c012_029, DEGIT, Dynamics, Economic Growth, and International Trade.
- Ang, A. P., G. Sugiyarto, and S. Jha, No.188 (2009), Remittances and Household Behavior in the Philippines, *ADB Economics Working Paper Series* (December, 2009).
- Bayangos, V. and K. Jansen (2011), "Remittances and Competitiveness: The Case of the Philippines," *World Development*, Elsevier, vol.39 (10), pp.1834-1846.
- Beja, E., Jr. (2010), "Do International Remittances Cause Dutch Disease?" *Munich Personal RePEc Archive Paper*, No.39302.
- Burgess, R. and Haksar, H. (2005), "Migration and Foreign Remittances in the Philippines." *IMF Working Paper*, WP/05/111.
- Carlos, M.R.D (2002), "On the Determinants of International Migration in the Philippines: An Empirical Analysis" *International Migration Review*, Vol.36, No.1 (Spring, 2002), pp.81-102.
- Felipe, J., A. Arnelyn, and U. Kumar (2012), "Tracking the Middle-Income Trap: What Is It, Who Is in It, and Why?" *Levy Economics Institute of Bard College, Working Paper* No.715, (April 2012).
- Goss, J. and Lindquist, B. (1995), "Conceptualizing International Labor Migration: A Structuration Perspective" *International Migration Review*, Vol.29, No.2 (Summer 1995), pp.317-351.
- Harris J. and M. Todaro (1979), Migration, unemployment and development: a two-sector analysis, *American Economic Review*, 60, pp.126-142.
- Lewis, A. W. (1954), "Economic Development with Unlimited Supplies of Labour", *The Manchester School*, Vol.28, No.2, pp.139-191.
- Maquito, F. C. and Carbonel, H., (2010), "Rediscovering Japan's Leadership in 'Shared Growth Management'", *Rikkyo Business Review* No.3, (July 2010) pp.20-38.
- Maquito, F.C. and H. Hirakawa (2012), "A Comparative Economic Analysis of Japanese-Style Labor Contracts from a Shared Growth Perspective" in J.V. Sibal, R. Asuncion, J. Sobrevega, et.al. (eds.) *The Second Book on Sustainable Employment Relationships* (pp.35-66) Philippines: Central Book Supply, Inc.
- Maquito, F. C. and P. L. U (2014), "Towards a Strategy for Manufactured Exports to Japan", in *PJEPA: Strengthening the Foundation for Cooperation, Vol.2*, Philippine Institute of Development Studies and Philippine APEC Study Center Network.
- Maquito, F. C. (2013, unpublished), "The Dynamics of Social Networks in Philippine Poor

Communities: From Giant Leaps to Small Steps", Based on paper presented in the 13th SGRA Shared Growth Seminar held in the School of Labor and Industrial Relations, University of the Philippines on December 17, 2010.
- Medina, A. and V. Pulumbarit, "How Martial Law helped create the OFW phenomenon" *GMA News*, September 21, 2012, accessed on December 24, 2012 http://www.gmanetwork.com/news/story/275011/pinoyabroad/ofwguide/how-martial-law-helped-create-the-ofw-phenomenon.
- Nakanishi, T., (2008), "Hidden Development Process of a Community among the Urban Poor: Informal Settlers in Metro Manila" *Policy and Society*, vol.25 no 4, pp.37-61.
- Ofreneo, R. E. (2007), "Can we ever turn a remittance-driven economy around?" *Opinion Section, Yellow Pad Column, Business World*, October 1, 2007, pp.S1/4 and S1/5
- Ofreneo, R. E., and I.A. Samonte (2005), "Empowering Filipino Migrant Workers: Policy Issues and Challenges" *International Migration Papers* No.64, Social Protection Sector, International Migration Programme, International Labour Office, Geneva.
- Philippine Overseas Employment Administration (1995), "REPUBLIC ACT NO. 8042, Migrant Workers and Overseas Filipinos Act of 1995" accessed on November 7, 2014 http://www.poea.gov.ph/rules/ra8042.html
- Philippine Overseas Employment Administration (2010), *POEA Annual Report 2010*.
- Ravenstein, E. G., (1889), "The Laws of Migration" *Journal of Royal Statistical Society*, Vol.52, No.2. (June, 1889), pp.241-305.
- Todaro, M. P., (1969), A Model of Labor Migration and Urban Unemployment in Less Developed Countries, *American Economic Review*, 59, 1, pp.138-43.
- Yang, D. (2008), "International Migration Remittances and Household Investment: Evidence from Philippine Migrants' Exchange Rate Shocks" *The Economic Journal* 118, (April), pp.591-630.

第7章

ミャンマーにおける国際労働移動の実態と課題

1. はじめに

　1990年代後半以降，ミャンマー人労働者の海外移民が急増，とりわけタイ，マレーシアへの移民が目立った。タイには現在，約300万人のミャンマー人が滞留，マレーシア，シンガポールなどその他の国々を含めると，ミャンマーの人口の約10%の約500万人ものミャンマー人労働者が海外で働いているとの見方が一般的だ。

　にもかかわらず，ミャンマーの労働力の国際移動や国内での労働移動をマクロ的に把握し，1枚の図を描くことはほとんど不可能に近い。そもそも，ミャンマーの労働統計はもちろん，人口統計すら全くと言っていいほど未整備だからだ。人口センサスは，1983年に行われたのが最後だったが，2014年3月30日〜4月12日に国連人口基金（United Nations Population Fund: UNPF），英国，オーストラリアなどの援助を受けて約58億円をかけて31年ぶりに実施された。

　1983年の調査では，ミャンマーの当時の人口は3544万人であった。ミャンマー政府が発表するその後の人口は，83年の人口に人口増加率（推定）を掛けて毎年の人口を推定しているが，ミャンマー政府の人口増加率推定は過去の趨勢をもとに推定しており，かなり多めの人口になっている可能性が高い。ちなみに，ミャンマー政府の2011年の推定人口は6062万人（中央統計局推定）で，他方，世界銀行の推定は同年に5280万人とミャンマー政府推定よりも782万人（約15%）少ない。

　今回の国勢調査は，住所，年齢，教育，職業，家族構成，労働力，海外在住の家族，移住，出生率・死亡率，電気，水道，燃料，トイレなど41項目にわ

たる。その暫定的な結果は、ミャンマーの人口総数、男女別人口、州・管区別、地区別、群区別の人口が今年8月末に計画通り公表される予定だ。また、主なセンサスデータの多くは2015年の第1四半期に公表される。民族、職業及び産業別の人口を含む残りのデータは、集計と分析に時間がかかるのでもう少し後になると言われている。この調査結果が得られれば、初めて、ミャンマーの労働力や海外出稼ぎの実態がマクロ的に把握できることになる。

　このような決定的なデータの欠如の中で、筆者が可能なのは、過去の限られた文献と断片情報からミャンマーにおける労働力の国際移動のラフな鳥瞰図を描き、今後の課題を指摘するにとどまらざるを得ない。幸い、国際移動に関しては、タイへのミャンマー人移民労働者に関する文献が比較的豊富である。これらの文献からミャンマーのタイへの労働移動の実態と課題についてふれたうえで、海外移民のミャンマー経済へのインパクトについて考えてみたい。

2. ミャンマーの海外移民の実情

(1) ミャンマーの移民労働者の規模

　図表7-1に移民先国側のデータからみたミャンマーの実際の推定移民人口を示した。主な移民先はタイ、マレーシア、シンガポール、日本、韓国などの近隣アジア諸国に集中している。とりわけ、隣国のタイにその大半が集中している。

　移民の人数に大きな幅があるのは、非正規（非合法または非公式）移民が相当数に上り、その実態を把握できないためである。非正規の移民が多い理由は、主として受け入れ側の原因による。例えば、タイは過去20年間もタイの労働者の一部としてミャンマー人労働者に依存してきたにもかかわらず、ミャンマー人の合法的入国を制限してきたことがその背景にある。

　ミャンマーからの移民が多い理由は、雇用機会やまともな生活を維持できる十分な収入の欠如によるところが大きいが、過去には政治的・民族的紛争などが背景にあった。このほか、シンガポールへの移民に見られるように、最近は、より高い収入やスキルアップを求めての熟練・半熟練労働者の移民も散見される。

図表7-1 ミャンマー人移民労働者の主要居住先別人口

居住国	実際の推定移民人口	備考・出所
タイ	250〜300万人	2012年3月タイでの公式登録は145万人
インド	na	
米国	100,200	2010 US Census
パキスタン	200,000	ほとんどがRohingya
オーストラリア	12,386	2006 Australia Census
英国	9,924	2001 UK Census
日本	1.5〜2万人	2012年12月 日本での公式登録は8,577人
シンガポール	10〜20万人	
マレーシア	30〜50万人	2012年3月マレーシアでの公式登録は25万人
バングラデシュ	2万〜10万人	
韓国	1万〜1.5万人	2012年3月公式登録は6,309人
合計（その他を含む）	400〜500万人	

出所：Andy Hall, "Myanmar and Migrant Workers", May 2012 などから筆者推定。

(2) ミャンマーからのタイへの移民

① タイの労働力不足が周辺国の労働者を吸引

　ミャンマーからのタイへの不法移民がみられるようになったのは，1980年代末からのことである。1980年代後半，とりわけ1986年9月のプラザ合意以降，タイへの外国投資流入が加速し，タイの工業化を加速した。タイの高度成長は通貨危機に陥った1997年まで約11年間にもわたった。このタイの目覚ましい経済発展が深刻な労働力不足を招き，ミャンマー人労働力を引き寄せた。
　当初は，泰緬国境付近に住むカレン，シャン，モンなどの少数民族が労働力の主な供給源であった。ミャンマー政府は，「ミャンマー移民法（緊急規定）1947」を厳しく適用，旅券なしでの出入国を禁止し，旅券の発給も厳しく管理したため，タイへの移民の道はほとんど閉ざされていた。しかし，タイとミャンマーとの国境はルーズで多くの抜け道があり，とりわけ，カレン，シャン，モンなどの村では，タイ側に同じ民族の親類や家族が住んでいることもあり，不法に日常的にタイとの間を行き来していた。
　このため，当初は，不法移民は国境地帯に住む少数民族が中心であった。しかし，1992年にタイ政府がミャンマーとの国境地域の特定業種に限って不法移民の就労を認める登録制度を開始して以来，ミャンマーからの労働力流入は

次第にタイの中心部に及び，対象業種もさらに拡大の一途をたどった。

通貨危機でいったんは落ち込んだタイ経済もまもなく復活し，それとともに，1990 年代の終わりからタイの労働力不足がより深刻となった。タイ政府の CLM 諸国（カンボジア，ラオスおよびミャンマー）からの労働者に対する政策変化に加え，ミャンマー政府も 1999 年から海外就労関連法を制定し，海外就労あっせん業を認可制とするなど，海外出稼ぎをむしろ奨励するようになり，タイへのミャンマー人出稼ぎが大きく増加した。

② タイの移民受け入れ政策の推移

タイの入国管理政策は，「1978 年外国雇用法」および「1979 年入国管理法」の 2 つの法律をガイドラインとしている。「1979 年入国管理法」は，ビザなしで入国あるいは入国管理法に抵触する行為をした移民は国外追放およびその他の制裁を科すと規定。「1978 年外国雇用法」はタイで働く外国人は労働許可を得たうえで，該当する省庁が法律で規定する活動のみに従事できると規定している。この 2 つの法律のもとで，大量の外国人労働者がタイで雇用されるのはあり得ないことであった。

しかしながら，急速な経済成長を背景に，とりわけ単純労働の未熟練労働者への需要が拡大，すでに大量の不法移民労働者が事実上流入していた現実と国際社会からの圧力に直面し，タイ政府は不法移民の登録とそれへの労働許可の発給を認める新しい移民政策を 1992 年に打ち出すこととなった。タイ政府は，まず，ミャンマーとの国境地域 10 県における特定業種に限って不法移民の就労を認める登録制度を開始し，その後，CLM 諸国から入国した不法入国者に対し，段階的に就労対象業種とその対象地域を広げていった。

タイ政府は 2004 年，タクシン政権のもとで，すべての CLM 諸国からの不法入国者に暫定移民 ID カードを与える制度を設け，未登録の労働者に新たに登録の機会を与えるという画期的な試みが始まった。しかし，この登録制度は，不法移民労働者に合法的に登録させ，1 年間（毎年更新可能）労働者として働くことを認めたもので，登録した労働者は，合法的に労働をする許可を得たにもかかわらず，最初の入国が不法入国だったゆえ，常に"非合法"と言うステイタスがついて回り，広範な移動の自由の規制の適用や様々な社会的保護の移民労働者への適用除外などの目にあっていた。

外国人労働者の人権問題に対する内外の批判の高まりを受け，タイ政府は，移民労働者の完全合法化のために，現在有効なパスポートを持たない移民労働者の相手国政府による国籍認定と暫定パスポートの発給が不可欠となった。2009年7月，ミャンマー人移民労働者に対するこの国籍確認の手続きが開始されることとなった。この国籍確認の手続きを1度行うと，2年間合法的にタイで仕事ができ，さらにタイ国内において2年間の延長を申請できることで，最長で4年の勤続就労が可能となる。その後，出身国へ戻り「3年間の休息期間」を置けば，再度タイで合法的に就労する手続きをとることができるというものであった。

　ミャンマー政府は「タイ4年，ミャンマー3年」と言う条件が現実的でないとして，タイ政府と再交渉の結果，2013年9月1日締結された新協定で，暫定旅券を持ったミャンマー人移民労働者はタイで4年間働いたのち，ミャンマーに1カ月滞在すればタイに再入国できると改められた。

　2014年5月22日にクーデターで誕生した軍事政権，平和秩序国家評議会（NCPO）のプラユット議長は，国内の雇用主に外国人労働者の登録を要求したほか，人身売買や不法移民に関与した当局者を処罰すると警告した。このため，軍事政権が移民を逮捕するとのうわさが広がり，カンボジア人など大量の外国人移民労働者が出国した。このため，NCPOは，噂を否定するとともに，新しい労働者登録制度を打ち出した。タイとミャンマーの2国間プログラムのもとで発行された2カ月の登録カード（暫定住民票 TR.38/1）で，2カ月以内の申請により，労働者が暫定旅券と労働許可をもらえることになり，登録カードを求めてミャンマーから労働者が再びタイに押しかけているという。

③　タイへのミャンマー人移民の実態

　タイ労働省のデータによると，2012年現在，タイにおけるミャンマー人移民は図表7-2のとおり，不法労働者のうちタイ政府の移民登録プログラムに応じて登録したが，国籍認定を受けていない者が56万7161人，国籍認定を受け合法化された者が58万4702人，その他合計で118万6805人となっている。

　このほか，タイ政府の移民登録プログラムに応じていない未登録の不法移民が約100万人強と推定されており，合わせて300万人近くに上るとみられている。

図表 7-2　タイにおけるミャンマー人移民労働者の登録と国籍認定状況 (2010～2012)

(単位：人)

	ID・労働許可	2010	2011	2012
公式のリクルートを通じた移民	2年の旅券	4,611	8,160	33,697
国籍認定を完成した者	2年の旅券	122,751	395,848	584,702
暫定登録者	1年の暫定旅券	812,984	905,573	567,161
一般熟練労働者	契約	1,315	1,250	1,245
合計		941,691	1,310,831	1,186,805

出所：Premjai Vungsiriphisal, The socio-economic of Myanmar migrant in Thailand and contribution to development in Myanmar, February 11, 2013.

図表 7-3　タイにおけるミャンマー人移民労働者数 (職種別内訳)

(2009年12月現在)

	合計	%	男	女	%
合計	1,078,767	100.0	591,370	487,397	100.0
漁業	39,809	3.7	34,496	5,313	1.1
水産加工	129,773	12.0	60,477	69,296	14.2
農業	179,583	16.6	110,441	69,142	14.2
建設	175,136	16.2	112,204	62,932	12.9
農産加工	54,993	5.1	35,408	19,585	4.0
食肉加工	7,618	0.7	4,877	2,741	0.6
リサイクル業	9,597	0.9	6,007	3,590	0.7
鉱業・採石	1,747	0.2	1,210	537	0.1
金属販売	9,370	0.9	6,617	2,753	0.6
食品販売	36,668	3.4	19,378	17,290	3.5
土壌ビジネス	4,868	0.5	2,871	1,997	0.4
建築資材	9,142	0.8	6,337	2,805	0.6
石材加工	3,051	0.3	2,021	1,030	0.2
縫製	41,641	3.9	16,993	24,648	5.1
プラスティック業	12,940	1.2	8,064	4,876	1.0
紙業	2,031	0.2	1,256	775	0.2
電気製品	2,101	0.2	1,358	743	0.2
運輸	6,493	0.6	4,431	2,062	0.4
貿易	30,471	2.8	18,604	11,867	2.4
車修理・サービス	3,979	0.4	2,839	1,140	0.2
燃料・ガス	2,381	0.2	1,554	827	0.2
教育・財団	734	0.1	320	414	0.1
家事労働	101,945	9.5	16,977	84,968	17.4
その他	212,696	19.7	116,630	96,066	19.7

出所：Thailand Migration Report 2011, IOM Bangkok.

図表 7-3 は，タイにおけるミャンマー人移民登録者の 2009 年 12 月現在の職業別内訳を示したものである。ミャンマー人労働者は主に農業，建設，水産加工，家事労働などに従事しており，女性の場合は，家事労働が全体の 19.7% を占めて最も多く，次いで水産加工，農業，建設，縫製の順となっている。いずれも，単純労働で 3D（危険，汚い，困難）と言われる職種が多くで，タイ人がつきたがらない仕事とされている。なお，この表は登録・労働許可を得たミャンマー人移民労働者のみを扱っているが，登録をしていない約 100 万人強の労働者を考慮に入れると，かなり様相が変わってくる可能性がある。たとえば，表では漁業労働者は 3.7% しか占めていないが，漁船労働者の大半は船上にいて，登録・労働許可のプロセスを経ずに全く不法で就労しているため，実際はもっと大きなシェアを占めていると考えられる。

タイにおけるミャンマー人移民労働者の生活はかなり厳しい。劣悪な住宅，お粗末な作業環境，タイの社会での差別と搾取などである。不法滞在ゆえに，旅券や ID など必要な文書を持たないため，まともな保健・社会サービスにアクセスすることが困難で，労働者の基本的権利を享受することはほとんど期待できない。最悪の場合，ミャンマー人移民は人身売買，強制労働，暴力，性的搾取などの犠牲者となることもある。とりわけ，漁業で働くミャンマー人漁業労働者への虐待，「奴隷労働」などがニュースになることも多い。

④ **タイにおけるミャンマー人移民労働者の詳細（アンケート分析から）**

国際移住機関（IOM）は，2013 年 12 月に，タイにおけるミャンマー人移民に関する広範な調査結果（IOM, 2013）を発表した。その調査のサンプル数は 5027 で，タイ全土におよぶ。この報告書によると，タイへのミャンマー人移民労働者は，約 260 万人と推定され，ミャンマーの出身地別内訳は図表 7-4 のとおりで，モン州，カイン州，シャン州などタイとの国境の州や管区からの移民が全体の 76.5% を占めている。

民族別では，バマー（ミャンマー）人が 43.5% で最も多く，次いでシャン人が 18.3%，モン人 15.1%，カイン人 12.5% などとなっている。

回答者 5027 人のうち，女性が 48.2%，男子が 51.6%（0.2% が未回答）を占めた。年齢層別の分布は図表 7-5 のとおりで，34 歳以下の若年層が大半を占める。

図表7-4　タイへのミャンマー人移民労働者の出身地別内訳

州・管区（地域）	推定人数
モン州	689,954
タニンダーリ管区	399,801
カイン州	378,078
シャン州（南）	359,459
バゴー管区（東）	214,124
シャン州（北）	102,407
ヤンゴン管区	86,374
エーヤワディ管区	81,719
マンダレー管区	55,341
ラカイン州	42,411
シャン州（東）	33,101
バゴー管区（西）	31,032
マグウェー管区	23,274
カチン州	16,033
サガイン管区	11,379
チン州	8,275
カヤー州	2,039
合計	2,600,000

出所：Asessing Potential Changes in the Migration patterns of Myanmar Migrants and their Impact on Thailand, IOM, Dec.2013.

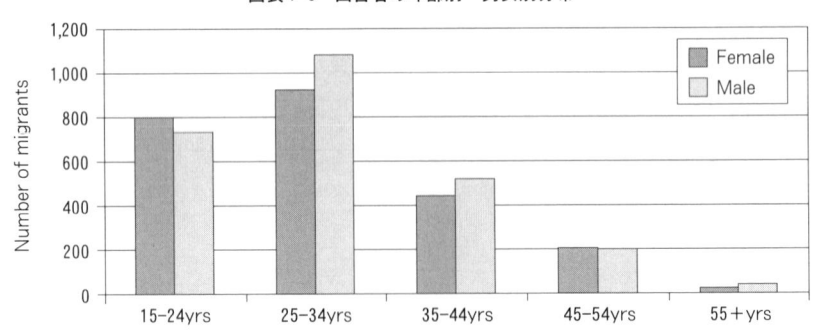

図表7-5　回答者の年齢別・男女別分布

出所：Assessing Potential Changes in the Migration patterns of Myanmar Migrants and their Impact on Thailand, IOM, Dec.2013.

移民労働者のタイに来る前の仕事は，自営業が40.2％，賃金労働者が38.8％，失業中が21.0％となっている。回答者のうち，59.8％がミャンマーでの暮らしはまずまずだったと答え，大変厳しかったと答えたのが23.9％だった。教育水準については，約8割近くが9年生（中学生）以下の教育しか受けていない。タイに移住した理由について，回答者の74.9％が経済的な理由，個人的理由が13.4％，安全のためが7％を占めた。

タイへの移民労働者の64.6％が旅券や労働許可などすべての必要書類を持っており，18.3％が暫定書類のみ，全く書類を持っていない者が12.7％などとなっている。農業，畜産業，漁業，建設業の分野では，必要書類を持っていない者が多い。また，回答者の41.3％がタイに住んで4年以内と答え，5～9年が31.9％で，10年以上の長期滞在は約26％に過ぎない。

タイでの移民労働者の所得は，約70％が最低賃金の1日300バーツ（約960円）以上を得ているが，概して女性のほうが男性よりも少ない。また，必要文書が整っている者の所得は，そうでない者よりも概して所得が多い。

泰緬国境の県での待遇や労働条件は，それ以外の県よりも概して条件が悪い。たとえば，ターク県では，回答者の91.5％が最低賃金以下の給与しか得ておらず，その約半分は最低賃金の半分以下しか受け取っていない。

タイへの移民労働者の年間平均送金額は962ドル（約10万円），中間値は781ドルで，シャン州出身者の送金はこれを下回っている。ミャンマー全体では，タイからの送金額は年間17億ドルと推定され（図表7-6），うち14億ド

図表7-6　ミャンマー移民労働者のタイからの送金額（出身地域別）　（単位：米ドル）

州・管区	送金者の平均額	送金者の中間値	非送金者（％）	送金額合計
モン州	1,185	938	24	588,953,193
シャン州	545	313	22	197,668,444
タニンダーリ管区	973	938	31	265,578,726
カイン州	1,134	938	18	328,152,346
バゴー管区	824	625	29	133,694,687
ヤンゴン管区	1,019	938	30	87,017,505
その他	987	875	27	139,228,494
合計	962	781	25	1,740,293,396

出所：Thailand Migration Report 2011, IOM Bangkok.

図表 7-7　CLM 出稼ぎ労働者の送金の使途（複数回答可）　　（単位：％）

送金の使用目的	計	ラオス	ミャンマー	カンボジア
日々の生活費	84.8	84.6	88.3	81.5
保健	52.5	43.6	65.8	47.9
家庭用品	46.6	55.6	19.2	65.6
教育	45.2	51.3	45.0	39.5
住宅	36.0	54.7	24.2	29.4
所得向上活動	30.1	35.9	22.5	31.9
慈善活動	4.8	0.0	6.7	7.6
債務返済	4.5	1.7	6.7	5.0
子供のための費用	1.7	0.9	2.5	1.7
貯蓄	0.8	0.0	1.7	0.8
その他	4.8	1.7	3.3	9.2
サンプル数	356	117	120	119

出所：ILO Project, Aree Jampaklay, Sirinan Kittisuksathit, "Migrant Workers' Remittances: Cambodia, Lao PDR and Myanmar", Population and Social Research Mahidol University Thailand, 2009.

ルは，モン州，シャン州，カイン州およびタニンダーリ管区というタイの国境地域に向けられている。しかも，全体の送金額の 83％が非公式のチャンネルで送金されているとみられている。

　送金の使途を ILO プロジェクトのペーパー（2009）で見ると，母国での送金の受取人は圧倒的に両親であり，使途は以下の通り日々の生活費，保健費，教育費が中心を占めている。所得向上のための投資活動にはほとんどお金が回っていないのが実情である。

3. ミャンマーの移民支援政策の推移

　ミャンマー政府は，長い間，海外への移民に関心を持たず包括的な移民政策や移民を統括する組織も持たなかった。過去，労働省雇用訓練局がミャンマー人労働者の政府間協定に基づく海外派遣を担い，移民は外務省の担当だった。マレーシア，シンガポール，韓国などからの労働者派遣の要請にこたえる形で，ミャンマー政府は 1990 年から労働省によるミャンマー人の海外就労支援

を開始し，1999年には海外雇用あっせん法を制定して海外就労あっせん業を認可制とするが，あくまで，政府間協定に基づく正規の移民が対象であり，一般の労働者はもっぱら，民間のリクルートエージェントを通じたり縁故を頼ったりして海外に出稼ぎに出た。

タイにおいて，ミャンマー人不法移民労働者が厳しい条件におかれていることを知りながら，ミャンマー政府はタイにおけるミャンマー人の人権を守るための何らの方策もとることはなく，また，労働者による送金や帰国した海外労働者を自国経済に活用するなどの政策を持つことはなかった。

2003年6月，タイとの間でタイにおけるミャンマー人不法移民労働者の登録と国籍認定プロセスによって合法化するための覚書に調印するが，これはあくまでも，タイ側の働きかけによるもので，しかも，ミャンマー政府は国籍認定を受けた大量のミャンマー人労働者が4年のタイ滞在を終えた後3年もミャンマーに戻るというスキームは現実的ではないと実施を渋り，結局，2009年7月まで6年間も実施を見合わせた。

2009年は，ミャンマー軍事政権が対米接近を始めた年であるが，ミャンマー政府の移民政策も同様に転換の年であったと言えよう。すでに述べたように，ミャンマー政府は2009年以来，登録したミャンマー人移民がタイで国籍認定プロセスを経て合法化するプロセスを進めることを保証した。2010年には，ミャンマーにおける移民の責任官庁は外務省から労働省にシフトした。それとともに，2010年以降，ミャンマーはタイ政府の政策当局に対し，旅券なしにタイで働く労働者に改めて新規の登録を認めるようロビー活動をするようになった。

さらに，2010年7月には，ミャンマーはタイの南部ラノーンに最初のNV（国籍認定）センターを開設した。モンスーンシーズンに国籍認定のために，コータウンまで海を越えてくるリスクに配慮したためと言われたが，モンスーンシーズンが終わってもセンターはそのまま残った。

2011年3月末に誕生したテイン・セイン政権下で，タイにいるミャンマー人労働者を支援する措置がさらに追加されることになる。2011年7月，ミャンマー政府は，タイで働くミャンマー人労働者向け暫定旅券の有効期限を3年から6年へ延長することを発表，2012年1月から6年有効の新しいNV旅券

を労働者に発行し始めた。それとともに，既存の3カ所（タチレク，ミャワディ，コータウン）に加え，タイに新しく5つのNV認定センター（バンコク，チェンマイ，サムサコーン，サムプラカーン，スラトタニ）をオープンし，NVセンターのコストを削減しスピードアップを図った。

さらに，2011年中に，ミャンマーの銀行が移民の送金に便宜を図れるように，マレーシア，シンガポール，タイに支店を開く許可が出た。マレーシアおよびミャンマーの銀行の最初の協定は2012年3月に調印された。

2012年1月には，移民に対する2重課税（出先国で給与所得の10%を大使館に支払うほか，送金を受けた家族にも課税）が廃止された。

なお，ミャンマーは，ASEAN首脳会議の議長として，移民労働者の権利の保護と一層の促進に関するASEAN憲章を2014年に採択する議論をリードし，その実現を目指す方針だと伝えられている。

このように，ミャンマー政府は，テイン・セイン政権のもとで，これまでないがしろにされていたミャンマー人移民労働者の保護に向けて一気に動き出した感がある。

4. おわりに：海外移民のミャンマーへのインパクト

(1) 移民のベネフィット

ミャンマーのような発展の遅れた発展途上国にとって，移民のベネフィットは一般に，送り出し国に，1）送金による留守家族の所得の増加，2）送金による外貨収入，3）失業の緩和をもたらす。送金が消費ではなく，生産活動への投資や貯蓄に向けられれば，投資の相乗効果が期待でき，送り出し国の経済発展により大きな効果をもたらす。また，出稼ぎによって出先国で学んだ技術やノウハウ・知識を移民労働者が本国に持ち帰り，それを本国で活用できれば，これも大きなベネフィットになる。

しかし，ミャンマーのタイへの出稼ぎの場合，これらのベネフィットは比較的小さい。多くのミャンマー人移民の法的ステイタスが不安定なため，ミャンマー人労働者の収入は搾取されやすく，実際の所得はどうしても低くなりがち

である。タイでは，現在，最低賃金が1日300バーツだが，ミャンマー人労働者の平均は約240バーツと2割方安い。したがって，所得増加のインパクトは小さめにならざるを得ない。外貨収入に至っては，これまでほとんど貢献していない。送金がほとんどすべてHundiという非公式の送金チャネルによっているため（タイバーツで送金を依頼すると，ミャンマーの留守家族がチャットで受け取る方式のため）外貨は本国には流れない。

送金が投資や貯蓄に向かうかという点について言うと，すでにみたように，タイへのミャンマー人移民の送金のほとんどが日常の生活費の補てんに充てられており，貯蓄や投資に回る部分がきわめて少ない。また，タイへの出稼ぎ労働者の大半が単純労働の未熟練労働者であるため，タイで学ぶ技術やノウハウはどちらかと言うと，マイナーなものに過ぎない。しかし，タイでの約300万人の雇用は，ミャンマーにおける広範な失業の緩和と言う意味では効果は極めて大きい。

いずれにしても，ミャンマー政府はミャンマー人移民から期待できるベネフィットを極大化する政策を採用することが重要である。まず，タイやマレーシアに不正規な形で出ている移民労働者を正規の形で，しかも低コストで送りだすことが重要である。また，銀行送金の利便性を高め，コストを下げることで非公式の送金チャネルへの依存を減らすことである。移民労働者の所得への課税はようやく廃止されたが，むしろ，出稼ぎ送金や帰国労働者のインセンティブを高める一種の優遇策も積極的に検討すべきである。

(2) 移民のコスト

移民のコストは，一般に，出稼ぎ労働者の出発前および渡航中のコスト，出先国での滞在中のコストと帰国の際のコストが第1にあげられる。2つ目のコストは「頭脳流出」である。

まず，「頭脳流出」について言えば，医師，看護師，放射線技師などの医療関係技術者，機械などのエンジニア，IT技術者などがミャンマーから米国，英国，シンガポールなど世界中に流出しているため，ミャンマーにおいて，これらの人材が払底している。このため，例えば，外国の病院がミャンマーに進出する際，これらの医療関係技術者の確保が容易なことではない。製造業の分

野においても，ITの分野においてもそれは同様で，外資系企業だけでなく，ミャンマーの現地企業も同様の人材不足に頭を悩ませている。政府は，これらの不足している人材の供給を増やそうとしているが，仮に，供給を増やすことができても，「頭脳流出」が増える結果になろう。おのずと，ミャンマーでのこれらの技術者の給与は高騰せざるを得ない。しかし，タイへの移民労働者の出稼ぎに関して言うと，その大半が3Dの単純労働に従事しているため，「頭脳流出」はほとんど問題とならない。

　ミャンマーの出稼ぎ労働者の出発前，渡航中および滞在中のコストと帰国の際のコストは，通常の途上国と比べると，高コストでリスクも高い。不法出国，不法滞在のため，ミャンマーの労働者とタイの雇用主をつなぐ民間のエージェントに法外な値段を払わざるを得ないためである。渡航も，違法出国のため，陸路で国境を超える際，さまざまなリスクに直面することが多い。両国の官憲や暴力団にゆすられたりすることもある。2008年4月には，ミャンマー人移民労働者54名がタイへ向かうトラックの中で窒息死した事件もあった。

　空路での正規の出入国とタイやマレーシアでの合法的なステイタスが得られれば，基本的に移民のコストを下げることが可能になろう。

(3) 結論

　雇用機会とより高い収入を求め，またより良い教育の機会を求め，90年代半ば以降，若者が国外に出るようになり，その流れがより太い流れとなって現在に至っている。しかし，日本，韓国，シンガポールなどの先進国への移民は，多くが合法で問題は比較的少ないが，とりわけ，タイでは，国内の労働力がひっ迫し，ミャンマー人労働力を必要としているにもかかわらず，タイ政府が単純労働者の移民を認めなかったため，不法で入国し，タイで働くミャンマー人労働者が後を絶たず，約300万人と言う大量のミャンマー人移民のストックをタイは抱えることとなった。

　彼らは不法であるがゆえに，タイで差別や虐待などの人権侵害を受けているにもかかわらず，ミャンマーの軍事政権は，いったん国外に出た移民労働者を，反体制で，あたかも「国を捨てた国民」とみなすかのように，彼らを保護したり支援をするようなことは一切なかった。しかし，タイへのミャンマー人

移民労働者をめぐる環境はここ数年で大きく変わりつつある。タイがようやく不法滞在労働者の合法化に本腰を入れて取り組み始めた。また，ミャンマー政府も 2009 年以降，タイにいるミャンマー人移民の保護という方向に舵を切り始めた。ミャンマー人移民をミャンマーの経済発展に利用するという現実的な視点も政府は持つようになったように見える。移民のコストを削減し，ベネフィットを極大化するための包括的な政策が今，ミャンマーに求められている。

〔江橋　正彦〕

参考文献
<日本語>
・伊藤路子（2010），「タイにおける移民労働者管理とその課題」，石田正美編『メコン地域　国境経済をみる』アジア経済研究所，2010 年 3 月。

<英語>
・Premjai Vungsiriphisal (2013), "The socio-economic of Myanmar migrant in Thailand and contribution to development in Myanmar", February 11, 2013.
・Hall, Andy (2012), "Myanmar and Migrant Workers Briefing and Recommendations", Mahidol Migration Center, Institute for Population and Social Research Mahidol University Thailand, April 2012.
・Aree Jampaklay, Sirinan Kittisuksathit (2009), *Migrant Workers' Remittances: Cambodia, Lao PDR and Myanmar*, Institute for Population and Social Research, Mahidol University Thailand, 2009.
・Huguet, Jerrold W., Aphichat Chamratrithirong (2011), *Thailand Migration Report 2011*, IOM.
・*Assessing Potential Changes in the Migration patterns of Myanmar Migrants and their Impact on Thailand*, IOM, Dec.2013.

第 8 章

ベトナムにおける労働力輸出
～主な特徴とその経済的役割～

1. はじめに[1]

　本章では，ベトナムにおける労働力輸出の現状を概観する。まず，労働力輸出市場の特徴を考察し，次に，ベトナム人移住労働者の特徴とふるまいをベトナム家計生活水準調査 2008（VHLSS2008）のデータを用いて分析する。さらに，いくつかの政策的考察と将来に向けた研究課題を展望する。第 2 節では，労働市場の需要と供給の特性を含む労働者の輸出状況を明らかにする。第 3 節以降は，ベトナムの労働力輸出に関する主な特徴と現状の一般的な考察を行い，最後に，主要な結論と残された課題を提示する。

2. ベトナムの労働力輸出の現況

　様々な歴史的及び経済的理由で，現在，海外に 300 万人以上のベトナム人（人口の 3.5%）がいて，それらの内 80% が先進工業国で生活している。最近の 20 年間で，ベトナムは，開放政策をとり，世界経済へ統合される過程で，ベトナム人移住労働者の数が劇的に増加した。労働市場の世界経済への統合は，商品やサービスの市場よりも遅れていたが，毎年，海外で働く 5% のベトナム人労

---

[1] 本章は，Nguyen Duc Thanh および Hoang Thi Chinh Thon 著の英語論文 Labor Export in Vietnam: Major Characteristics and Its Economic Role（2013 年）を要約・編集したものである。

働者は，労働市場およびベトナム経済一般に，重要な影響を与えてきた。

若くて豊富な人口を抱える発展途上国として，ベトナムは国際市場に対して労働力を供給できる高い潜在力を持っている。その結果，国際的な市場統合の中で，ベトナムは国内の労働市場の供給過剰の緩和と貧困削減を促進するために労働力を輸出する戦略を追求している。したがって，2000年以降，相当な数のベトナム人労働者が海外で働いている（図表8-1）。

さきのグローバル金融危機は，ベトナムの労働力輸出市場に対して実質的な影響を与えた。経済的停滞は，海外での労働期間を短縮させる一方，移住労働者の流れを止めたり停滞させたりした。その結果，経済へ著しい影響を与えると同時に個々の家計の福祉へも影響を与えた。

(1) 移住労働者の定義

移住労働者とは，どんな種類であれ市民権が与えられない国において長期契約に基づき雇用されている労働者である。

海外労働管理局（DOLAB）によると，移住労働者は以下を含む。
- ベトナム人労働者を海外に派遣するサービスや機能を持つ民間企業や認可された行政機関に受け入れられた人。

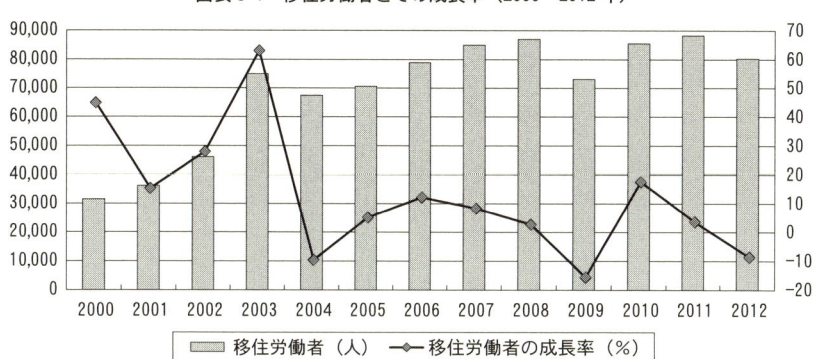

図表8-1 移住労働者とその成長率（2000～2012年）

注：2012年のデータはDepartment of Overseas Laborによる推定。
出所：Department of Overseas Labor, Ministry of Labour, Invalids and Social Affairsより筆者作成。

・スキルの向上や経験（90日間以上）を積むためにインターンシップに参加し海外で働いている人。
・海外で落札・請負による事業を行うベトナム企業で働いている人。または，海外投資を行う個人や企業の下で働く人。
・個人契約の下で働く人。

ほとんどの移住労働者は，ベトナム人労働者を海外に派遣するサービスや機能を持つ民間企業や認可された行政機関に受け入れられた人である（領事部2011）。

(2) 移住労働者の特徴

1980年代以降，ベトナムは社会主義国間の協定に基づき，東欧市場へ労働者を送り出していたが，2000年以降，この種の活動は，市場の求めに応じるだけであった。ほとんどのベトナム人労働者の行先は，台湾，マレーシア，韓国，および日本である。さらに，その他の行先として2つ挙げると，規模は小さいが中東と北部アフリカがある。海外労働管理局（DOLAB）によると，主要な受け入れ国の認可された企業や政府機関によって2011年の終わりまで実行された長期労働契約の下における労働者の数は次の通りであった。台湾へ9万人，マレーシアへ8万8000人，韓国へ6万3000人，日本へ1万8000人。アフリカ，中東，ヨーロッパ，アメリカ，およびオセアニアのようなその他の受け入れ国や地域へのベトナム人労働者の数ははるかに少なかった。海外で落札・請負による事業を行う企業，海外投資を行うベトナム人個人や企業，または個人契約の下で働く労働者の数は，何万人にも達し，ラオス（1万500），キプロス（9200），マカオ（5300），アンゴラ（7800），ロシア共和国とチェコ共和国（それぞれ5000），カンボジア（3200），中国（3000），モンゴル（200）に集中している。

次に，いくつかの側面から，ベトナム人移住労働者の特徴を考察する。

① 受け入れ国

図表8-2は，労働力輸出促進政策の実施後，2000年以降ベトナムの労働力輸出が徐々に拡大していることを示している。グローバル金融危機は2009年の労働力需要に影響を与えたが，需要増大傾向はすぐに回復した。

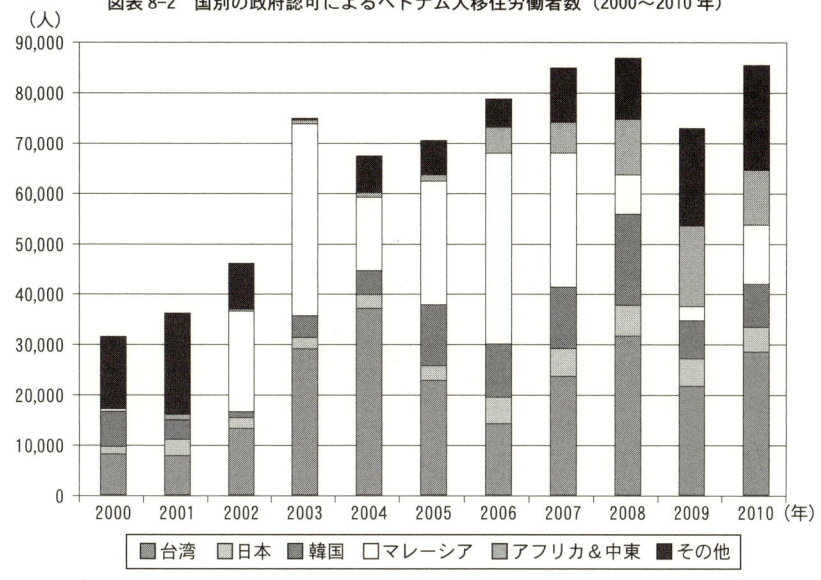

図表 8-2　国別の政府認可によるベトナム人移住労働者数（2000〜2010 年）

出所：Department of Overseas Labor, Ministry of Labour, Invalids and Social Affairs より筆者作成。

　受け入れ国で見ると，ベトナム人労働者は，台湾，マレーシア，韓国，および日本を含むいくつかのアジア市場に集中している。台湾では，概ね，総移住労働者のおよそ 20〜30％を占めている。ここで働いているベトナム人の数は 2004 年と 2008 年に頂点に達した。他の注目すべき市場はマレーシアである。
　2000 年と 2001 年において，この市場での労働者の数は，わずかであった（総出移住労働者の 1％未満）。しかしながら，2003 年と 2004 年には，この市場においてベトナム人移住労働者のブームとなった（総移住労働者の 50％）。翌年以降は低調であったが，この市場の移住労働者の数は，まだ 20％以上を占めており，総移住労働者のおよそ 50％に達した。2008〜2010 年の間に，移住労働者の割合はマレーシア市場で減少し，総移住労働者のおよそ 10％しか占めなかった。以上の 2 つの主要市場の他，韓国およびアフリカ・中東は，その他の重要市場であった。韓国市場と比較し，アフリカ・中東市場は，2006〜2007 年以来，新興成長市場となった。マレーシア市場の縮小にも関わ

らず，アフリカ・中東市場が 2009 年にピークとなったことで，ベトナムの労働力輸出の減少を回避できた。韓国への移住労働者の数は，急激に変動し，2007〜2008 年に 20％のピークに達したかと思えば，近年 10％まで減少した。規模は小さいが，日本市場では概ね 10％で安定していた。

受け入れ地域に関して，ベトナム人移住労働者は，アジア諸国で働くことが多かった。ここ北東アジアの市場は，2009〜2010 年の経済危機の間でさえ，常に安定していた。他方，東南アジアの市場は高い変動を示した（2002〜2006 年の劇的な成長の一方，2008〜2009 年の危機的な衰退）。中東市場は，2006 年以降かなり成長し，2009 年にピークに達している。アフリカ市場は，2008 年以降注目されるようになった。ヨーロッパ市場は，2002 年以降衰退したが，2007 年から回復している。アメリカやオセアニア市場は，多くのベトナム人移住労働者を引き付けることはなかった。

② 受け入れ地域におけるジェンダー

女性の移住労働者の比率は，年によって異なるが，30％強で比較的安定していた。34％以上の最も高い割合は，2003 年，2005 年および 2006 年に達成されている。女性の移住労働者の割合が比較的高くて安定した市場はアジア市場である。ここで，最も高い割合は 2001〜2005 年に北東アジア市場で確認された（約 50〜60％）。2006〜2010 年では，およそ 30〜40％でかなり安定していた。東南アジア市場では増加傾向が見られる。中東市場は，2006〜2010 年に成長し，それに伴い女性の移住労働者も成長した。しかしながら，シェアは未だ約 20％の低いレベルにあった。他の市場では，移住労働者，特に女性の労働者は，極端に低く変化が激しい。

③ 専門スキルと資格

専門スキルと資格の面から分類すると，最も高い割合は未熟練労働者であった（50％以上）。他のグループは，熟練労働者（20％以上）と大学の学位やそれ以上の資格を持つ労働者（1％未満）を含んでいた。未熟練労働者グループにおける女性労働者のシェアは変化がなかったが，熟練労働者グループにおけるシェアは減少した。そして，専門職グループの中の女性労働者の割合はかなり変動した。

しかしながら，未熟練グループから熟練グループや専門職グループへの移動

があり，未熟練労働者の比率は，2006年の76％強から2009〜2010年の50％強まで減少している。熟練労働者の比率は，2006年の23％強から2009〜2010年の40％強まで増加した。特に，2009年は，未熟練労働者の数が前年の5万人強から3万8000人強に減少したことが特徴的であった。未熟練労働者の減少は，移住労働者の総数が，2008年の8万7000人から2009年の7万3000人に減少した理由となっている。一方で，2009年以降，熟練及び専門職労働者の数は，常に維持・増加している。

専門スキルと資格の構造は，ベトナム人移住労働者の職業構造に著しい関係性を持っている。図表8-3は，ベトナム人移住労働者がしばしば製造業と家事セクターに集中していることを示している（70％強）。これらの職業で必要とされる専門性は低い（未熟練）。看護師は，訓練と資格を必要とすることか

図表8-3　職業別移住労働者（2000〜2007）

職業		2000−2001	2002−2003	2004−2005	2006−2007	合計
製造業	人	42,823	44,004	64,997	117,013	268,837
	％	63.28	36.33	47.09	71.4	54.79
建設業	人	4,387	15,525	2,439	16,159	38,510
	％	6.48	12.82	1.77	9.86	7.85
縫製業	人	3,428	4,339	2,380	2,592	12,739
	％	5.07	3.58	1.72	1.58	2.6
家事	人	7,087	39,238	53,954	15,855	116,134
	％	10.47	32.4	39.09	9.68	23.67
看護	人	169	537	662	1,094	2,462
	％	0.25	0.44	0.48	0.67	0.5
船員	人	2,199	2,272	2,282	2,917	9,670
	％	3.25	1.88	1.65	1.78	1.97
漁業	人	1,925	8,231	5,125	6,195	21,476
	％	2.84	6.8	3.71	3.78	4.38
その他	人	5,650	6,976	6,202	2,050	20,878
	％	8.35	5.76	4.49	1.25	4.25
合計	人	67,668	121,122	138,041	163,875	490,706

出所：Luu Van Hung (2011), p.155.

ら，最も少ない（1％未満）。製造業と家事セクターへの集中は，国際市場，特に発展途上国市場における景気変動に対して影響を受けやすく脅威となっている。

　領事部（2011）からのレポートによると，ベトナム人移住労働者の職業は，製造業，縫製業，エレクトロニクス，家事労働，看護師，船員などに集中している。これらの職業の割合は，受け入れ国によって異なっていると思われる。例えば，縫製業および家事セクターで働いている移住労働者は台湾でよく見られ，製造業セクターはマレーシアで，工業セクターは日本で，建設業セクターはアフリカなどで移住労働者に人気がある。移住労働者を引き付ける新しい受け入れ市場が存在するが，ほとんどのベトナム人労働者は，上級スキル，資格および外国語の能力が不足しているため，新市場に参加できないでいる。

④　移住労働者の出身地域

　海外労働管理局のデータによると移住労働者が最も多い地域は，北中部（常に30％以上）で，2番目に多い地域は，紅河デルタ（およそ30％）であった。最も移住労働者が少ない地域は，中央高原（2％未満）であった。移住労働者の仲介を認可された事業所数をデータで確認すると，2006〜2010年において紅河デルタ（特にハノイ）が常に最も多い事業所数（50％から60％）を誇っている。次は，南東部（特にホーチミン市）の約20％であった。北中部と中部は9％未満であった。したがって，移住労働者の大多数が，移住労働者の仲介を認可された事業所を最も多く持つ地域に集中しているわけではない。移住労働者の数は，むしろ供給サイド（海外で働くことによって生じる感情的な不安や生活リスクなどの機会費用を受け入れてまで生活水準の改善，スキル向上，経験，および知識獲得を求める欲求）と需要サイド（雇用主から要求される条件と従業員の能力）の両方に依存する。

　ベトナム人移住労働者からの年間送金額の絶対値は，時間とともに，10億ドルから約20億ドルへ増加した。しかしながら，輸出総額に対するその比率は減少傾向があった。これは，商品輸出の拡大が労働力輸出の拡大を上回っていることを示唆している。

　地方において，移住労働者1人当りの送金額は，3000万ドンから1億ドンとさまざまである。それらは家族の生活水準向上と自分たちの将来における仕

事上の重要な資金源となっている。

⑤ 移住労働者の帰還に関する問題点

　労働契約の満了に伴い帰還する移住労働者の数は，2007年に底を打って2009年にピークに達した。2007年は最も多い移住労働者数を誇る年の1つである一方，2009年は2008年のグローバル金融危機の影響で，移住労働者の数が激減した年であることが分かった。受け入れ地域に関して上記と同じような分析をしたところ，移住労働者が労働契約を満了した地域は，北東アジアと東南アジアがほとんどであった（約90％）。2009年に，他の市場と比べて，これら2つの市場では，新しい移住労働者の数は劇的に増加した。それにもかかわらず，労働契約を満了した移住労働者の数も最も多かった。労働契約を満了する年間の移住労働者の数は，新しい移住労働者の数の約30％であった。しかしながら，2009年と2010年には，この数は50％に上昇した。

　帰還する移住労働者の数を正確に把握するためには，労働契約が満期を迎える前に帰国する移住労働者の数を考えなければならない。統計によると2008～2009年に，契約満了する前に帰還する移住労働者の数が約1万人あり，その数は帰還する移住労働者数をそれぞれの年で約4万1千人（2008）と約5万1千人（2009）に押し上げていることが示されている。2008年と2009年において，契約満了前に帰還する移住労働者が，ほとんど台湾とマレーシアからであった。しかしながら，台湾からの契約満了前の帰還移住労働者の数は5千人強（2008）から3千人強（2009）まで減少した。一方，マレーシアからは，約2千人（2008）から3千人強（2009）まで増加した。中東市場では，この数は約1千人（2008）から約2千人（2009）に増加した。契約満了前の帰還移住労働者の数は，労災事故，法令違反および契約不履行にあった人と相関している。台湾とマレーシアでは，最も多い労災事故が発生し（数年間で約300件），さらに，台湾，韓国およびマレーシアでは，最も高い契約不履行が発生した。

⑥ 移住労働者の動機

　労働者が海外で働く動機について，研究者によって2つの理由が示されている。第一は，経済的理由によるものである。より高い収入の仕事を求める目的は，家族と自らがより良い生活を送りたいためであり，そのために多くのベトナム人労働者が海外へ出ている。第二の理由は，外国で働いた後，より高いス

キル，経験，外国語能力を身につけ，また社会的知識も蓄積し，自らが，家族や社会の重要な働き手になれることを期待しているためである。これらの2つの理由の中で，最初の理由が最も多く，ベトナム人移住労働者の第1の動機になっている。「生活水準と社会福祉などの不均衡は，ベトナムから他国への労働者の移動を助長することになった。ベトナムは発展途上国であり，人口8600万人，世界で13番目，東南アジアで3番目の人口規模を誇っている。労働力人口のおよそ75％は農村地域に住んでおり，その結果，大部分はスキルを持っていない。雇用情勢が厳しい中，賃金は低い。毎年，ベトナムはおよそ171万の新規雇用を必要とするが，国家の雇用創出プログラムではこの要請を満たすことができない。ベトナムは，若い人口構造を持ち労働力面からそれ自体は利点であるが，より多くの雇用創出や収入安定への希求があり，今でも非常に大きな課題である」（領事部 2011）。しかし，第2の理由は，当初は，ベトナム政府の政策的動機として，1980年代の初めに，労働者を海外へ送り出していた。その後，政府は，雇用問題として，生活水準を改善し，外貨獲得源を増やすために，海外へ労働者を送ることに焦点を移した。領事部（2011）のレポートによると，ベトナム人移住労働者の収入は極めて安定しており，ベトナムにおける彼らと同じ職業や能力で，収入が2倍や3倍となったと報告している。生活費を除いた労働者の所得は，マレーシアのような未熟練労働者を使っている国では，月に2〜300万ドン，そして，アラブ首長国連邦のような中所得市場では，月に6〜700万ドンであった。韓国と日本では，収入は高く，月に1500〜2000万ドンであった。

　労働力人口に算入される年間人数が，実際に就労できた人数よりはるかに大きかったことが観察されている（移住労働者の数を含む）。これら労働力人口と就業人口のギャップは，はじめは小さかったが，近年拡大した。この事実は，労働者が海外の仕事を求める誘因を形成している。ベトナム人労働者にとって，より高い収入が海外での仕事の動機である一方，ベトナムで就労した場合の平均所得は2011年で310.5万ドンであった（150ドル相当）（GSO 2012；2011年の労働力調査）。図表8-4は，海外で就労した場合に，ホスト国ごとに，平均所得水準が異なることを示している。

第8章 ベトナムにおける労働力輸出　155

図表8-4　国別移住労働者の平均所得（1996～2006）　　（単位：米ドル）

	日本	韓国	台湾	マレーシア
製造業	500-650	450-500	300-350	120-150
水運業	850-950	850-950	300-350	—
建設業	500-650	500-520	300-330	150-170
漁業	—	200-300	180-220	—
看護，家事	—	—	280-320	—
農業，サービス	—	—	—	150-170

出所：Lun Van Hung (2011), p.319.

3. 移住労働者の特徴：ベトナム家計生活水準調査（VHLSS2008）に基づく分析

　この節では，ベトナム家計生活水準調査（VHLSS2008）の詳細データに基づき，ベトナムの移住労働者の量的な概観をスケッチし，この期間の移住労働者の特徴を分析する。

(1) 国内外の移住労働者の実態

　VHLSS2008には，就労のために世帯から移動した家族の調査を行ったセクションがある（就労のために少なくとも3カ月移住）。調査された9189世帯の中で，10.78％の世帯は，故郷から遠く離れて就労する家族を持っている。故郷から遠く離れて就労しているが世帯予算を共有していない家族は，調査票のセクション1aにおいて世帯家族数に含まれていない。セクション1aは調査対象者3万8253人から成り，そしてセクション1c（故郷から遠く離れて就労している人数調査）は1404人から成る。セクション1cの記述統計には，5歳未満の6人の子供がふくまれていたが，再調査後，就労せず送金もないことから，我々はこれらをサンプルから除外した。したがって，このサンプルは，少なくとも13歳以上の1398の観測数を含んでいる。さらに，故郷から遠く離れて就労する人は3.5％を占め，その内，88.35％は国内移住労働者数であり，

11.35％は海外移住労働者数である。

　セクション1cで調査された故郷から遠く離れて就労する家族の特徴は，図表8-5で示されている。

　移住労働者[2]の大部分が30歳以下である（ベトナム：87.12％，海外：65.38％）。したがって，故郷から遠く離れて就労するのは，より高い収入が唯一の

図表8-5　ベトナムおよび海外の移住労働者の割合（2008年）　　（単位：％）

	全体サンプル	ベトナム	海外
全体	100	88.65	11.35
性別			
男	59.32	57.96	69.88
女	40.68	42.04	30.12
民族			
キン	90.9	91.01	90.01
その他少数民族	9.1	8.99	9.99
エリア			
地方	90.58	91.7	81.88
都市	9.42	8.3	18.12
地域			
紅河デルタ	19.94	17.78	36.82
北東部	10.68	9.76	17.84
北西部	1.13	0.78	3.85
北中部	26.02	25.3	31.64
南中部コースト	8.31	9.24	-
中部高原	2.51	2.83	1.02
南東部	3.54	3.72	2.16
メコンデルタ	27.88	30.59	6.68

	全体サンプル	ベトナム	海外
貧困と非貧困（貧困ライン）			
貧困世帯	7.67	7.84	6.35
非貧困世帯	92.33	92.16	93.65
年齢			
移住労働者の平均	25.14	24.63	29.08
最年長	77	77	56
最年少	13	13	16
30歳以下	84.65	87.12	65.38
30歳超	15.35	12.88	34.62
職業			
中・高熟練専門職	6.97	7.26	4.74
製造業における技術職工，技術者，熟練工と農業における熟練労働者	47.69	46.6	56.2
未熟練労働者	32.87	32.97	32.04
その他	12.47	13.17	7.01
世帯主との関係			
子供	87.68	90.49	65.76
配偶者	6.64	3.83	28.61
その他	5.68	5.68	5.63
世帯主の職業			
農林水産業	63.74	64.85	55.1
その他	36.26	35.15	44.9

出所：VHLSS 2008より筆者作成。

2　訳者注：英語原文では「故郷から遠く離れて就労する人々（persons working far from home）」と随所に表現されているが，冗長なため，以降文脈に影響を与えない限り「移住労働者」と表現する。

目的ではなく，若者の仕事の熟達や働き方を学ぶことを目的として，情報，知識，そして生活スキルを獲得するためでもある。世帯主の子供が移住労働者の大部分を占めていることから，この主張が支持される（90％以上がベトナムで，65.76％が海外で働いている）。また，海外への移住労働者全体の 28.61％が世帯主の配偶者であることも特筆すべきことである。この数字で，前節で与えられた，人々が海外で働くことに駆り立てられる理由は主に生活水準の飛躍的改善や所得の大きな違いにあるというもう1つの仮説を部分的に確認することができる。

労働力の最も強い流出は，地方で発生しており，そこでは，移住労働者の割合は90％以上である。国内移住を除いた海外移住に限定しても，80％以上が地方からである（約20％が都市部から）。主な地域に関して，トップ2の地域は，メコンデルタ（27.88％）と北中部（26.02％）である。しかし，海外で就労している人々に限ると，トップ2には紅河デルタ（36.82％）と北中部（31.64％）が含まれる。貧困世帯からの移住労働者の割合は，7.84％（国内）と6.35％（海外）である。全体サンプルに対し貧困世帯を調査した研究による結果の2.64％（Nguyen and Hoang 2012）と比較すると，非常に顕著である。

また，前節で，2009年に特に様々な市場や地域全般で，就労人数に突然の変動があった背後の理由として，移住労働者がどのような専門性をもっているかという構造にあることに言及した。上の表で見られるように，移住労働者のほとんどは，未熟練や熟練労働者（約90％を占める）で，中・高熟練のハイレベルな専門職は海外移住労働者では5％未満である。グローバル金融危機の影響で，2009年にホスト国での製造業が縮小したこともあり，そこで働く未熟練や低熟練の労働者は，影響を受けやすかったと言える。

世帯主が農業セクターで働いている世帯からの移住労働者の数は，世帯主が他のセクターで働いている世帯からの移住労働者の数を上回っている。これは，家族が海外へ移住労働している世帯に限っても同じである。この事実は，経済構造の変化に適合するように労働力が農業から移動する傾向を明らかにしている。また，それは農業セクターの労働市場における著しい供給過剰を示唆している。

(2) 移住労働の費用と送金

以降，いくつかの表で，家族が移住労働により仕事を得るために世帯が負担した費用と移住労働者による世帯への送金の影響を分析することにする。

図表 8-6 は，全ての世帯が移住労働する家族の現在の仕事のために前払いで費用を請求され負担したわけではないことを示している。平均的に，移住労働者で，現在の仕事を得るために，前払い手数料をカバーする目的で家族からお金を手当した人の割合は，17.31％である。さらに移住先別に世帯が負担した人の割合の内訳を見ると，ベトナムで16.26％，海外で25.47％である。また，この表では，移住労働するが送金をしていない人々についても注目する。これには多くの理由があるかもしれない。第一に，送金するにはあまりにも収入が低い。第二に，世帯がこれらの人々の収入からの送金を必要としていない。第一の仮説は，労働力輸出管理に警告を与えるような論点に関連するかもしれない。多くの移住労働者は，詐欺や虐待の犠牲者であり，そして，彼らの家族は債務負担を背負わなければならなかった (Pham, T. G et al 2012)。一般に，世帯が労働力輸出のために前払いしなければならない費用は，ベトナムで働くためのそれよりはるかに大きい。家族が平均手数料よりも多く支払ったにも関わらず，その費用を埋め合わせするほど送金を受け取っていない世帯の移住労働者，特に海外で働く労働者は，家に仕送りしなかったことに関して気まずい感情を持っている。費用は，普通，非常に高く，銀行ローン（労働力輸出を加速させる優先信用政策の後押しを受けて）や親類から融通されている。平均から外れた例は，家へ送金していない移住労働者がより多くの仲介業者を通したに違いないこと，もしくは，情報入手が十分でなかったこと，あるいは，能力やスキル不足により海外へ行けるチャンスが平均以下であったことを示唆している。したがって，仕事と引き換えに，世帯は，送金を受け取るにしても平均以上に手数料を支払わざるを得なかった。したがって，より重い財政負担を，経済的苦難から脱却できると期待している家族に背負わせていることになる。

移住労働者からの送金に関し，家に仕送りする人々は，70％（ベトナムで就労）と80％以上（海外で就労）であった（図表 8-7）。また，世帯からの資金援助なしで現在の仕事を得た移住労働者についても触れてみよう。移住労働者

図表 8-6　移住労働のために世帯が負担した費用

(単位：千ベトナムドン)

	全体サンプル 合計	全体サンプル 送金未受領	ベトナムで就労 合計	ベトナムで就労 送金未受領	海外で就労 合計	海外で就労 送金未受領
平均費用	2,186.69	2,508.77	784.06	1,103.29	13,136.86	20,651.66
請求されていない割合（%）	82.69	78.27	83.74	79.22	74.53	66
請求された割合（%）	17.31	21.73	16.26	20.78	25.47	34
性別						
男	2,553.24	3,008.07	912.68	1,218.26	13,176.29	22,038.85
女	1,652.27	1,750.67	606.71	935.23	13,045.36	17,069.33
民族						
キン	2,176.39		766.53	1,140.30	13,306.07	19,597.16
その他少数民族	2,289.52		961.55	815.74	11,613.07	24,449.77
エリア						
地方	2,108.71	2,273.68	736.01	1,019.82	14,109.99	21,324.24
都市	2,936.91	3,931.53	1,314.80	1,650.16	8,739.05	18,765.81
地域						
紅河デルタ	4,345.68		1,607.24		14,669.46	38,886.23
北東部	2,981.68		985.18		11,512.88	35,693.43
北西部	4,948.32		4,597.49		5,506.85	0.00
北中部	2,281.86		408.58		13,974.49	7,320.01
南中部コースト	794.42		805.68		0.00	-
中部高原	399.28		399.28		-	-
南東部	1,361.50		1,462.75		0.00	0.00
メコンデルタ	817.24		400.68		15,711.00	0.00
貧困と非貧困（貧困ライン）						
貧困世帯	1,171.06	2,219.87	412.86	560.28	8,478.45	22,539.73
非貧困世帯	2,271.06	2,539.62	815.63	1,161.03	13,452.72	20,438.76
年齢						
30歳以下	1,980.11	1,831.81	655.74	965.58	15,756.80	16,657.86
30歳超	3,326.10	7,699.07	1,652.03	2,350.02	8,188.62	29,106.67
職業						
中・高熟練専門職	910.30	1,266.44	825.11	1,340.87	1,928.67	
製造業における技術職工，技術者，熟練工と農業における熟練労働者	2,377.45	2,851.01	707.72	988.46	13,185.33	27,433.46
未熟練労働者	2,245.59	2,965.96	644.12	798.52	15,110.66	22,082.90
その他	2,015.55	1,703.00	1,381.93	1,756.67	11,304.72	-
世帯主との関係						
子供	1,918.09	1,780.07	650.60	919.86	15,534.89	19,033.45
配偶者	7,201.49	22,066.82	4,320.46	8,814.15	10,210.58	37,618.74
その他	467.57	765.65	526.92	873.23	0.00	0.00
世帯主の職業						
農林水産業	1,696.54	1,981.63	575.59	641.03	11,995.04	18,875.02
その他	3,048.28	3,254.81	1,168.60	1,754.75	14,538.22	23,307.85

出所：VHLSS 2008 より筆者作成。

図表 8-7 移住労働者からの送金額

(単位：千ベトナムドン)

	全体サンプル 合計	全体サンプル 前払請求なし	ベトナムで就労 合計	ベトナムで就労 前払請求なし	海外で就労 合計	海外で就労 前払請求なし
平均送金額	8,379.68	8,600.98	4,072.77	4,235.20	42,003.15	46,897.12
送金なしの割合（％）	27.06	25.61	28.33	26.80	17.13	15.17
送金ありの割合（％）	72.94	74.39	71.67	73.20	82.87	84.83
性別						
男	10,366.48	10,724.00	4,397.91	4,560.95	49,014.57	56,098.86
女	5,482.99	5,544.32	3,624.46	3,787.59	25,734.64	26,454.96
民族						
キン	8,831.26	8,978.42	4,223.53	4,349.59	45,205.38	50,515.96
その他少数民族	3,870.31	4,099.25	2,546.25	2,829.15	13,166.44	12,828.06
エリア						
地方	7,191.90	7,149.96	3,919.91	4,062.01	35,798.39	37,417.49
都市	19,806.20	22,621.85	5,761.21	6,125.50	70,043.87	90,027.49
地域						
紅河デルタ	17,198.22	18,149.97	5,952.21	5,948.48	59,595.20	71,332.33
北東部	9,560.56	11,775.84	4,420.82	5,336.90	31,523.07	38,765.97
北西部	14,561.59	11,776.79	5,516.25	5,054.34	28,961.63	22,049.43
北中部	5,769.63	5,004.14	2,716.77	2,748.13	24,824.95	20,507.37
南中部コースト	3,580.76	3,976.61	3,285.90	3,629.47	24,388.06	24,388.06
中部高原	3,676.12	3,535.44	3,676.12	3,535.44	-	-
南東部	17,016.07	19,335.26	3,631.67	4,036.68	196,992.30	196,992.30
メコンデルタ	4,559.23	4,409.47	4,281.70	4,335.54	14,482.37	7,663.30
貧困と非貧困（貧困ライン）						
貧困世帯	3,482.29	3,672.45	2,790.33	3,102.79	10,151.26	10,083.29
非貧困世帯	8,786.51	8,990.25	4,181.85	4,326.88	44,162.86	49,179.38
年齢						
30 歳以下	6,583.69	6,568.42	3,613.26	3,812.01	37,483.46	39,035.59
30 歳超	18,285.30	19,454.77	7,180.90	6,943.61	50,539.41	61,123.53
職業						
中・高熟練専門職	6,520.79	6,942.99	5,361.42	6,063.71	20,381.01	19,188.44
製造業における技術職工，技術者，熟練工と農業における熟練労働者	9,070.86	9,360.14	3,701.63	3,838.67	43,823.58	49,440.73
未熟練労働者	7,075.95	6,990.06	3,989.82	3,971.81	31,867.69	33,579.15
その他	10,211.86	11,172.34	4,882.74	5,266.73	88,339.55	116,302.90
世帯主との関係						
子供	6,950.67	6,978.82	3,803.91	4,008.24	40,756.79	43,086.13
配偶者	31,266.64	36,530.33	12,643.28	12,122.21	50,717.79	65,862.89
その他	3,671.52	3,984.61	2,580.66	2,700.40	12,268.34	12,268.34
世帯主の職業						
農林水産業	6,578.83	6,648.10	3,837.29	4,049.30	31,766.12	33,380.31
その他	11,545.24	12,127.32	4,507.14	4,585.70	54,567.15	63,907.85

出所：VHLSS 2008 より筆者作成。

が資金援助を必要としなかった理由はさまざまである。費用が低かった，故郷から遠く離れて就労する人々が財政的に世帯から独立していた。もしくは財政的理由で故郷から遠く離れて就労する人を支援できなかったかもしれない。一般に，海外で働いている人々による送金は，ベトナムで働いている人々からよりはるかに大きい。世帯から資金援助なしで移住労働する人々が平均より多く送金していることは注目に値する。この事実は，彼らの収入が平均以上であるかもしれないことを示唆している。また，それは，彼らの仕事が低費用で，かつ収入が多かったのか，または彼らが最初から財政的に世帯から独立していることを示唆している。彼らの多くは，熟練した高スキル労働者であるか，または，現在の仕事に非常に経験豊富であると結論付けることができる。

　図表8-8は，世帯の生活水準への送金のインパクトをより詳細に説明している。本章は，インパクトを評価するために1人当り所得の評価基準を使用する。Dang, N.A et al（2011）は，調査の中で，家にいる家族が故郷から遠く離れて就労する家族に頼っているか否かを質問している。また，この表はその問題を改めて取り上げている。1人当り所得の2つの数値を比較しているが，1つはVHLSS2008に示された数値で，もう1つは送金を除いた数値である。結果は，送金は世帯の収入と生活水準の向上に重要な役割を果たしており，特に海外に移住労働者がいる世帯がそうである。送金を含んでいる数値は，送金を含まない数値をはるかに上回っている。また，結果は図表8-8のすべてのクラスタで真実である。少数民族，地方，北東，北西，そして北中部地域，貧困，そのような条件下にある世帯や海外への出稼ぎ者を1人以上持つ世帯は，送金なしでは，極端に1人当り所得が低い。これらのグループでは，海外での就労者への依存度合が非常に高い。ということは，故郷にいる世帯の家族は怠惰で，海外移住労働者に依存しているという仮説は否定できないことになる。

(3) 移住労働のその他の要因

　次に，故郷から遠く離れて就労する世帯に関係する分析のためのデータを図表8-9で示す。図表8-9の結果から，依存比率（労働年齢でない人々の比率）は，特に15歳未満の人々の数において，選択されたクラスタで大いに異なる

図表 8-8　移住労働者から送金を受け取る／受け取らない場合の 1 人当り月額平均所得

(単位：千ベトナムドン)

	全体サンプル		国内および海外		国内のみ		海外のみ	
平均 (%)	100.00		1.73		85.46		12.82	
送金受け取り (%)	74.94		61.32		73.42		86.88	
	送金なし	送金あり	送金なし	送金あり	送金なし	送金あり	送金なし	送金あり
平均所得	763.85	1,037.48	1,626.41	2,518.87	775.89	892.51	567.46	1,804.71
民族								
キン	785.48	1,075.22	1,692.22	2,658.41	794.11	916.62	606.36	1,932.75
その他少数民族	556.83	676.42	1,097.21	1,396.76	598.35	657.60	227.47	685.75
エリア								
地方	699.99	919.83	1,398.59	2,283.96	725.61	832.70	402.38	1,356.38
都市	1,244.26	1,922.57	4,181.96*	5,154.00*	1,199.27	1,396.17	1,241.51	3,635.36
地域								
紅河デルタ	852.39	1,252.24	1,136.30	2,501.00	924.54	996.20	576.48	1,880.55
北東部	747.63	1,045.75	2,590.67*	2,959.58*	778.37	853.90	336.25	1,466.81
北西部	258.96	855.28	-	-	638.23	734.68	-235.99	1,012.68
北中部	599.58	795.37	378.46	1,281.95	633.83	713.33	441.75	1,177.19
南中部コースト	823.56	948.40	-	-	774.31	888.42	3,362.19*	4,039.57*
中部高原	914.09	1,006.25	-	-	914.09	1,006.25	-	-
南東部	1,154.10	1,934.06	-	-	1,023.97	1,125.18	2,569.25*	10,730.14*
メコンデルタ	782.02	984.55	3,272.30*	3,513.96*	748.63	942.97	1,082.24	1,604.28
貧困と非貧困（貧困ライン）								
貧困世帯	298.16	380.58	-	-	296.89	350.91	306.99	597.91
非貧困世帯	806.87	1,098.17	1,626.41	2,518.87	821.57	944.16	589.88	1,908.58
世帯主の職業								
農林水産業	675.54	877.52	518.03	1,368.96	691.08	803.47	574.53	1,389.46
その他	909.54	1,301.41	2,655.16	3,586.18	924.17	1,048.19	558.77	2,314.94
移住労働者の数								
1 人	788.73	1,068.01	-	-	828.98	918.46	584.95	1,825.40
1 人超	708.71	969.81	1,626.41	2,518.87	666.46	839.01	430.67	1,642.96

注：*これらの数値は，調査から入手可能な 1～2 回の観測結果に基づき計算しているため，他の統計からの数値と異なっている可能性がある。
出所：VHLSS 2008 より筆者作成。

図表 8-9　移住労働のその他の決定要因

	移住労働者がいない世帯	移住労働者がいる世帯	移住労働者がいる世帯（国内）	移住労働者がいる世帯（海外）
世帯数	4.18	6.01	5.04	4.72
被扶養人数（％）	36.97	15.4	22.33	27.14
15歳以上（％）	79.44	92.81	88.5	82.76
生産年齢人数（％）	63.02	84.6	77.5	72.86
被扶養人数（15歳未満）（％）	20.56	7.19	11.34	17.24
生産年齢で失業人数（％）	17.32	8.61	10.77	13.38
15歳以上の失業人数（％）	23.77	14.14	14.44	18.35
生産年齢で就業人数（％）	82.67	91.39	89.23	86.62
15歳以上の就労人数（％）	76.23	85.86	85.56	81.64

注：統計には移住労働者を含む。
出所：VHLSS 2008 より筆者作成。

ことがわかる。誰も出稼ぎに出ていない世帯における依存数値は非常に高く36％（15歳未満の人々は20％）である。ベトナム国内での移住労働者や海外の移住労働者を持つ世帯は，最も低い比率で，それぞれ15％と7％である。特に15歳未満の人々の比率におけるこのはっきりした違いは，大人は幼い子供の面倒を見るために地元で働く傾向を反映している。しかしながら，労働力輸出を行っているクラスタ（海外）とベトナムで就労しているクラスタ及びどちらも含むクラスタの依存比率を比較したところ，外国への移住労働の決定が生活水準向上への衝動のためであることが示唆される。この圧力のために，多くの人々が，子供と一緒にいて，成人期まで養育するという機会を犠牲にしても構わないと思っている。労働年齢で15歳を超えた人々の人数は，移住労働者がいる世帯のクラスタが高く，また，移住労働を決断する圧力を労働年齢で15歳を超えた人々の中に生じさせていることを示唆している。就業者と失業者の数字は，移住労働者と非移住労働者との間で相対的に異なっている。これらの数字を比較すると，故郷から遠く離れて働く移住労働の決定は，世帯の中での働き手を増やし，失業を減らす効果があることを示している。また，家計の財政的な依存度を上げることも容易に推測できる。

4. おわりに

　労働力輸出はベトナム社会の社会経済生活にとって益々重要な役割を果たしている。労働力輸出市場の特徴に関する調査は，供給および需要面からもこの市場がとりわけ特定の地域，スキルレベルに集中していることを示している。つまり供給面から，労働力輸出の供給源は主に大都市からで，未熟練労働者が多くを占めていることが特徴的である。需要面から，ホスト市場はほとんど北東アジア（韓国，台湾，および日本）か東南アジア（マレーシア）に集中している。

　未だ十分研究されていない重要な研究課題として，労働力輸出による送出国の人的資本形成に与えるインパクト，受け入れ国の労働市場へのインパクト，それと特に労働力輸出市場と地域経済の変化という文脈での労働市場における潜在リスクが上げられる。しかし，近年，多くの研究と政策的関心は移住労働者による送金の役割に集中している。

　ベトナムの主な課題は，他の労働力輸出国と同様に，どのようにして送金の流れを長期投資に向けるかということである。送金は，新規投資や人的資本蓄積などの多くの領域での開発に貢献できる。この視点に関する問題を考える場合，ビジネス環境，マクロ経済の安定，ミクロレベルの市場要素の好条件を創出するための改善（ミクロ財政，地方の労働市場，農業部門から非農業部門への労働移動，新スキルの習得など）の重要性が浮き彫りになっている。

　ベトナムの労働力輸出に関して，さらに重要な課題は，移住労働者の規律である。移住労働者が海外に出た時に，契約や現地法律に従うことを保証するために，彼らの規律やスキルを高める必要がある。そのためには，労働力輸出前の派遣前訓練プログラムが必要である。海外で働いているベトナム人労働者は，近年，高い確率で，契約違反や現地の法律違反を起こす傾向がある。これは，ホスト国によるベトナム人労働者の質と安全性に対する信頼に深刻な影響を与える。また，これらの違反は，将来的に，ベトナムの労働力輸出市場を制

限することになり，労働力輸出の潜在力に悪影響を与えるかもしれない。

〔Nguyen Duc Thanh〕
〔翻訳：西　　晃〕

参考文献
＜英語＞
- Consular Department (2011), "Overviews on the migration of Vietnamese workers overseas", a report for 2011, downloaded online at http://www.iom.int.vn/ accessed on 20 February, 2013.
- Dang Nguyen Anh (2005), "Enhancing the Development Impact of Migrant Remittances and Diaspora: The Case of Viet Nam," *Asia-Pacific Population Journal*, 20, pp.111-122.
- Dang Nguyen Anh, *et al.* (2011), "Development impacts of international migration in Vietnam," Mimeo.
- Doan Minh Due, *et al.* (2011), *Vietnamese Migrant Workers, situations and solutions by 2020*, Encyclopedic Dictionary Press.
- GSO (2012), *Survey on labor and employment in Vietnam in 2011*.
- IMF (2010), "Vietnam: 2010 Article IV Consultation—Staff Report and Public Information Notice," *Country Report* No.10/281, the International Monetary Fund.
- Luu Van Hung (2011), *Exporting Vietnamese labor—In the era of renovation and integration*, Encyclopedic Dictionary Press, Hanoi 2011.
- Nguyen Duc Thanh and Hoang Thi Chinh Thon (2012), "Roles of international remittances in reducing poverty during economic crises: Vietnam's case," *Economic Research Journal*, November.
- Pham Duc Thanh (2001), A few issues on labor export", *Labor and Social Affairs Journal*, no. 50/2001.
- Pham Thanh Giang *et al.* (2012), "A survey on current situation and needs of return migrant workers", paper presented at the 10 Oct Conference by the Center for Research and Applications on Gender, Families, Females and Teenagers, Ha Noi, Vietnam. ("Khảo sát thực trạng và nhu cầu của người lao động trở về từ nước ngoài", Hội thảo công bố ngày 30/10 của Trung tâm Nghiên cứu và Ứng dụng Khoa học về Giới, Gia đình, Phụ nữ và Vị thành niên tại Hà Nội)
- Website of the Ministry of Labor, Invalids and Social Affairs, http://www.molisa.gov.vn/ accessed on 20 February, 2013.
- Website of The General Statistics Office, http://www.gso.gov.vn/ accessed on 20 February, 2013.

第Ⅲ部
国際間労働移動における受け入れ国の問題

第 9 章

日本の労働移民政策の現状と課題

1. はじめに

2008 年にピークを迎えた総人口は長期の減少過程にあり[1]，日本は本格的な少子高齢化時代に入っている。15 歳から 64 歳のいわゆる生産年齢人口（労働人口）も減少しつづけていることから[2]，経済界は，労働力の維持と向上のために労働移入の緩和と外国人労働者の雇用規制を政府に働きかけてきた。しかし，政府は非熟練（単純）労働者の受け入れや定着を前提とした移民には慎重な姿勢を長年維持してきた。

2014 年 6 月に安倍晋三政権が「アベノミクス」の第三の矢として発表した「成長戦略」[3] には外国人労働者の受け入れ拡大策が盛り込まれた。成長戦略とともに発表された経済財政運営・改革の基本方針には 50 年後も日本の人口を 1 億人に保つ目標が掲げられている。少子化に歯止めをかけても人口は減少することから，働き手の確保や自治体の維持のために，外国人の受け入れ拡大は避けられないと判断したようだ。

しかしながら，外国人労働者の増加による日本人労働者の雇用不安，外国人と日本人との間の文化的社会的な摩擦を懸念する声に加えて，外国人労働者の人権や社会保障，教育に対する政府の未熟な政策を根拠として，移入に慎重な意見は根強い。特に米国同時多発テロ以降，移民問題は国家安全保障問題と位置づけられ，先進国は労働移入の規制に動いている。日本も例外ではない。そ

---

[1] 総務省統計局 (2011)『平成 22 年国勢調査』による。
[2] 国立社会保障・人口問題研究所 (2012)『日本の将来推計人口（平成 24 年 1 月推計）』。
[3] 『「日本再興戦略」の改訂：改革に向けての 10 の挑戦』および『「日本再興戦略」改訂 2014：未来への挑戦』（ともに平成 26 年 6 月 24 日）を指す。

こで，安倍政権は国内の根強い懸念に配慮して，この度の拡大策は「移民政策ではなく，国民的コンセンサスを形成しつつ，総合的に検討」すると但し書きを添えている[4]。どの程度の規模で，どの労働分野に外国人労働者をより多く受け入れるのか，法整備はいつどうするのかなどの具体案は検討中である。

本章ではまず，日本の移民政策の推移を整理した後，外国人労働者の現状と特徴を統計資料から概観する。その後，外国人労働者の受け入れをめぐる議論と政府の基本的な考え方を示す。また，国際的な傾向と日本の政策について，技術をもつ労働者と入国が制限される労働者に分けて，それぞれの現状と問題点，政府の政策を明らかにする。そして最後に，岐路に立つ日本の労働移民政策の課題について指摘したい。

本章で依拠する日本在留の外国人に関する統計情報は，総務省統計局，法務省入国管理局，厚生労働省統計情報部等による。

2. 外国人移民政策の歴史的推移

国際移動の面での日本の純流出国から純流入国への変化は，国内の社会経済状況はもとより，グローバル化による世界的な移動者の増大が深く関連する。本節では，日本の移民推移の傾向と政策を4つの時期に分けて概観する。

(1) 門戸開放から管理政策へ（1854年～1950年代）

日本の鎖国期（1639～1854年）に移民政策は見られないが，その後，日本による台湾（1895～1945年）および朝鮮統治期（1910～45年）に，台湾，朝鮮人が強制労働のために来日した[5]。彼らの多くは終戦後に帰国したが，約60万人は残留したとされる（Okunishi 1995）。その後の平和条約（1952年）により，彼らは日本国籍を失い，外国人（aliens）と分類された。現在，1952年以前に朝鮮，中国および台湾からの移民と彼らの子孫は「オールドカマー

---

4 『「日本再興戦略」の改訂：改革に向けての10の挑戦』10頁。
5 1945年には約210万人の在日朝鮮人がいたとされる。出所：『日本の将来推計人口（平成24年1月推計）』2012年。

(old comers)」と呼ばれる。1952年の出入国管理法の制定により,移民受け入れの枠組みは整備された。

(2) 高度経済成長と移民政策（1960年代～1970年代）

1960年代～70年代は日本の高度経済成長期にあたり,労働力が不足した時期であったが,政府も産業界も働き手を海外からの労働者に求めなかった。外国人労働者に依存せずに国内で労働力を賄えた理由として,地方から大都市圏に多くの出稼ぎ労働者の移動があったこと,オートメーションなど労働節約的な技術革新がなされたこと,主婦や学生,年配者がパートタイマーとして労働したこと,長時間労働が可能だったことなどが挙げられる（Kondo 2002；Kondo, Kashiwazaki and Akaha 2006)。1960年代後半になると企業の海外への進出が始まったことで,産業界から,現地の日系企業の外国人社員を日本に受け入れて技術研修を行いたいとの要望がなされ,東京,大阪,愛知の都市圏の重化学工業地帯に外国人労働力が注入された。当時の出入国者数はともに30万人で,その大部分は朝鮮人と中国人であった。

(3) 国際化と移民政策（1980年代～1990年初頭）

1980年代の日本の経済成長は,中国や東南アジアから職を求めて来日した「ニューカマー（newcomers)」によって支えられた。移民仲介業者の増加も背景にある（駒井1997)。この時期の外国人労働者は,フィリピンやタイからの女性労働者（「興行」の在留資格),ベトナム,カンボジア,ラオスからの難民（1982年の「出入国管理および難民認定法｣),中国残留孤児,欧米からのビジネスマンであった。バブル経済期には,改正入管法によって,南米からの日系人,就学生と留学生（1983年の「留学生10万人受け入れ計画」による）の移入が増加した。特に1985年のプラザ合意後は,円高を背景にした産業界の大規模な海外投資によって,国内の製造業や建設業やサービス業が深刻な労働力不足に陥り,外国人労働者の需要が高まった（井口 2009)。しかし,非熟練労働者の雇用は認められないことから,経済界が政府に研修制度の必要を迫った結果,入管法は1990年に大幅に改正され,在留資格に「研修生」と「定住者」が新設された。南米からの日系2世および3世,難民は長期滞在者

として受け入れられ，後者には合法的な労働が認められた。これにより，1991年の外国人登録者数は前年比13％の増加率を記録した。しかし，多数の欧米ビジネスマンや語学教師が流入したことにより，資格外就労や超過滞在の不法就労者が増えた。

その後，バブル経済崩壊後の景気後退期に入国者は一時減少したが，登録外国人はなお微増を示した。日本企業の海外進出に伴う外国人の雇用，研修生・技能実習生と，国際結婚の増加がその要因として挙げられる。

(4) バブル経済崩壊後の移民政策（1990年初頭以降）

景気後退期においても登録外国人が増えた背景として，第一に，国際化に対応するために，経済界から政府に規制緩和の要請が高まり，入管法が外国人労働者の受け入れに方針転換したことが挙げられる。政府は，研修で一定水準以上の技術を修得した外国人には，研修を受けた機関（企業等）と雇用契約を結び，研修終了後も技術を実践的に修得できる「技能実習制度」を1993年に創設した。1997年には滞在期間の延長を行うなど同制度の拡充が図られている。第二に，産業構造が重厚長大でエネルギー多消費産業からハイテクで知識ベースの産業に変化したことや，市場の需要の変化に伴って大量生産から小規模・多品種生産に変化したことで，景気の調節弁としての臨時あるいは季節労働者の需要が高まったことが挙げられる（早瀬 2001）。第三に，日本人が敬遠する「3K（きつい，汚い，危険）」の職業に就く外国人特に就労規制のない日系人の需要も高まった。第四に，1997年のアジア通貨危機により，雇用の場を失った人々が日本の高い所得に誘引されて来日したとされている（早瀬 2001）。また，国際輸送手段の整備による渡航の割安感，便利さも人の移動を促進したといえよう。

3. 現在の労働移入の状況（2000年代〜）

現在，外国人登録者が日本の総人口に占める割合は1.7％程度であり，他の先進諸国と比べて低水準であるが，1980年代後半以降に職を求めて来日したニューカマーの流入により，外国人登録者の国籍や活動は多様である。本節では

現在の外国人労働者の現状と就労の実態，特徴と傾向を統計資料から概観する。

(1) 外国人登録者の傾向
① 人口動向

2011年の外国人入国者713万5407人のうち新規入国者数は544万8019人であり，前年に比べて約31％減少し，再入国者数は168万7388人と，前年に比べておよそ10％増加した。新規入国者の大幅な減少は，東日本大震災および福島第1原子力発電所の事故と長引いた円高が要因と考えられ，再入国者の増加は，前述の事故により再入国許可を受けて出国した外国人が，事態の沈静化に伴い再入国したと考えられている。

一方，出入国統計とは別に，どのような目的を持った外国人がどれだけ在留しているかを示す外国人登録者数は，「ストック」の状況を見る手掛かりとなる。ただし，一般の入国者の場合，入国日から90日以内に居住地で外国人登録の申請を行う必要があることから，日本の在留外国人の90％以上を占める「短期滞在」の在留資格者の多くは外国人登録を行わずに出国する。従って，外国人登録者数とは，日本に就労，勉学，同居等を目的に相当期間地域社会で生活している外国人を指す[6]。

図表9-1 外国人登録者の推移

年	人数	年	人数
1955	641,482	2000	1,686,444
1965	665,989	2005	2,011,655
1975	751,842	2008	2,217,426
1985	850,612	2009	2,186,121
1990	1,075,371	2010	2,134,151
1995	1,362,371	2011	2,078,508

注：数字は全て各年末のもの。
出所：法務省入国管理局（2012）『平成24年版出入国管理』。

---

[6] 仮上陸許可者，特例上陸許可者，「外交」の在留資格を持つ外交官等，「公用」の在留資格を持つ外国政府関係者の公用渡航者，日米地位協定等に該当する軍人やその家族は外国人登録の対象ではない。

日本における登録外国人の人口動向を見ると，1980年代まではほぼ60万〜80万人台で安定していたが，1990年に急増し，100万人を超えた。バブル経済の労働力不足に対応した入国超過である。その後は2005年に200万人を突破したが，2009年以降は減少している（図表9-1）。しかし，2001年から10年間の推移を見ると約1.2倍に増えていることから，長期的には増加傾向にある。

② 国籍（出身地）別人口の推移

終戦直後には，韓国・朝鮮からの移住者が外国人登録者人口の9割を占めており，その後も1960年までは60万人弱で推移し，1990年に約70万人にまで増加した。その後は徐々に減少し，2005年には60万人規模，全登録者の3割以下に減少した。一方，中国からの登録者は，1960年までは全登録者の7％程度で緩やかに推移していたが，1990年になると一気に増加し，2000年には34万人，2007年には61万人と全体の約3割を占めるまでになった。2011年の国籍別上位は，中国，韓国・朝鮮，ブラジル，フィリピンであり，これら4カ国で登録者の8割を占めた。上位4カ国とも2011年から緩やかな減少傾向にあるが，安定してきたと見る向きもある。

③ 推移の背景

外国人登録者数の変化の背景には，日本の労働力の需要や政策転換がある。第2節で概観したように，1980年代に国際化が進む中，近隣諸国からの移入が増加し，プラザ合意後は急激な円高によって国際移動が増えた。その後のバブル経済期には，国内での労働力不足から外国人労働者の受け入れ要求が強くなり，改正入管法によって，留学，就学，研修等を目的とした入国超過が見られた。中国からの就学受け入れが厳格化された2004年には一時減少するが，翌年以降は研修目的の入国が増加している。また，興行目的の入国が厳格化された1995年と2005年にはフィリピン女性の出国超過が見られた。

このように，政府の制度変更や政策転換は外国人の出入国に大きな影響を与えてきた。今後は，研修制度の改定，経済連携協定（Economic Partnership Agreement: EPA）に基づく看護師・介護福祉士の受け入れ，留学生の受入数増加構想などによる外国人登録者への影響が注目される。この点は後に述べる。

(2) 在留外国人労働者の特徴と傾向

　日本にいる外国人労働者は約70万人であり，その内訳は，政府が就労目的での滞在を認める「専門的・技術的分野の在留資格者」約20万人，「技術実習生」約15万5千人，また，日系人や永住者や日本人の配偶者などの「身分に基づく在留資格」をもつ20数万人に加え，「特定活動（外交官の家事使用人やアマチュアスポーツ選手など）」約6千人，留学生による「資格外活動」10万人近く，さらに，不法就労者約2万人が含まれる。このうち，単純労働に携わる非熟練労働者の数は定かではないが，専門的・技術的分野の在留資格者の一部，技術実習生の一部，身分に基づく在留資格を持つ日系人や永住者や日本人の配偶者の一部，不法就労者が含まれており，30数万人はいるとされる。

① 専門的・技術的分野での就労を目的とする外国人

　日本政府は基本方針として，非熟練（単純）労働者の受け入れを行っていない。政府が就労を認める外国人労働者は「専門的・技術的分野の在留資格」をもつ者であり，以下の14の専門的・技術的分野，即ち，「人文知識・国際業務」「技術」「技能」「企業内転勤」「投資・経営」「教育」「教授」「興行」「宗教」「研究」「芸術」「医療」「報道」「法律・会計業務」に携わる者である。2011年の登録者数は前年より3.4％減少の20万271人であった（図表9-2）。

　資格別で見ると，「研究」の在留資格は近年減少傾向にあるが，ひとつの要因として，構造改革特別区域での特例措置（2003年）に該当する場合には，研究活動に従事する人にも「特定活動」の在留資格が許可されるようになったことが挙げられる。「特定活動」資格とは，法改正なしに法務大臣の告示のみで付与する資格であり，政府にとってはフレキシブルに活用できる資格である。また，「興行」の在留資格は，新規入国者の減少により，2010年と比べて32.2％減と引き続き減少している。一般企業で就労する外国人社員に相当する「人文知識・国際業務」「技術」「企業内転勤」の2011年の登録者も前年と比べてそれぞれ，8.5％，0.9％，9.3％減少している。

　また，外国人登録者数を年齢別にみると，20代が男女合わせて54万3061人（26％）と最も多く，次いで30代，40代の順となっており，20代および30代で外国人登録者全体の50％近くを占めている。男女別に見ると，20代の女性が最も多く，次いで30代女性，20代男性，40代女性の順である。年齢・男

図表 9-2　就労を目的とする在留資格外国人登録者の推移　　（単位：人）

在留資格 ＼ 年	2006	2008	2010	2011
総数	178,781	211,535	207,227	200,271
人文知識・国際業務	57,323	67,291	68,467	67,854
技術	35,135	52,273	46,592	42,634
技能	17,869	25,863	30,142	31,751
企業内転勤	14,014	17,798	16,140	14,636
投資・経営	7,342	8,895	10,908	11,778
教育	9,511	10,070	10,012	10,106
教授	8,525	8,333	8,050	7,859
興行	21,062	13,031	9,247	6,265
宗教	4,654	4,601	4,232	4,106
研究	2,332	2,285	2,266	2,103
芸術	462	461	480	461
医療	138	199	265	322
報道	273	281	248	227
法律・会計業務	141	154	178	169

注：数字は全て各年末のもの。
出所：法務省入国管理局（2012）『平成 24 年版出入国管理』。

女別の構成比を比較すると，日本の人口ピラミッドは，近年の出生児数の減少や人口全体の高齢化を反映し，いわゆるひょうたん型である[7]が，外国人登録者全体の人口ピラミッドはいわゆる都会型で，労働力の主たる年齢層である 20 歳から 39 歳までの若い世代の年齢層が約半数を占めていることが分かる。

② その他の分野の労働に携わる外国人

専門的・技術的分野以外の労働に従事する外国人労働者の実態は明らかではない。日系 2 世および 3 世とその家族は自由な仕事に就ける身分で入国できることから単純労働に就くことができる。また，研修生や実習生を単純労働現場で雇うケースも見られる。

7　総務省統計局『平成 23 年 10 月 1 日現在推計人口』による。

厚生労働省が事業所11万6561カ所（労働者派遣・請負を行っている事業所1万8134カ所を含む）からの届け出に基づいて外国人労働者の集計を行ったところ，「身分に基づく在留資格」[8]が全体の46％を占め，専門的・技術的分野の在留資格者（12万888人，全体の18％）を除くと，「技能実習」，「特定活動」，留学生によるアルバイトなどの「資格外活動」，「身分に基づく在留資格」の資格の下で56.5万人程度が雇用されていることが分かる（図表9-3）[9]。

「身分に基づく在留資格」とは，永住者や日本人の配偶者などが含まれ，就労活動に制限がなく単純労働に就くことができる。また，「特定活動」にはインターンシップでの在留者，アマチュアスポーツ選手や外交官の使用人などが含まれる。その割合はわずか1％であるが，今後政府が外国人を受け入れる際に使用することができる使い勝手の良い資格といえよう。これらの外国人労働者がみな単純労働に就いているわけではないが，専門的・技術的分野以外の労働に従事している外国人が実際は相当数いることを知るうえで重要なデータである。国籍別に見ると，多い順に，中国が43.3％，ブラジルが17.0％，フィリピンが10.2％である。

次に，現在および将来の日本の労働力として重要な地位を占める永住者，留

図表9-3　在留資格別外国人労働者の割合
（事業所届出による外国人労働者数 686,246人）

在留資格	人数	全体に占める割合（％）
専門的・技術的分野の在留資格者	120,888	18
特定活動	5,939	1
技能実習	130,116	19
資格外活動	109,612	16
身分に基づく在留資格	319,622	46
不明	69	0

出所：厚生労働省「外国人雇用状況の届出状況」（平成23年10月末現在）

8　「永住者」，「日本人の配偶者等」，「永住者の配偶者等」，「定住者」を含む。
9　厚生労働省「外国人雇用状況の届出状況」（平成22年10月末）。届出制度は，雇用対策法に基づいて，外国人労働者の雇用管理の改善や再就職支援を図ることを目的として公表されている。

学生，技能実習生の現状を概観する。

ⅰ）永住者・特別永住者

2011年の外国人登録者数のうち最も多いのは，永住者（特別永住者[10]を除く）であり，前年と比べて5.9%増の59万8440人で全体の28.8%を占めている。「永住者」は2007〜2011年の期間に約36%増加している。国籍別に見ると，中国が18万4216人と最も多く，以下順に，ブラジル，フィリピン，韓国・朝鮮，ペルーとなっている。

一方，2006年まで最大構成比を占めていた特別永住者数は，年々減少し，全登録者数に占める割合も減少している。戦後から1955年代は9割近くを占めていたものの，老齢化による減少に加え，さまざまな目的を持って来日したニューカマーの増加により，相対的な低下傾向にも拍車がかかったと言えよう。

ⅱ）留学生

1983年に始まった「留学生10万人受け入れ計画」以降，政府の受け入れ計画は徐々にその目標数を拡大し，2008年には「2020年までに30万人」という目標数を掲げた。2011年における留学生の登録者数は18万8605人で全体のおよそ9%であった。語学学校などに通う学生はかつて「就学生」と分類されて，大学や専門学校に通う「留学生」と区別されていたが，2010年からは，留学生の安定的な在留のために「留学」と「就学」の区別が廃止され「留学」へと一本化された。そのため，2010年は前年と比べて5万5602人（38%）と大幅に増加し，初めて20万人を突破した[11]。2011年は前年比6.4%の減少に転じたが，長期的には増加傾向にある[12]。国籍別では，中国が全体の67.6%，韓国・朝鮮が11.5%を占める。

ⅲ）技能実習生

---

[10] 1952年の平和条約に伴って，「平和条約の発効に伴う朝鮮人台湾人等に関する国籍および戸籍事務の処理について」の通達が出され，それらの国の主権が及ぶべき法的地位にあると認められる者は日本国籍を喪失した。日本政府は，「かつて日本国籍を有していた外国人」を協定永住許可者として在留資格を認めた。一般的な永住資格を持つ外国人「一般永住者」とは異なる。

[11] 2009年末の「留学」と「就学」資格の合計19万2668人と比べて8843人（4.6%）の増加。

[12] 2007年から2011年の期間では1.1倍になっている。在留資格「留学」および「就学」の合計数17万590人と比較している。

技能実習制度は，国際化に対応するために，経済界からの強い要請を受けて創設された制度（1993年）である。研修で一定水準以上の技術を修得した外国人には，研修を受けた企業などの機関と雇用契約を結び，研修終了後も技術を実践的に修得してもらうことが目的である。開発途上国から人材を受け入れることから，国際貢献の一環として進められてきた。特に地方の中小企業にとって技能実習生は国際分業や海外進出への鍵を握る存在である。

かつては，「研修」，「特定活動（技術実習）」に分類されていたが，2010年7月の入管法の改訂によって「研修・技能実習制度」[13]が新設され，名称とともに統計の取り方が変更された。

技能実習生の受け入れには，企業が単独で受け入れる場合と，商工会や協同組合などを「監理団体」に指定して実習生を会員企業に斡旋する場合がある。対象職種は農業，建設，食品製造，繊維・衣服，機械・金属など計68職種で，実習期間は最長3年である。

改訂後の制度は研修生を低賃金労働者として扱う事業者への対応策が含まれており，研修生・技能実習生の人権の保護と法的な地位の安定を目指している。技能実習生を受け入れる目的は日本の技術移転と地域への貢献であるが，これを隠れ蓑にして，彼らを単純労働の現場で雇うケースや，安価な労働力と見なして過酷な環境で働かせる企業があることへの対応策である。受け入れ企業が講習を受けることが義務付けられたほか，監理団体は受け入れ企業での技能実習の状況を視察し，指導や支援を行うことが定められた。技能実習生に対して不適当な扱いが見られた場合には，1～5年間の受け入れ停止措置も設けられた。

2013年末時点の研修実習生は約15万5千人であり，国籍別では中国が首位で，ベトナム，フィリピン，インドネシアと続く。

---

[13] 在留資格には，「技能実習1号」，「技能実習2号」がある。技能実習期間は，1号と2号の期間を合わせて最長3年であり，2号へ移行する場合には，検定試験に合格する必要がある。

4. 外国人労働者をめぐる諸問題

外国人労働者の受け入れをめぐる議論は，主に，国内の治安や社会問題，少子高齢化傾向による生産年齢人口の減少と結び付けられて議論されることが多い。本節では，外国人労働者の受け入れ推進派と慎重派の意見を整理した後，外国人労働者の受け入れをめぐる政府の考え方を示す。

(1) 移民・外国人労働者の受け入れをめぐる議論
① 推進派・慎重派の声

外国人労働者の移入を歓迎する意見の根拠は主に3つある。① 日本経済の活性化のために，海外からの優秀な人材の受け入れを歓迎する声，② 生産年齢人口減少による労働力の低下を外国人労働者で維持したいという声，③ 日本が東アジア共同体のリーダーとなるための地域貢献の一環として推進すべきだという声である。さらに，国際的な見地から，日本が外国人の人権問題や社会保障に配慮した制度づくりをすることで，より成熟した社会になることを期待する声もある。また，外国人との多民族共生を望む意見も聞かれる（Akaha 2010）。

そのうち，とりわけ活発なのは，労働力の低下を外国人労働者で補完する議論である。日本の少子高齢化に伴う労働力の不足は明らかであり，高齢層を支える医療や社会保障，介護や看護サービスの需要が高まることは間違いない。高齢化は他の先進諸国も直面する問題であるが，日本の場合は死亡率と出生率がともに低く，高齢人口の割合が高いことに加えて，移民人口の総人口に占める割合が 1.7 と極めて少ないことから，やや特殊な状況にある（カルロス 2010）。

一方，外国人労働者の受け入れに慎重になる主な理由は，外国人によって日本人労働者の雇用機会が奪われることへの懸念にある。2011年の日本の失業率は 4.6%（総務省 2011）であり，特に 15～24 歳の若者の失業率は 8.2% と高い。外国人労働者が安い賃金で働くことから，公正な労働市場が侵害されると

の意見は多い。

また，2001年9月の米国同時多発テロ以降，人の移動は重要な安全保障問題と見なされている。米国は2002年に国土安全保障省を設置し，入国管理を厳しくしてきた。1200万人以上の不法移民のうち8割を占めるヒスパニック系（ラティーノ，中南米出身）を取り締まるため，メキシコとの国境の取り締まりは特に強化しており，3000キロにわたる国境の一部にはフェンスが建設されている。

他方，欧州連合（European Union: EU）は，「シェンゲン協定（Schengen Treaty）」に基づいて国境検査なしでの域内の移動を自由化してきた[14]が，地中海沿岸での取り締まりは強化する傾向にある。なぜなら，域内で強制送還された不法移民65万人（2004年）の多くは，アフリカ大陸からスペイン，イタリアに中東経由ではなく海路で上陸するからである。特に，北アフリカの民衆蜂起と政変以降，ヨーロッパへの不法入国は後を絶たないため，2011年に国境審査を一部再開した。移動の自由を保障したEUの理念に反すると批判の声も聞かれる。

日本政府も人の移動を安全保障問題として強く意識している。対テロ対策として，16歳以上の外国人には出入国審査の際に指紋押捺と顔写真撮影を義務化する「改正出入国管理・難民認定法」を米国に続いて2007年に導入した[15]。国際指名手配や不法滞在歴などを理由に強制退去となった外国人のリストと照合して該当した場合や，指紋採取などを拒否した場合には入国を認めない。

地域レベルでは，日本人と外国人居住者との間での生活習慣や宗教の違いなどを理由とする摩擦を懸念する声もある。朝日新聞が行った世論調査（2010年4・5月実施）によると，「将来，少子化が続いて人口が減り，経済の規模を維持できなくなった場合，外国からの移民を幅広く受け入れることに賛成ですか，反対ですか。」との問いに対する賛成は26％，反対は65％であった。政府が外国人労働者の受け入れに慎重な理由は，まさにこういった世論調査結果に

14　協定の加盟国は31カ国（2009年3月）。ビザ（査証）免除滞在は原則として6カ月以内で90日間である。
15　但し，在日韓国・朝鮮人ら特別永住者は対象外である。

ある。

　他方，外国人労働者の受け入れについて，反対あるいは賛成するにしても根拠が薄いという意見もある（小野 2007）。人口問題を解決するためにより多くの外国人を受け入れる対策は，国内の人口問題を先送りするだけとの指摘である。外国人労働者の移入はグローバリゼーションの必然であり，労働者の人権保護，待遇の改善など制度の整備がまずはなされるべきであるとする。

　また，そもそも，「専門的・技術的分野の在留資格」で就労する外国人以外は「単純労働者」と分類して受け入れないという方針は実態を反映していないことから，政府の二分法的発想そのものを批判する声も聞かれる（井口 2009）。日本の経済や社会に悪い影響を及ぼす可能性がある外国人を単純労働者に分類するという発想を外国人労働者の受け入れ論議に持ち込んでよいものかという問題提起がなされている。

② 政府の基本的な考え方

　日本は世界トップの長寿国であり，2013年の平均寿命は，男性が80.21年，女性が86.61年（厚生労働省 2014）であり，2060年には男性が84.19，女性90.93に達することが推計されている[16]。総人口のうち65歳以上の割合を見ると，2010年の23.0％から，2035年には33.4％で，第二次ベビー・ブーム世代が老年人口に入る2042年にはピークを迎える。その後，減少に転じるものの，2060年には2.5人に1人が高齢者となる。他方，合計特殊出生率は1.39と前年より微増し，2020年には1.61まで上昇，2060年には1.60になると推計されているが[17]，なお低い水準にとどまる。この傾向が続けば，2010年に63.8％（8173万人）であった生産年齢人口割合は2017年には60％を割った後，2060年には50.9％（4418万人）まで減少することが予想されている[18]。

　このように減少していく労働人口を外国人労働者で補完すべきとの意見に対して，政府は，入管法に従った対応が基本であり，受け入れの範囲は「我が国の産業および国民生活等に与える影響」を総合的に勘案して決定するとして

---

[16] 死亡中位仮定による。国立社会保障・人口問題研究所（2010）『日本の将来推計人口（平成24年1月推計）』。
[17] 『日本の将来推計人口（平成24年1月推計）』2012年。
[18] 同上。

いる[19]。受け入れに慎重な理由として，特に単純労働は低賃金になりがちで遅れた産業構造を引きずることになり，結果的に，求人充足や人材確保を阻害する問題が懸念されるからだとする。

　政府は減少していく労働力の維持対策として，若者，女性，高齢者といった国内の労働力を総動員して生産の低下をはね返すことを基本方針としている。外国人労働者の受け入れに消極的な理由として，労働市場への外国人の受け入れは経済や産業上の問題だけではなく，彼らの失業や老齢化による社会保障や福祉制度の負担，医療，教育，治安など生活全般に影響することから，国民の理解が得られなければ推進できないとしている。よって，政府の課題は，ワークバランスを見直して女性が働きやすい環境を作るなど労働市場の構造改革であり，外国人労働者の受け入れはその次の課題であった。

　しかしながら，2014年6月に安倍政権が発表した「成長戦略」はより多くの外国人労働者の受け入れへと大きく舵を切った。単純労働者や日本への定着を前提とした移民は受け入れない姿勢は維持したままで，当面不足する産業分野と地域に限って，外国人労働者の受け入れを拡大するという政策である。

　安倍政権が決断した理由として，東北地方での被災地復興事業や2020年に開催予定の東京オリンピック・パラリンピック関連施設の建設事業を進めるために，建設分野に従事する労働力の需要が一時的に増大することが挙げられる。国土交通省の試算によれば，震災復興事業やオリンピック関連施設の建設に必要な労働者は4～5万人と見られている。そこで政府が着目したのが技能実習制度である[20]。

　政府は一時的に需要が増大する建設労働者の人手不足を解消するために技能実習制度を抜本的に見直す方針を掲げた[21]。技能実習修了者が2年間（または3年間）建設業務に従事できるようにする緊急措置のほか，対象職種の拡大についても2015年度内の施行を視野に随時検討する予定である。また，実習期

19　「今後の外国人労働者問題を考えるシンポジウム」における厚生労働省職業安定局派遣・有期労働対策部外国人雇用対策課長　野口尚による。詳しくは，（独）労働政策研究・研修機構ホームページ（http://www.jil.go.jp/event/ro_forum/20101204/houkoku/01_noguchi.htm　／最終アクセス：2014年7月15日）。
20　日本経済新聞（2014年2月5日）。
21　『「日本再興戦略」の改訂：改革に向けての10の挑戦』（平成26年）10頁。

間を現在の最長 3 年から 5 年程度に延長するほか，新たな対象職種として，「介護」や「林業」のほか，「自動車整備業」，従業員や在庫の管理を手がける「店舗運営管理業」，食材を加工する「惣菜製造業」を加えるなどの方針が示された。

●外国人技能実習生の受け入れ拡大案（2014 年 6 月時点）

実習可能な 68 職種	拡大を検討中の職種
・農業 ・建設機械施工 ・機械，金属プレス加工 ・食品製造 ・繊維，衣服など	・介護 ・林業 ・自動車整備業 ・店舗運営管理業 ・惣菜製造業など
期間　　最長 3 年間	実習期間 2 年追加（延長・再入国）

　また，製造業，介護，家事支援などを重要分野として位置付け，地域を限定して新たな就労制度の創設も検討している[22]。例えば，家事を手伝う人については，東京や大阪など全国 6 地域を指定した「国家戦略特区」での先行受け入れを目指す。国家戦略特区とは，安倍政権が進める経済特別区域の構想であり，地域を限定して大胆な規制緩和や税制面の優遇を進めることで民間投資を引き出し，「世界で一番ビジネスがしやすい環境」を創出するのが狙いである。
　政府はさらなる受け入れ拡大策として，メーカーの海外子会社からの従業員の受け入れ，特定の国家資格を取得した留学生に就労を認める制度の設立などを今後具体化する方針を示している。地域を限って受け入れることで社会制度への大きな影響を避けつつ，外国人の受け入れ拡大に向けた課題を探る構えだ。あくまでも限定的な受け入れ拡大策であり，単純労働者につながる移民は従来通り認めない。この方針は，成長戦略に，「移民政策と誤解されないよう配慮し，国民的コンセンサスを形成しつつ，総合的に検討」すると明記されている。

22　同上。

●日本で働く外国人労働者と受け入れ拡大策（2014年6月時点）

技能実習生	新たな在留資格	高度人材
・期間3年を5年へ ・職種の拡大 ・受け入れ人数の拡大	・家事を手伝う人 ・海外子会社の従業員 ・特定の国家資格を持つ留学生	・高技術者，研究者，経営者 ・年収や学歴の高い人材を優遇するポイント制

(2) 国際的な傾向と日本の政策
① 積極的に受け入れられる労働者

　移民受け入れ国では，IT関連の専門技術や資格をもつ「ハイテク移民」を確保することが産業・科学技術政策の柱になっている。例えば，米国は，IT技術者などの「特殊技術を要する職業」に就く外国人にH-1Bビザを与え，受け入れ枠を徐々に拡大してきた。一方，EUは，高度技術者が域内に容易かつ迅速に入国・在留できる新システムを2009年に採択した[23]。米国のグリーンカードに擬えて，「EUブルーカード」と呼ばれるEU圏共通（デンマーク，アイルランド，イギリスを除く）の就労ビザである。ドイツは他のEU諸国に先駆けて制度を導入した。一定条件はあるものの，大卒者であれば就職活動のためにこのビザを使用することも可能である。

　「ハイテク移民」の移住先での役割として，① 専門職に就いて技術・技能を発揮すること，② 雇われるだけでなく，自ら企業を立ち上げて地域の発展や雇用の創出に貢献すること，③ 人的ネットワークを築くとともに，移住先と出身国との橋渡し役になり，国境を越えて大小さまざまな企業を結びつけること，などが期待されている。

　国際競争力の観点から，2012年に日本が導入したのが，「高度人材の優遇制度」である。この制度は，高度学術研究活動，高度専門・技術活動，高度経営・管理活動の3つの活動類型を設定し，それぞれの活動の特性に応じて，「学歴」「職歴」「年収」といった項目ごとにポイントを設け，合計が一定の点数に達した人を「高度人材外国人」と認定する。例えば，修士号を取得してい

---

[23] 駐日欧州連合代表部（2009），EU News 128/2009, 2009/05/25。

れば20点，職歴が7年以上であれば15点というように加算し，70点以上であれば高度人材外国人として認定される。そして，在留資格「特定活動」の下で5年の在留期間が付与され，出入国管理上の優遇措置のほか，広範な活動の許可，在留期間内での永住許可の申請，配偶者や子の優遇在留や使用人の雇用認可など多くの優遇措置の対象となる。

　大企業の管理職や研究開発の技術者などを念頭に置いているこの制度だが，登録者数は政府の期待を大きく外れている。当初毎年2000人の登録を見込んでいたものの，実際の登録者は2013年4月時点で434人であった（法務省2012）。国別に見ると，中国人が57％，アメリカ人が7％，インド人が4％であった。登録者が少ない理由として，同様のポイント制をすでに導入しているイギリスやカナダと比較して，求める人材の学歴や年収へのハードルが高いことが挙げられる。これは，留学生の応募を潜在的に排除する結果を招いている。

　また，経済開発協力機構（Organisation for Economic Co-operation and Development: OECD）によれば，大卒人材の60％は北米へ，24％はヨーロッパへ向かう傾向があり，アジアへはわずか2.4％である（三浦　2013；Lowell 2007）。ポイント制だけで優秀な人材を誘致できるのか，また，日本がポイント制を導入していることは周知されているのかを疑問視する声，あるいは，ポイント制そのものをより簡素化すべきであるとの声が出始めたことから，政府は認定要件の緩和や永住に必要な在留歴の短縮などを検討している[24]。

　政府は，高度人材の受け入れとともに，高度人材の予備軍ともいえる一定の技術をもつ人材の確保と育成を推進している。留学生については，すでに述べたように，2020年までに30万人の受け入れを計画している。また，技能研修生は中小企業にとって国際分業や海外進出への鍵を握る存在である。研修が修了した後，再度同じ資格で入国することはできないことから，高度人材として再度日本に入国することが望まれている。

　このように，先進諸国によるハイテク移民やその予備軍としての大卒者およ

24　『「日本再興戦略」の改訂：改革に向けての10の挑戦』（平成26年）10頁および『「日本再興戦略」改訂2014：未来への挑戦』（平成26年）40-41頁。

び技術者の誘致合戦には途上国からの批判がある。高度技術者は歓迎するが，技術もなく低収入の「ローテク移民」の流入は制限するといった二重基準への批判である。また，移民受け入れ数に上限を設けている国では，ハイテク移民の数が増えれば，必然的にその他の移民数が減るとの声もある。他方，送り出し国の「頭脳流出」の問題もある。但し最近の欧米諸国での長引く経済不況から，母国に帰国する労働者が増えており，頭脳流出ならぬ「頭脳還流」現象が起きていることから，途上国の不満は解消されつつある。

　介護・福祉分野で一定の技術を持つ人材の確保と育成，また，アジア圏内での技能の共有を目的として日本が進めているのが，地域協定 EPA に基づく介護福祉分野の市場開放である。すでに指摘したように，日本の高齢者人口の割合が高いことから，介護・福祉分野での労働力不足は深刻である。そこで政府は，看護師や介護福祉士候補の受け入れを，インドネシアとは 2008 年から，フィリピンとは 2009 年から，ベトナムとは 2014 年から開始している。

　単純労働にならないように，日本側が条件を提示し，医学用語を含む日本語を理解すること，医師との意思疎通ができることなどが求められている。また，就労研修した後も日本で働き続けるためには，介護福祉士は原則 4 年以内，看護師は 3 年以内に国家試験に合格する必要があるが，彼らの介護福祉士国家試験の合格率は 36％，看護師国家試験の合格率は 10.4％である[25]。不合格でも一定以上の成績をとれば滞在延長が認められるものの，早々と帰国する例も多い。2013 年までに日本を訪れた 1869 人のうち，国家試験合格者は 402 人であるが（厚生労働省 2014），そのうちおよそ 2 割はすでに離職あるいは帰国している。

　外国人労働力の自由化は地域協定締結の最大の関門のひとつである。EPA に基づく介護士・介護福祉士の受け入れは，規制緩和のテストケースと言えるが，解決すべき課題は多い。しかし，介護職は 2025 年には 90 万人以上不足すると試算されており，この数を日本人労働者だけで担うのは極めて難しい。中

---

[25] 第 26 回介護福祉士国家試験における EPA 介護福祉士候補者の試験結果（厚生労働省，2014 年 3 月 27 日）および第 103 回看護師国家試験における EPA に基づく外国人看護師候補者の合格者数（厚生労働省，2014 年 3 月 25 日）。

国や韓国でも同様の高齢化が進んでおり，優秀な介護・看護人材の争奪戦も予想される。地域の中で問題解決の方途を探る視点も必要との指摘もなされている（井口 2009）。

② 入国が制限されている労働者

ⅰ）不法就労者

経済のグローバル化に伴って，仕事を求めて移動する人の数は世界的に増加している。その中には，他国に入国・就労する際に必要な証明書や正規のパスポートを持たずに不法に入国し，そのまま滞在，就労する者が多く含まれる。彼らの移動には悪質な斡旋業者や組織犯罪グループによる偽造活動が関係しており，人身取引によって移動を強いられた被害者も含まれている。

不法就労者は，本来得るべき賃金を斡旋業者に搾取されたり，職場で労働災害に遭っても補償が受けられない環境にあったりするなど，人権問題が深刻化している。

政府は，不法就労者を含む不法滞在者の対策として2004年に入管法を厳格化したことから，その数は2005年の4万5935人をピークに減少傾向にある。しかしながら，依然として1万8490人の不法滞在者がいる（法務省 2011）。

2011年に政府が退去強制手続を執った不法就労者は1万3913人で，入管法違反者全体の67.3％であった[26]。不法就労者の国籍は，近隣アジア諸国を中心に80カ国におよぶ。中国が4876人で最も多く，全体の35％を占めている。次いでフィリピン，韓国，タイ，ベトナムの順で，上位5カ国で全体の約78％を占める。また，男性が57.2％，女性が42.8％で，女性の割合が増加している。就労内容別では，工員が最も多く，次いで，接客業，建設作業者の順で，彼らの多くは東京都，千葉県，神奈川県，愛知県，茨城県などの首都圏を中心に関東から近畿におよぶ太平洋岸地域で働く。

ⅱ）不法就労に利用される滞在資格

入管を強化しても依然として多くの不法滞在者がいる理由として，入国仲介の斡旋業者が援用あるいは乱用する滞在資格の存在が挙げられる。業者が援用する資格として，主に，「興行」，「研修」（旧制度）および「技能実習」（新制

---

26 法務省入国管理局（2012）『平成24年版出入国管理』第1部38-40頁。

度),「日本人の配偶者等」および「永住者の配偶者」の3つがある。

「興行」資格は，スポーツ選手や歌手，ダンサーなどプロのエンターテイナーに付与されるものであり，酒類を出す娯楽産業や接客業でホストやホステスとしての就労を禁じており，政府は罰則を厳しくする対策を講じている。また，不法就労や不法残留が多く見られたため，政府は付与する基準を厳格化したが，認可されれば1年間の滞在が認められ，その後更新や他の資格への変更が可能であるため，援用されるケースが多い。

また，「研修・技能実習」資格は，研修生や技能実習生を低賃金労働者として扱うなど不適正な受け入れに援用されてきたため，政府は2010年に新しい制度を導入した。実務を伴う研修を行う場合には，原則として雇用契約に基づいて技能等修得活動を行うことを義務付けた。活動中の技能実習生が労働基準法や最低賃金法等の労働関係法令上の保護を受けられるようにするとともに，監理団体の職員が数カ月ごとに実施機関を訪ねて実習の状況を確認，指導，監理，支援する体制を敷いている。

「日本人の配偶者等」および「永住者の配偶者」資格は，「日本人の配偶者あるいは子」，「永住者の配偶者あるいは子」，または，「定住者」のいずれかに付与される。これらの資格が移民仲介業者や悪質な斡旋業者によって利用される理由は，一旦資格を取得すれば，就労制限のない身分が得られるからであり，偽装結婚に悪用されるケースが多い。

また，人身取引による移民の性的搾取や強制労働による深刻な人権侵害の問題もある。人の移動はもっぱら国家によって管理されるが，近年，国際機関も人身取引の犠牲者増加を安全保障と人権保護の観点から，条約や議定書による取り組みを進めてきた。「人身売買及び他人の売春からの搾取の禁止に関する条約（人身売買禁止条約）」（1949年）に加えて，「国際的な組織犯罪の防止に関する国際連合条約」（2000年）やこれを補完する議定書として「人身売買禁止議定書」（2003年）が制定されている。

日本政府の入国管理局が人身取引の被害者として2011年に保護（帰国支援を含む）した外国人は21人（前年29人）であり，国籍はフィリピン13人（前年26人），タイ8人（前年1人）であった。1980年代に興行資格で来日したフィリピン女性と日本人男性の間の子である「新日系フィリピン人」は日本

国籍があってもフィリピン出入国管理上日本への入国ができないことから，来日の強い希望をもつ母子が人身取引の標的になっている。

　入国管理局が統計を取り始めた 2005 年に 115 人を保護した状況と比べると，人身取引の被害者数は減少し，ここ数年は 20～30 人で推移している。政府の対策に一定の効果は見られるものの，実際にはより多くの被害者が国際機関によって報告されている（Lee 2005）。入国管理局が 2011 年に強制退去した人身取引の加害者はわずか 3 人であり，実態との乖離が見られる。人身取引は重大な人権侵害であることから，政府は「人身取引対策行動計画」に基づいて対応するとともに，国際機構や地域機構と連携して現状の把握に努めている。

5. おわりに：岐路に立つ日本の労働移民政策

　かつての日本は，国際移動の面では純流出国であった。高度経済成長期以降に見る純流出国から純流入国への変化は，国内の社会経済の変化はもとより，経済のグローバル化による世界的な移動者の増加が深く関連している。日本と送り出し国との間の所得格差，雇用機会の不平等，少子高齢化による生産年齢人口の減少，日本経済・社会再生のための専門的技術的外国人労働者受け入れの必要性，世界的な移動者の増加などが外国人移入の主な背景として挙げられよう。

　日本が抱える当面の課題として，生産年齢人口の減少への対応があるが，政府は，国内の若者，女性，高齢者の労働市場への参加を促して労働力の低下をはね返すことを基本方針としており，より多くの外国人労働者の日本への定着を前提とした受け入れには慎重である。なぜなら，労働市場への外国人の受け入れは経済や産業上の問題だけではなく，医療，社会保障，教育，治安など生活全般に影響することから，日本国民の理解と納得を得られなければ推進できないからである。よって，非熟練および単純労働者は受け入れない方針は維持しつつ，すでに就労している労働者の人権，社会保障，医療保障，研修や教育問題については法整備を進める一方，高度な能力や技術を有する人材は国際競争力の観点から受け入れる方針である。

日本の在留外国人の9割強は外国人登録を行わずに出国する短期滞在であり，登録者数に伸びはみられるものの，定住者の絶対数は少ない。かつて小渕恵三首相のもとに「21世紀日本の構想」懇談会が設けられ（1999年），『日本のフロンティアは日本の中にある』が公表されて以降，移民政策と外国人労働者をめぐる議論はたびたびなされてきたが，その中身はほとんど進展がない。

　この度，安倍政権が発表した外国人受け入れ拡大策では，「外国人が日本で活躍できる社会へ」と銘打ちながらも，その中身は当面の人手不足の手当てが中心であり，抜本的な手立ては整っていない。政府は，現行の技能実習制度を拡大するとともに，業種や地域を限定した新しい在留資格を検討中であるが，新しい在留資格がどのような中身をもつのか注視する必要がある。受け入れの対象を「低・中レベルの技術労働者」まで広げると見られるが，法改正なしに法務大臣の告示のみで受け入れることができる「特定活動」資格を利用して当面をしのぐ策は避けるべきであろう。

　受け入れ国の都合によって，制度や名称の枠をじわじわと広げる場当たり的な対応には無理が生じている。受け入れるのは労働力ではなく「人」である。人手不足を一時的に解消するための安易な数合わせは多大な悪影響を及ぼしかねない。高度人材の優遇制度の対象者だけでなく，技能実習生や新しい制度下で働く外国人労働者の社会保障制度や人権状況に配慮して，安定した労働環境を提供できるようなルール作りと法整備に早急に取り組むべきである。

　急速に減少する生産年齢人口に備えて，多様化する外国人労働者と共に多民族多文化共生社会を作るのか，あるいは移入を制限して小さな社会を作るのか，地方の活性化をどう進めていくのかなど，国としての長期的なビジョンを提示する必要がある。将来の人口をどのように展望するかは，国家の将来をデザインすることである。政府には，その場しのぎの対応ではなく，単純労働者の存在と実態を直視すること，外国人労働者の社会保障や人権への配慮，法整備も含めた質的な取り組みが求められている。

〔本多　美樹〕

参考文献

<日本語>
- 石川義孝編著（2005），『アジア太平洋地域の人口移動』明石書店。
- 井口泰（2009），『外国人労働者新時代』筑摩書房。
- 小野五郎（2007），『外国人労働者受け入れは日本をダメにする』洋泉社。
- 駒井洋編著（1997），『新来・定住外国人がわかる事典』明石書店。
- マリア・レイナルーズ・D. カルロス（2010），「日本におけるフィリピン人介護労働者の3つの軌跡」佐藤誠編『越境するケア労働：日本・アジア・アフリカ』日本経済評論社。
- 三浦秀之（2013），「外国人高度人材の日本への移動をめぐる一考察」杏林社会科学研究　第29巻1号。
- 早瀬保子編（2001），「アジア太平洋地域における国際人口移動」日本貿易振興会・アジア経済研究所。

<英語>
- Akaha, T. (2010), "International Migration and Multicultural Coexistence in Japan: Resistance and Accommodation to Change," *The Journal of Asiatic Studies*, Vol.53, No.2, pp.57-101.
- Kashiwazaki, C. and T. Akaha (2006), "Japanese Immigration Policy: Responding to Conflicting Pressures," Country Profile, *Migration Information Source*.
- Kondo, A. (2002), Development of Immigration Policy in Japan, *Asia and Pacific Migration Journal*, Vol.11, No.4, pp.415-436.
- Lee, J. (2005), *Human Trafficking in East Asia: Current Trends, Data Collection, and Knowledge Gaps*, International Organization for Migration, 2005.
- Lowell, B. Lindsay (2007), "Trend in International Migration Flows and Stocks, 1975-2005," *OECD Social, Employment and Migration Working Papers*, No.58, OECD Publishing.
- Okunishi, Y. 1995. "Japan" *ASEAN Economic Bulletin*, Vol.12, No.2, 1995, pp.139-161.

<基礎資料>
- 総務省統計局『平成22年国勢調査』，『平成23年10月1日現在推計人口』
- 法務省入国管理局『平成24年版出入国管理』
- 厚生労働省統計情報部「外国人雇用状況の届出状況」（平成22年10月末）
- 厚生労働省職業安定局外国人雇用対策課
- 国立社会保障・人口問題研究所『日本の将来推計人口（平成24年1月推計）』

第 10 章

台湾における外国人労働者の受け入れについて
～実態および政策～

1. はじめに

　東アジアの経済成長は，雁行形態発展型と呼ばれるような伝播型の発展モデルから，韓国や台湾，ASEAN および中国が，相互に連携しながら成長するモデルへと変遷を遂げている。その中でも特に，直接投資と人材の移動を伴う IT 産業の東アジア域内分業によって，新たな経済関係が形成されている（江 2010）。このような経済関係のもと，近年東アジアで，国境を越えた IT 企業間・工程間分業が急速に深化している。その背景として，多国籍企業の立地・製品あるいは部品調達をめぐる意思決定や，製品の開発・製造に関わる技術の変化，供給と需要の両面での中国の台頭などの要因が複合的に働いていることが挙げられる（木村 2002），（今井・川上 2006），（浦田 2009），（江 2010）。雁行形態論では想定していなかった，人材の国際移動が IT 技術移転を目的としてしばしば観察されている。また，先進国では国際競争力強化の視点から高度な人材の獲得を求めており，人材獲得競争が激化している。現時点では，アメリカは世界中の外国人留学生や技術労働者の受け入れで大きなシェアを占め，経済発展に人材が不可欠となるアジアの発展途上国から大量に技術者を受け入れている。

　現在の東アジアでは，建設業や介護サービス業を中心としたいわゆる単純労働者[1]の国際移動は専門技術者労働者より増えている。しかし，日本も含め，

---

[1] 単純労働者や非熟練労働者やブルーカラー（藍領）などさまざまな呼び方があるが，本章では単純労働者を使用する。

多くの国は「専門的・技術的分野の外国人労働者を積極的に受け入れ」,「単純労働者の受け入れは慎重に検討する」といった方針を取っているため,不法就労者が急増するという事態になっている。その背景には1980年代後半以降,東アジアの発展途上国で労働者の送り出し圧力が大きくなり（供給側の要因）,一方で日本およびNIEsでは建設業などにおいて,労働力不足が生じた（需要側の要因）ことがある（後藤 1990）。そのため,東アジア地域における労働力供給・需要の相互依存がますます高くなっているが,外国人労働者に関する政策は国によって異なっており,個別に林立している状態である（山田 2013）。本章では,こうした実態に直面して,なかでもいち早く単純労働者の受け入れ政策を打ち出した台湾に注目する。台湾では,外国人労働者の就業分野は,建設業や介護サービス業,家事労働者が多く占めている。しかし,建設業や介護サービス業などは国際経済学のなかではいわゆる「非貿易財（non-traded goods）」生産部門に分類される。貿易財は,単純労働者（ヒト）の国際移動なしに,商品（モノ）貿易のように輸出入したり,あるいは海外に生産拠点を移し,海外で生産された商品（モノ）を再び自国に逆輸入したりすることが可能である。一方,建設業や介護サービス業である非貿易財生産は海外に生産拠点を移して,生産されたものを自国に逆輸入することができない。この点から建設業や介護サービスといった非貿易財生産部門は生産要素そのものが移動しなければ,国際間での取引は生じないことになる。しかし,建設業や介護サービス業という非貿易財生産部門に外国人労働者を受け入れた場合,自国の労働者や経営者や消費者などがどのように影響をうけるかを検討する必要がある。また,本来生産要素の移動を前提としない「貿易財（traded goods）」の生産部門にまで外国人労働者の受け入れが拡大された場合,自国の経済にどのような影響があるかも検討する必要がある。

　本章は,まず,外国人労働者問題を分析するため1つの例として台湾の外国人労働者の受け入れについて分析することに重点を置き,外国人労働者移動の東アジア経済発展への影響を分析するための研究の第一歩とする。

2. 台湾におけるルイス転換点前後の経済発展

(1) ルイス転換前の経済発展

　第二世界大戦以前，台湾経済は農業が主体であり，大戦直後，国民党政府は日本植民地時代の台湾総統府の「日産[2]」を接収し，「日系」企業を国有企業に変えた。しかし，石油・鉱業などの天然資源に恵まれない台湾の輸出品はバナナ・砂糖など亜熱帯商品作物だった。逆に大部分の工業製品は輸入に依存していたので，台湾政府は輸入代替政策を打ち出した。特に関税・輸入数量制限といった保護政策で，繊維などの軽工業を中心に輸入代替段階に転換した。1959～1962年には輸入代替工業化が，狭い国内市場のために飽和した時期であり，過剰生産による台湾企業の倒産，失業，工業化の停滞の問題が発生した。島田(1994)によると，上述のような貿易構造の中，経済的規模の小さい台湾のような"小国"が急速な経済成長を遂げるためには，国際市場を対象とする工業製品と輸出の促進を開発しなければならない。そのため，1960年代初期に，台湾は生産財の輸入に有利な貿易為替制限や関税制度を撤廃し，労働集約財の輸出を進めた。労働集約財を選んだ理由としては，1960年代の台湾国内における優秀かつ豊富な労働力の存在が考えられる。ちなみに1960年代の台湾人口は約1400万人前後であった。しかし，天然資源は希少であり，経済活動に必要な原材料は輸入に依存せざるを得なかった。しかも，中間財，資本財など投入財の生産技術は未熟な状態であり，投入財の国内供給は絶対的に不足していた。そのため，輸出促進をはかる場合，海外から資本財・中間財を輸入し，国内で組立・加工した後，最終財を国際マーケット向けに輸出するという貿易構造が形成されていった。これは加工貿易型工業化と呼ばれて，豊富かつ安価な労働力を労働集約的産業の輸出加工に投入することによって成り立った工業化である。このような工業の雇用からの誘発によって，農業から大勢の労働力が流出することは農業から工業への移行時期といわれている。つま

2　日本が植民地時代に台湾に設置し，植民地の解放後に残した財産を指す。

り，台湾も日本と同様に戦後からさまざまな政策で高度成長を実現し，経済発展をしながら，国内労働構造にも大きな変化をもたらした。台湾も狭い農地に大勢の労働力が存在し，低い生産性を抱えた農業は工業化の進展によって農業を中心とした労働力が大量に都市の工業地域に移動し，農業人口が減少された。したがって，農業人口の減少によって，1人当りの農業面積が拡大し，農業用設備や機械の導入や高付加価値の農産物の導入で労働生産性が大幅に上昇し，その農業の労働限界生産性まで達し，過剰労働を解決するルイス転換点を通過した。このルイス転換点を通過すると，農業労働者や工業化地域の単純（非熟練）労働者の賃金が急速に上昇し，農村・都市の所得格差と都市の単純・熟練労働の賃金格差を縮小し，1国の所得配分の不平等から改善できるようになる。実際，台湾の1次産業の就業者割合は1910年の約80％から1960年代後半の40％まで減少した。また，1次産業就業者1人あたり耕地面積についても1970年ごろに上昇しはじめた（溝口 2008）。そして，台湾の農業実質賃金は1960年代の後半から急速な上昇傾向がみられて，なかでも，1966～68年の増加率が最も高い。つまり，この時期，農業の労働過剰から労働力不足へ転換した一方，工業の就業人口比率は急速に増加した。したがって，台湾のジニ係数は1967～68年に転換点を通過し，最大値とする逆U次の形状を示し，つまり，労働力過剰から労働力不足への変化は所得格差に影響を与えた（朝元 2004）。この労働力と市場の自由化政策および低率の関税，低金利金融政策などによって，台湾の輸出が促進されたと言えよう。したがって，最終財の輸出拡大により中間の需要も拡大したため1960年代の労働集約財の輸出志向型工業化から1970年代にかけて工業化の範囲が一層拡大した。朝元（1996）によると，最終財の輸出拡大は中間財の需要をもたらし，拡大すると，経済規模は拡大し，輸出志向工業化から重工業化（第2次輸入代替工業化）へと国内生産も踏まえた産業構造へと転換する必要性が生じた。

(2) ルイス転換後の経済発展

1970年代，台湾は国内高速道路建設などの十大建設プロジェクトと十二項目建設プロジェクトを実施し，鋼鉄，石油コンビナートの建設などの重化学工業化を推進した。輸入は耐久財を中心とするようになった。本格的な経済建設

を行うため，国内公共建設に戦後初めて労働者として中国の国民党軍を投入した。1970年代には，台湾の賃金水準は先進国の賃金水準よりも低かった。そこで，先進諸国の多国籍企業は台湾の電子機械産業分野に投資を積極的に行った。1980年代に隆盛を迎えるコンピューター，半導体産業の基礎はこうして築かれた。台湾企業は先進国企業との技術提携を行い，大部分を模倣した機械製品および改良や修正を加えた機械製品を外国製品の半分以下の価格で製造，販売した。このようにして台湾は電子機械製品に国際競争力を獲得していったのである。1970年代に多国籍企業によって導入された技術は，1980年代のハイテク産業育成のための礎となった。台湾企業は先進国企業との資本提携，技術提携，M&Aによって技術を吸収し，生産のための資本財形成を実現した。この時期からさまざまな経済成長と同時に建設業労働者の不足問題は深刻となり，外国人労働者の本格的な受け入れが議論されるようになった。1990年代になると台湾経済全体は成熟期に入った。輸出品では半導体，コンピューター関連機械などがとりわけ順調な伸びを示している。台湾企業も海外投資を開始し，製造業中心の産業構造からサービス業，技術・資本集約的なものへ転換しはじめた。その時期，台湾は中国の市場開放に伴い，中間材料，中間財および機械設備などの投入財の輸出を増加させることができた。中国を中心としている海外市場における低賃金労働力を利用することにより，台湾の国内産業の構造は消費製品の生産から設備・機械という中間財の生産へと変化しつつある。このような産業構造の転換および海外直接投資により，3Kと言われている建設業の労働力不足の問題で80年代末にはじめて外国単純労働者を受け入れた。この時期において，台湾の労働力構造は80年代後半に3次産業といわれているサービス産業への就業者割合が製造・建設業を中心となる2次産業を上回った。2次産業就業者割合は2012年の37％まで減少している一方，サービス産業就業者割合は60％まで増加している。しかし，製造・建設業の賃金は製造業のなかでも最も低いが，サービス産業の賃金は製造・建設業といった製造業より高くて，年々に増加している傾向がある（行政院労工委員会による）。本来なら，経済成長とともに台湾の生産コストの比重が徐々に引き上げて，競争力が低下している労働集約型産業（単純生産の製造・建設業）から資本・技術集約型産業に転換しなければならない。安定している外国人単純労働者の提供

で産業構造の調整や生産工程の改善を妨げているという懸念もある。この点についても検討するべきである。

3. 1970年代の中国の国民党軍と1980年代以降の外国人労働者の受け入れの背景について

(1) 1970年代の公共工程のための中国の国民党軍"労工"

　中国語の"栄民"とは栄誉国民を意味する言葉であり，1949年に蒋介石が中国共産党との内戦に敗れて台湾に移ったときに，中華民国政府軍として中国大陸から台湾にやってきた58万2060人の国民党軍を指した。来台後，中国大陸との衝突に防衛軍として参加し，「古寧頭戰役」，「八二三戰役」，「九二臺海保衛戰」などで台湾の安全を守った。その後，台湾は経済発展を目指すため軍隊を再編し，1951年にはじめて退役制度を行った。退役した軍人の生活保障のため，台湾国内の重大公共建設工程に参加させた。そのため，1956年に現在の民営企業-栄工工程公司の前身である「行政院國軍退除役官兵輔導委員會」に「榮民工程處（略称：栄工処）」を設置した。具体的に，1956年～1959年に約7万7千人が参加した「東西橫貫公路」から「曾文水庫」，「十大建設」，「十二項建設」，「十四項建設」，「六年國建」まで退役軍人は重大公共建設工程の労働力となったのである。さらに"栄民"は台湾経済を支えただけではなく，サウジアラビアでの公共工事に参加したこともある。1978年にサウジアラビアへ借款を行い，道路建設のための労働者としてサウジアラビアに派遣させられたのである。また，現在の"栄民[3]"と区別するため，"老栄民"（昔の"栄民"）と呼ばれている。1987年の調査で，65歳以上の人口のうち"老栄民"は約28％を占めていたが，年々高齢化により"老栄民"人口は減少している。現在呼んでいる"栄民"と異なり，90年代まで"老栄民"は「医療」，「社会福祉」などの社会保障の分野で優遇されていた。

3　現在は，"軍人を職業"とした「退役した台湾人」も"栄民"と呼ばれているためである。

(2) 1980年代の外国人労働者の受け入れについて

1980年代以降8万人から10万人に上る不法外国人労働者が存在しているといわれている[4]。これらの不法外国人労働者は安価で豊富な労働力の供給を助け，台湾の国際競争力を高めることに寄与し，輸出志向工業化による経済成長を可能としてきた。しかし，1980年代後半から失業率が1％以下まで低下し，なかでは3K（汚い・きつい・危険）業種の労働不足が顕著となった。1989年9月には製造業で約20万人，建設業で約12万人の労働力が不足していたといわれている[5]。1988年前後に，台湾政府が本格的に単純外国人労働者の受け入れを検討した際，すでに約8万〜10万人以上の不法滞在者が実際の労働力となっていた。つまり，観光ビザで入国した外国人を労働者として不法雇用したことである。

また，「十四項国家建設」および「六年国建計画」の労働力の大幅な不足がみられたのもこのころである。台湾政府は当初外国人労働者の受け入れを否定したが，国内インフラ整備における国家プロジェクトを推進するため，1989年に「十四項国家建設」の労働者として"建設業"のみ外国人労働者を受け入れる政策を打ち出した。1990年に「十四項重要建設工程人力需求因応措置法案」が成立し，外国人労働者の受け入れは合法的な受け入れとして認可された。

ほかの積極的な受け入れの理由は以下のようにも挙げられる[6]。① 国内単純（低技術）労働力不足の補充および国内労働者就業権利の保護，② 国民の労働意欲の低下，③ 3Kの就業の観念の影響，④ 少子・高齢化の進行による看護[7]や介護や家事使用人・メイドへのニーズの高まり，⑤ 台湾"元"の切り上げによる，賃金の上昇，⑥ サービス産業の発展および生活水準の上昇，⑦ 低い失業率・高い就職率，⑧ 産業構造の高度化とそれに伴って生じた労働力の需要と供給のアンバランスである。

---

4 詹火生（1991），「開放外籍労工可能造成的影響及其因応措置」による。
5 余・陶（1999），中華労資事務基金会（http://fclma.org）を参考。
6 外国人労働者の受け入れ政策を提案・実施させた第一人者である趙守博現総統府資政（＝国策・最高顧問）/前行政院労工委員会主任委員（1989年〜1994年）へのインタビューによるもの。
7 日本の「看護助手」に当る。

つまり，近年，台湾は労働価値観の変化や少子高齢化の急速な進行や経済成長による台湾"元"切り上げをもたらした賃金上昇などの理由で，看護・介護，家事労働者（家庭内メイド，ベビーシッター），建設現場の労働者の需要が供給より大きくなっている。建設現場の労働者に関しては，企業はこのような労働力不足の市場では，賃金値上げだけで労働不足を解決できない。労働力の確保の面でも，人件費コストの面でも，台湾人の労働者よりも外国人労働者の方が好ましいのである。また，経済成長と同時に台湾の高等教育が普及したことで，若者は単純労働に就業しなくなった。若者の仕事に対する価値観が変化したことで3K労働や夜勤を伴う仕事への就職は避けられるようになった。とりわけ，1980年代後半から，台湾の若者労働者の価値観の変化により，製造業や建設業などが敬遠され，サービス業が選好される傾向が強くなっている。台湾の行政院経済建設委員会人力規劃処（趙 1992）の調査によると，サービス業は労働環境が快適で仕事が変化に富んでおり，製造業と比較をしてみると，平均賃金においても高い。さらに1980年代後半に高度経済成長の影響で国内投資および重大公共事業が拡大したため，単純労働者の不足問題がますます深刻となった。同時にバブル経済の影響で台湾国内はマネーゲームと株への投機が大ブームになり，仕事をせず，マネー・ドリームに陥ったという社会現象が起こった。そのため，製造業・建設業の労働者は現場離れが多くなり，労働集約型産業は突如として労働力不足になった。それに加えて，1984年に台湾国内でははじめて「労働基準法」（1985年に労働基準実施補則を制定した）が制定されても，不当雇用・残業・賃金などの問題を解決できない一部の製造業・建設業が残っていた。それらの労働条件を改善しない労働集約型産業から労働離れになった理由の1つとしても挙げられる。台湾の労働力の需要と供給のアンバランスはより一層の問題になり，労働不足を外国人労働者の受け入れによって補完する政策を打ち出したのは当然であった。さらに，当時経済を成長している台湾の賃金は近隣諸国の賃金水準より高かったことも重なり，台湾の労働市場に外国人労働者が流入するのは不思議ではなかった。台湾は外国人労働者の受け入れを合法化させて，段階的に開放し，現在でも，各企業が政府に希望雇用人数を申請し，政府が業種別で台湾人労働者の雇用数を合わせた上で，全従業員の3〜5割程度での外国人労働者を許可していた。

しかし，外国人労働者の受け入れは労働力不足の補完で台湾の経済を支えている一方，低賃金で雇用された外国人労働者が台湾人の就業機会を奪うという批判もある。そのため，外国人労働者受け入れの際に台湾政府は基本方針で4つの原則を打ち出した。① 台湾自国の労働者の雇用に影響がないこと，② 制度導入後，移住をさせないこと，③ 治安を乱さないこと，④ 産業高度化の防げにならないこと，という単純労働者の受け入れを前提とした原則である。一方，熟練・技術労働者（ホワイトカラー）に対しては滞在期間に制限をつけず，ハイテク産業分野は外国人労働者を規制するのではなくむしろ積極的に受け入れている。1989年には，タイ，フィリピンなどから約3000人の外国人単純労働者を受け入れた。フィリピン政府は，すでに台湾で就労している不法労働者の正規化を提案したが，台湾側はそれを拒否し，不法滞在者に対する罰則規定をいったん停止して出国（帰国）を促すとともに，出国（帰国）しない不法滞在者に対して取り締まりを強化し，不法滞在者と合法労働者の入れ替えを行った。しかし，その後の社会発展に伴う労働者の需要が高まり，一層の労働力不足を招いたため，1992年に製造業や施設・家庭介護，家事労働者／メイドなどの分野で外国人単純労働者を追加した。現在は，外国人労働者のうち製造業に就業している割合が一番多い。また，受け入れ初期は「限國・限量・限時・限業[8]」という方針であったが，2013年年末までに不法滞在労働者・行方不明労働者数は累計4万1637人までとなった。そのうち，女性は2万7184人，男性は1万4453人となり，インドネシア女性が1万5989人，ベトナム男性が1万992人で多く占めている。確かに1980年代の8万人から10万人に上るといわれている不法外国人労働者の存在と比べると，外国人不法就労者の締め出しや合法的な正規雇用の受け入れに転換した成果として，約半分以上の不法労働者の滞在問題をある程度解決した。しかし，このような外国人労働者の受け入れは不法労働者問題の改善のみならず，台湾労働市場に労働力の補完効果があるとも言える。

---

8 国・量・時間・業種を制限するという意味である。

4. 台湾における外国人労働者の受け入れの政策について

(1) 外国人労働者の定義

　外国人労働者（foreign worker）とは他国からの労働者を受け入れた国の視点で使用される言葉であり，国連・国際労働機関（International Labour Organization：ILO）においては「移住労働者」（migrant workers）が使用されている。最初から定住することを前提として入国する移民労働者も広義の外国人労働者に含まれる。この「移住労働者」という用語が定着し，国連の「移住労働者権利保護条例」でも同じように使われている。「移住労働者権利保護条例」第二条では移住労働者はその国の国民でなく，「稼得活動に従事」するものとし，その稼得活動の種別・様態は特定されていない。外国人労働者の移動要因はさまざまであるが，国家間の経済格差という要因はとても重要と言われている。また，20世紀末以降，世界経済は急速にグローバル化が進み，地域統合や二国間・多国間のFTAなども多く行われて，国際的なヒトの移動が活発になったことも重要な要因としてあげられる。しかし，外国人労働者の移動（外国人労働者受け入れ側）をめぐって，労働者送り出し国にある「頭脳流出」問題や先進国間の熟練労働者（技術者）獲得競争や単純労働者の受け入れの是非などの問題もあげられる。特に単純労働者には犯罪問題や人権問題などの深刻な問題も多い。

　台湾の「就業服務法[9]」では「外国人労働者（外籍労工）」の定義は明記されていない。しかし，一般的には台湾国籍ではないが，台湾国内で雇用された労働者を指す。英語表記は「migrant worker」が多い。「外国人労働者（外籍労工）」は東南アジア出身に限るものではなく，単純労働者（ブルーカラー，藍領）だけを指すものでもないが，現実では「外籍労工」，「外労」と呼ばれるのは単純労働者（ブルーカラー，藍領）を指すことが多い。台湾では「外労」という言葉はあまりよい意味ではなく，むしろ軽蔑的な意味がある。「就業服務

　9　「外国人従事就業服務法第四十六条第一項から第六款工作資格及審査標準」より参考。

法」の外国人雇用範囲・管理制度上でもホワイトカラーの方が優遇されている。

さらに,「就業服務法」において台湾国内の外国人労働者の区分は以下のようになる。

1) 移民を許可され,長期居住ができる労働者
2) 台湾国内の就業を許可され,認可の業種に従事する労働者
3) 台湾国内の就業を許可され,認可以外の業種に従事する労働者
4) 台湾国内の就業を許可せず,不法労働者
5) 不法入国,不法労働者

また,台湾に就業ができる外国人単純労働者の業種は図表10-1のようになる。

図表10-1 外国人単純労働者の業種

業種	業務内容
海洋漁業作業	船員
製造業	製造作業、造船業といった直接的に製品を製造する仕事,または製造に関する肉体労働
建設業	建設現場または関連場所で建設に従事する仕事,または建設に関連する肉体労働
在宅介護関連	個人家庭で心身障碍者または病人に日常生活を介護する関連事務の仕事
介護/看護施設介護	医療介護,規定の施設または病院で収容されている心身障碍者あるいは病人の日常生活を介護する関連事務の仕事
ホームヘルパー(家庭内メイド)	家事介護,家事労働者といった個人家庭で部屋の掃除,料理,家族成員の介護または他の在宅サービスに関する仕事
通訳作業	海洋漁業,製造,建設,ホームヘルパー,在宅介護,機構介護などに従事する外国人に指導管理する上での通訳をする仕事
料理および関連作業	海洋漁業,製造,建設,ホームヘルパー,在宅介護,施設介護などに従事する外国人に料理を提供する仕事
特殊作業	特殊作業あるいは国内人材不足の産業のための仕事

出所:筆者作成。

(2) 台湾における外国人単純労働者の受け入れ3段階

1) 第1段階(1980年代～1992年):外国人労働者の政策形成の段階

受け入れ初期には,国内建設事業からの要求に応えながら,外国人不法就労

を防止するため，1989年に「十四項重要検閲工程入力需給因応措置法」を成立し，1991年に国内の公共建設事業のため，はじめてのタイ人労働者を受け入れた。しかし当時，適用法律が不完全で，台湾人労働者と同様に「労働基準法」を適用し，"最低賃金"つまり労働基準法の基本賃金が保証された。その後，建設分野の労働需要や不法就労の防止に加えて，台湾人労働者の雇用保障を明確に検討し，1991年には外国人労働者の受け入れの基盤となる「就業服務草案」が議論され，12月に「就業服務法」を成立し，はじめて法的整備が進められた。しかし，この時期では，国内の労働者は外国人労働者の受け入れに対して反対の立場であった。

2） 第2段階（1992年～2000年）：外国人労働者政策の逐次開放の段階

外国人労働者の管理方法について同じく高賃金の労働条件で多くの外国人不法労働者の流入に防止政策のシンガポール方式を導入した。1992年5月に「就業服務法」，7月に「外国人聘雇許可及管理辦法」（外国人雇用および許可管理法）を実施し，徐々に開放段階へ進んだ。さらに1992年に建設業以外の製造業や家事労働，介護関連を許可した。民間製造産業の外国人労働者の受け入れも許可した。家事労働者と介護労働者を区別しているのは台湾の特徴である。もう1つの特徴は，外国人労働者の急激な流入を防ぐため，外国人単純労働者の受け入れを「比例政策」で行ったことである。つまり，国内全体の労働者の何割までは外国人を雇用できるという割合を設けている。また，「就業服務法」では，台湾人労働者への機会を増やすため，当時，南科工業園区に外国人労働者の雇用を禁止していた。この時期の国内労働者は「就業服務法」の実施によって，反対の立場から外国人労働者の受け入れを実行している行政機関・部門を監督の立場に変えた。また，「就業服務法」を定める目的について以下のようにまとめる。

① 就業安定費の徴収：

本国労働者賃金＝外国人労働者基本賃金＋就業安定費

つまり，就業安定費（雇用税）による雇用コストの引き上げで不正・不当な外国人労働者の雇用を厳しく制限するという，国内労働者雇用の保護であるという台湾の外国人労働者政策の特徴の1つとして挙げられる。

② 人材仲介会社の管理：不法仲介会社からの仲介費や派遣あっせんなどの

問題を解決するためである。

③ 受け入れ後の管理：外国人労働者の勤務，安全衛生，転職，賃金支払いなどの問題解決のためである。

3） 第3段階（2000年～現在）：外国人労働者政策を緩やかな変動時期に調整の段階

外国人労働者の受け入れは台湾人労働者の雇用への影響を与えず，代替関係ではなく，補完関係でなければならないという原則の下で行われている。しかし，1997年アジア通貨危機以降，失業率は徐々に高くなっているにもかかわらず，外国人労働者の数は増加し続けた。2000年以降も国内失業率が高く，深刻な問題となり，比例政策のため，1年間で約1万5000人の外国人単純労働者が削減された。その後も雇用条件が厳しくなり外国人労働者は大幅に抑えられた。しかし，家事・介護労働者に対する需要が大きく，国民から雇用条件の緩和を求められたため，新たな介護労働者を1999年にベトナムから受け入れ，2004年にモンゴルからも受け入れた。台湾の労働市場は国内失業率と相関せず，外国人労働者が増えている。この時期は，外国人労働者政策は「緩やかに変動する時期」であり，さまざまな調整が行われた。また，もう1つの外国人労働者の増加の理由として，企業側からの要望で政府が受け入れを認めたという背景もある。1989年の重大建設工程時にも建設を請け負う企業が要望したものであったし，1991年の製造業の開放時には3K産業の企業からの要望があった。さらに，重大投資の製造業や新竹科学工業園区などの開放も企業側からの要望であった。

また，企業側の外国人単純労働者の雇用理由について以下のように挙げられる。① 想定した労働力を供給できる，② 人件費を削減できる，③ 退職金の6％の支給を控除でき，ボーナスの支給を免除できる，④ 賃金の調整が必要ない（政府の最低賃金を適用），⑤ 外国人労働者は仕事に対する整合性が高く，残業希望も高い，⑥ 残業などの発生を考慮しても，本国労働者への支給より低い，⑦ 最大雇用期間は12年になる（高い定着率），⑧ 本国労働者の労働意欲が低い産業を補完できる。このような理由があったため，企業は台湾政府に外国人労働者の受け入れを求めたのである。

5. 台湾における外国人労働者に関する政策の変遷

(1) 外国人労働者の受け入れにおける基本政策
① 国内労働者就業権利の保護
　まず，外国人労働者の受け入れは国内労働者の代替ではなく補充である。また，国内労働者の採用を満たさないときしか外国人労働者を雇えない。さらに外国人労働者の受け入れは全面的な開放ではなく，業種・人数を制限（限業限量）している。

② 外国人労働者から偽装移住者（就労目的移民者）になることの防止
　当初，法律に最大労働許可期間は3年であったが，2002年から最大2回更新を認め，2014年現在，労働許可期間は12年まで延長できる。

③ 外国人労働者が社会問題にならないための措置
　まず，外国人労働者は必ず本国政府の証明書を提出すること，台湾に入国後，必ず定期的に指定病院で健康診断を受けること，雇用側は外国人労働者の行方や生活管理などを定期的に指定機関に報告し，さらに外国人労働者の移送などのため，事前に政府に保証金を支払う。

④ 台湾の産業調整の妨害にならないための採用制限
　企業側は外国人労働者（単純労働者）に頼りすぎると，台湾の国内産業調整を妨害する可能性があり，外国人労働者の採用が制限される。

⑤ 外国人労働者の提供国の制限
　最初，フィリピン・タイ・マレーシア・インドネシア・ベトナムのみであったが，現在，モンゴルを加えて6カ国となっている。

⑥ 不法労働者の合法化の不許可
　不法労働者を減少するため，法律で管理するだけではなく，厳しい取り締まりも必要である。

⑦ シンガポールの政策を参考
　シンガポールではまず，3K分野に従事する単純労働者は必要最低限となる数量調整を行いつつ受け入れる。また，「R」単純労働者に分類される外国人

労働者に対し，雇用税による雇用コストの引き上げおよび雇用率による雇用量の制限がある。そして，「基本賃金」を設置せず，市場活動による賃金を定める。台湾では「基本賃金」を定める点ではシンガポールと異なる。シンガポールのその理由としては，基本賃金を設定せずに市場に任せると国内産業が調整できなくなることと，FTA のような二国間協定での規定などがあげられる。

(2) 外国人労働の台湾に就業する注意事項
台湾に就業する外国人単純労働者の条件および注意事項
① 就業在留期間制限
1989 年当初，在留期間 2 年を上限とし，契約終了後，1 年の延長を 1 回認め，在留期間は最大 3 年としたが，企業側の要望により在留期間は徐々に長くなり，2002 年から 6 年まで，2007 年から 9 年まで，2014 年時点では 12 年まで延長を許可する。しかし，最大 12 年まで延長できるのは，重大建設公共工程に従事している労働者や雇用期間において違反の無い労働者などとしている。
② 許可なしの転職が不可
外国人労働者は来台後，許可なしに申請当初の雇用企業から転職ができない。また，同じ業種での転職は審査によって最大 3 回までとしている。
③ 職場の変更は不可
まず，家庭介護や家事使用人・メイド先の転居とともに職場の住所の変更を認めるが，必ず警察署に居留地の変更を提出しなければならない。また，製造業および建設業は移動規定に定める以外は職場の変更を許可しない。
④ 許可された業種以外の業種に従事できない
⑤ 仲介費の基準
就業服務法第 35 条第 2 項，第 40 条第 5 款および「私立就業服務機構収費項目及金額標準」に従う。

1 年目：毎月 1800 台湾元（約 6149 円[10]），2 年目から 1700 元（約 5807 円），3 年目から 1500 元（約 5124 円）を超えない。同じ雇用主かつ 2 年以上の勤務：1500 元（約 5124 円）を超えない。また仲介費の先徴収は最大 3 カ月

---

[10] 本章では台湾元から円に換算した際，2014 年 7 月の為替レートで計算した。

までとしている。
　⑥　各保険の加入
　まず，台湾国民と同様に「全民健康保険」（国民健康保険）と「労工保険」（労働保険）に加入義務としている。しかし，「就業保険法」と「労工退休金条例」は適用しない。さらに，定期的に健康診断を受ける。
　⑦　賃金・時給・就労時間・有休の規定
　　ⅰ　「労働基準法」に適用業種
　　ⅱ　基本賃金：単純労働者-毎月1万7880元（約6万1076円），時給98元（約335円）
　　ⅲ　勤務時間：8時間を超えない，2週間の合計勤務時間は84時間を超えない。
　　ⅳ　残業時間：男性は毎日3時間／毎月46時間，女性は毎日2時間／毎月24時間を超ええない。
　　ⅴ　残業代：2時間以内：時給の1/3以上を支払う。さらに2時間を延長した場合，時給の2/3以上に支払う。
　⑧　「労働基準法」を適用しない業種
　家庭介護や家事使用人・メイドには適用しない。雇用内容・条件は「労働契約」に基づく。

　しかし，現時点における政策の変更は以下のようにまとめられる。
①　「一般製造業の雇用申請を10％減少」：つまり，企業の海外進出・国内産業移転・労働生産性の上昇などによって，単純・一般製造業の雇用申請を減らされている。
②　「高技術産業の雇用は国内労働者を優先」：高技術産業の海外移転を防ぐため，国内の産業調整，生産，雇用など国内労働者を優先させる。同時に外国人労働者（単純労働者）の雇用割合を減少させ，申請条件・資格を大幅に調整している。
③　「重大公共建設の雇用申請を維持」：国内の公共建設が順調に発展するため，外国人労働者の申請を維持する。しかし，工程経費のうち，外国人労働者の割合を現在の50％から30％に減少する。また，外国人労働者の雇用申

請を維持するが，基本的に国内労働者を優先し，国内労働者の人数と外国人労働者の雇用の割合を1対1にする。
④ 「外国人労働者の人権問題を重視」：2001年「労基法」に適用する業種で女性外国人労働者の産休は広く許可された。同時に2001年「外労基本人権維護問題専案小組」を成立した。

6. 外国人単純労働者の受け入れの実態および経済効果

まず，図表10-2によると，台湾の人口推移は近年，横並びになり，少子・高齢化の問題とともに台湾では自国の労働力の不足問題が懸念されている。また，図10-3の失業率は1980～2000年前後は約1％～2％台と低いレベルを推移していた。当時の経済成長率は約6～7％台であり，台湾は80年代から90年代まで目覚ましい経済発展を展開した。著しい経済発展により国民の生活水準や教育水準などは向上しており，「3K産業」という建設現場や労働集約型製造業への就業が減少している。また，資本・技術集約型産業への構造転換が

図表10-2 台湾人口推移（1950年代～2013年）

年	人口（百万人）
50年代	9.37
60年代	13.51
70年代	16.28
80年	17.87
85年	19.31
90年	20.4
95年	21.36
2000年	22.28
2005年	22.77
2010年	23.16
2011年	23.23
2012年	23.32
2013年	23.41

出所：台湾内政部戸役政資訊為民服務公用資料庫各年版。

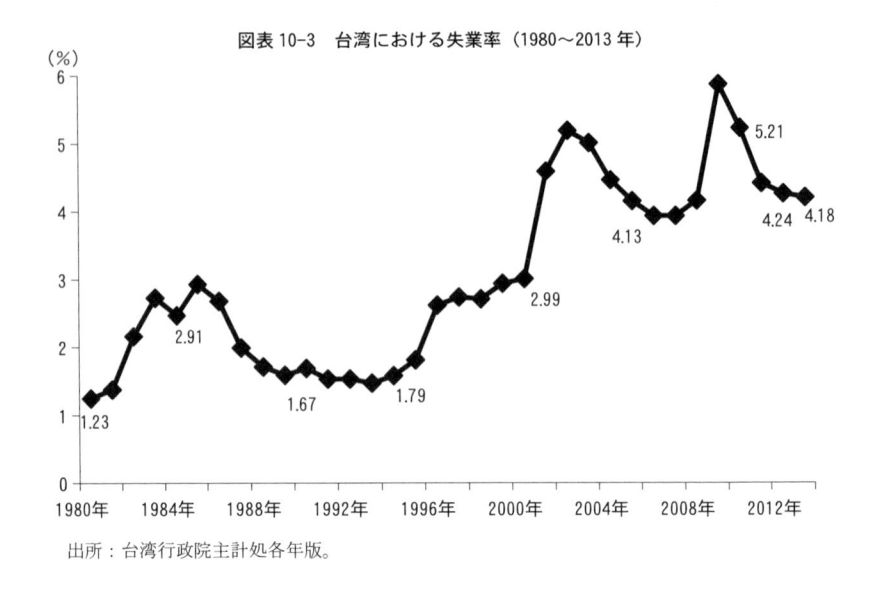

図表 10-3　台湾における失業率（1980～2013 年）

出所：台湾行政院主計処各年版。

進んでも必要最低限の単純労働力の確保が難しい状態となった。このようなことから，前述したように，台湾よりも賃金水準が低いアジア近隣国から単純労働者（もしくは不法就労者）の送り出し先になるのは当然であった。しかし，2002 年 8 月の失業率は深刻な 5.4％であり，失業者数は 50 万人を上回った。台湾の行政院主計処が発表した統計および資料によると，2001 年からの高失業率の理由は，①中高年層の占める比率が高い，②中小製造業の単純労働者の占める比率が高い，③企業のリストラや倒産あるいは工場の海外移転（大半部分は中国大陸への移転である），などである。グローバル化が進んでいる反面，台湾の産業構造の調整が遅れている。そのため，4～5％の失業率でも，外国人単純労働者へのニーズが相変わらず高く，台湾国内から外国人労働者の受け入れへの批判が多くなった。それにも関わらず，年々受け入れ人数を増やしている。

図表 10-4 の台湾における産業別労働人口の推移によると，80 年代半ばから，第 3 次産業であるサービス業の労働人口は第 2 次産業である製造業を上回って年々上昇している。不足している建設業や労働集約型製造業の労働力は

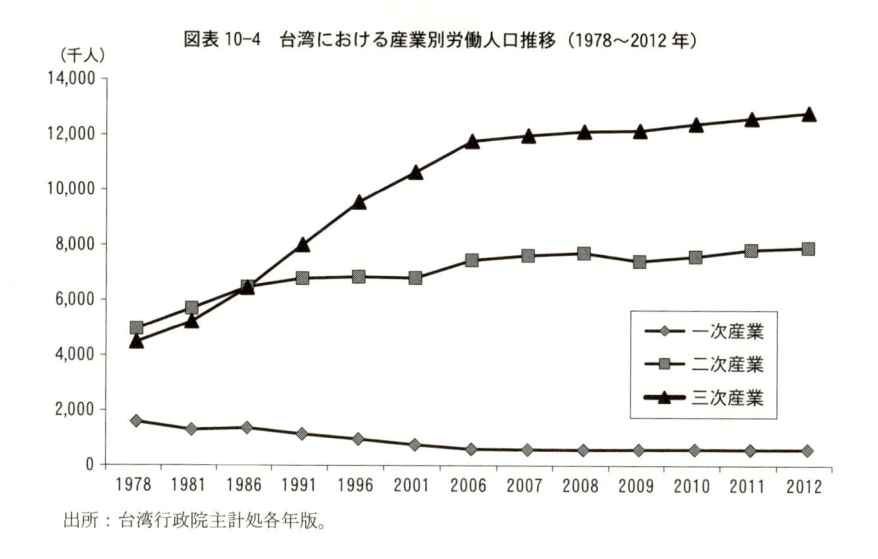

図表10-4 台湾における産業別労働人口推移（1978〜2012年）

出所：台湾行政院主計処各年版。

　合法的に外国人単純労働者の受け入れで短期的に補完されている。つまり，労働力の国際間の移動は一般的に受け入れ国の利益になるという理論にあてはまる。しかし，台湾は建設業や労働集約型製造業の受け入れのみならず，在宅介護関連，ホームヘルパー（家庭内メイド）といった非貿易財生産部門への受け入れを年々増加している。このような非貿易財生産部門の賃金はほかの生産部門（ほかの産業）より低いため，短期的にほかの生産部門への影響がないが，中期・長期的になると，労働力は低賃金の非貿易財生産部門からほかの貿易財生産部門へと移動することが可能になり，外国人労働者の受け入れ人数がますます増加すると考えられる。そのため，労働集約型といった単純労働から資本・技術集約型への産業構造の転換が難しくなる可能性が高い。確かに外国人労働者の受け入れは台湾の労働不足に補完効果と，低賃金労働力による生産コストの削減効果といった二重の経済効果がみられる（施 2007）。しかし，受け入れ国の自国労働者・経営者・消費者に対する経済的効果も考える必要がある。

　図表10-5によると，右縦軸では，台湾の受け入れ外国人単純労働者数は1991年の2999人から2013年の48万9134人に増加した。また，左縦軸では，

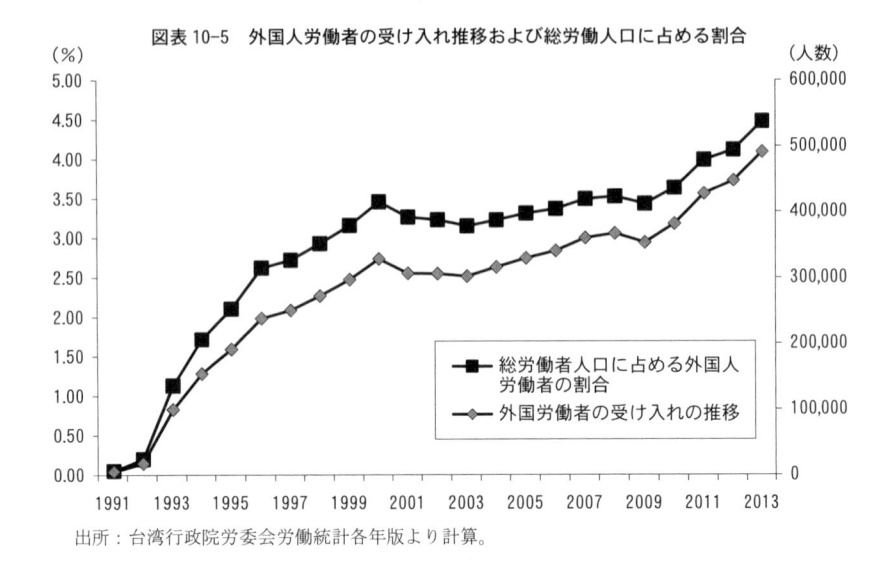

図表 10-5 外国人労働者の受け入れ推移および総労働人口に占める割合

出所：台湾行政院労委会労働統計各年版より計算。

外国人単純労働者は台湾国内総労働者数に占める割合は 1991 年の 0.04％から上昇し，2013 年では 4.5％となり，さらに拡大している。そのなかで，2001 年〜2004 年は産業の海外進出の急増，国内不景気とともに外国人労働者の雇用を削減する政策を打ち出したなどの要因で受け入れ労働者数が一時的に減少したが，現在，再び増加している。こうしたことから，台湾の自国の労働者への影響を判断するのは大変困難になっている。受け入れは所得の減少につながるか，経営者（あるいは資本家）の利益が増えるか，社会全体の消費者にはマイナス効果を生じるかといったさまざまな影響に関して，統計的実証かつ経済学的分析が必要となる。

また，受け入れ外国人労働者を産業別（図表 10-6）で見ると，受け入れ当初は建設業のみの 2999 人であったが，企業側からの圧力と国内の高齢・少子化による労働不足の懸念などの理由で製造業や施設・在宅看護／介護などまで拡大した。国内重大公共建設工程は 1986 年から 2000 年代の半ばまでほぼ完了したため，現時点では全外国人労働者に占める割合は 0.7％に急減した。逆に製造業は全外国人労働者が約半分の 54.3％を占めている。しかし，一般製造業の雇用申請は減少の傾向がある。製造業のなかで最も多いのは電子部品の組立

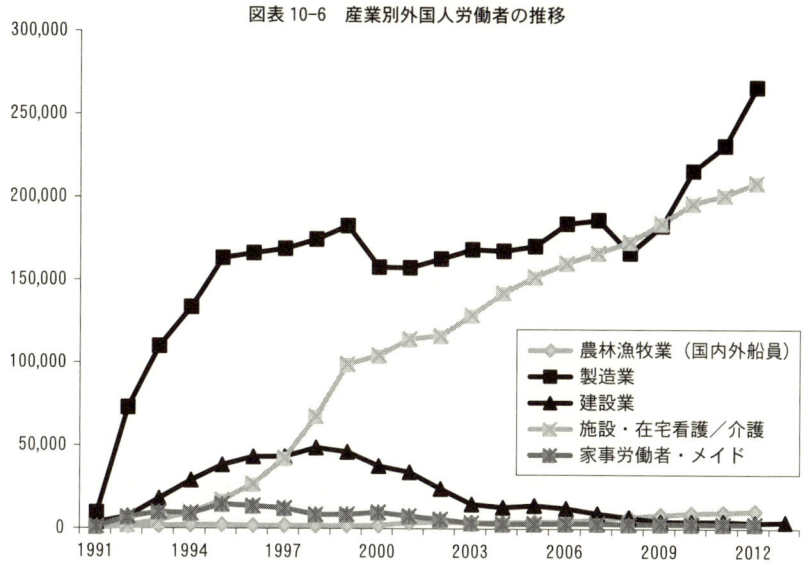

図表10-6 産業別外国人労働者の推移

出所：台湾行政院労委会労働統計各年版より計算。

に従事している外国人労働者である。一方，受け入れ当初は全外国人労働者の2％しか占めていなかった施設・在宅看護／介護は急増し，2013年に43％となった。男女の共働きや高齢化などの理由で今後も施設・在宅看護／介護労働者が増えると考えられる。また，製造業の場合は行政院経済部，看護／介護の場合は医師による審査に通った案件のみ外国人労働者の雇用申請を行うことができる。看護／介護の労働者の申請は他の産業より申請しやすく，不正雇用の問題もある。

図表10-7の外国人労働者の国籍に関しては，1989年にはじめて2999人の外国人労働者を受け入れたときにはタイ，フィリピンなど数カ国に限定されていた。その理由は，台湾行政院労工委員会によると，台湾との友好国のタイ・インドネシア・マレーシアと不法労働者が多いフィリピンに限定して受け入れを実施したからである。その後，1999年にベトナム，2004年にモンゴルが追加された。現在，外国人労働者を国籍別にみると，インドネシアの占める割合が最も高く，主に施設・在宅看護・介護の分野である。しかし，2002～2004

214　第Ⅲ部　国際間労働移動における受け入れ国の問題

図表 10-7　国籍別外国人総労働者に占める割合

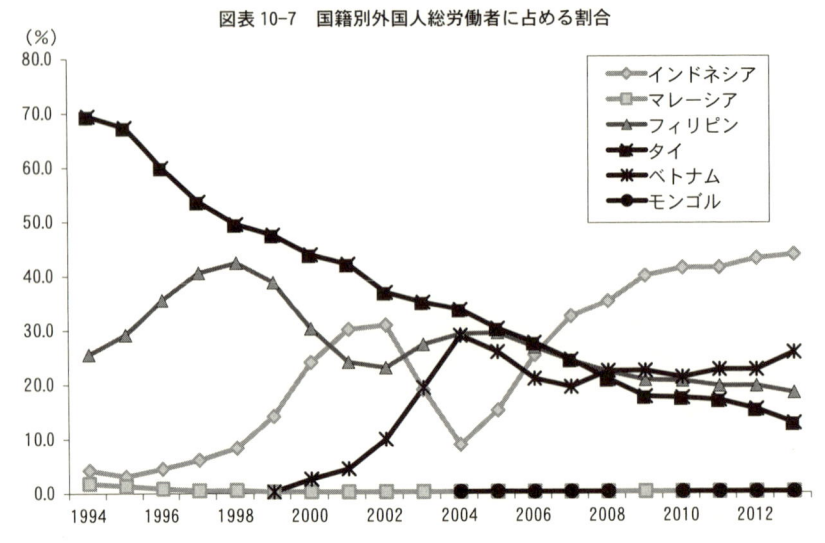

出所：台湾行政院労委会労働統計各年版より計算。

年に失踪率が高かったこととインドネシア政府の調査協力拒否のため，一時的に受け入れを凍結したこともあった。ベトナムは外国人労働者に占める割合は1/4 となり，労働者の約 40％は製造業を中心としている。

産業別によって，男女の割合も異なる。施設・在宅看護・介護を中心としたインドネシアの労働者は女性が男性の約 4 倍であり，フィリピンは約 1.5 倍である。ベトナム，タイは製造業を中心に男性が若干女性より多い。

7．おわりに：台湾における外国人労働者の受け入れの課題

本章では，外国人労働移動研究の第一歩として台湾の実態調査を行った。80年代半ばから，不足している建設業や労働集約製造業の労働力は合法的に外国人単純労働者の受け入れで短期的に補完効果への期待ができた。また，台湾の事例で労働力の国際間の移動は一般的に受け入れ国の利益になる理論にあてはめた。次に短期間で自国の労働力不足の問題を解決し，さらに経済的な効果が

あげられた。90年代から2012年まで外国人労働者の受け入れ人数を急増しても，経済成長率は約5％～7％台である。そして，建設業や労働集約製造業の受け入れは台湾の労働力不足に補完効果と低賃金労働力による生産コストの削減効果といった2重の経済効果がみられた。しかし，現実に国際経済学のなかで，建設業や介護サービスといった非貿易財生産部門の存在と地域統合や二国・多国間のFTAが活発に行われた貿易の自由化の存在といった新しい要素を加えて経済効果をもたらすかを再分析すべきである。長期的に「貿易財」製造業と「非貿易財」施設・在宅看護／介護の受け入れの経済効果および国内産業構造調整の妨害について実証の必要がある。また，「貿易財」と「非貿易財」の受け入れによって，自国の消費者・労働者・経営者などへの影響も重要な課題となる。

　次に，政策として，国内産業調整の妨害，外国人労働者の保険加入の不整備，外国人労働者の入国後の管理，雇用主および外国人労働者の犯罪問題，看護・介護関連産業に従事する外国人労働者の「労働基準法」への適用問題，仲介会社の違法および管理問題，賃金問題の争議，受け入れ国の拡大の必要と中国進出の拡大および国内の最低賃金問題は再検討すべきである。なかでも，中国への進出拡大をもたらした台湾の産業構造調整の問題点や台湾人労働者の中国への移動や中国人労働者の受け入れについて今後さらなる重要な課題になる。特に近年，国内賃金の低迷で外国人労働者の受け入れ政策への批判が再び問題となっている。

　現時点の中国人労働者の受け入れは，2010年9月に発効した「海峡両岸経済協力枠組み協議」（略称ECFA）にも中国人労働者について交渉しない方針であった。しかし，ECFAによる中国資本・企業の参入および中国へのサービス分野の進出で台湾の労働市場が変化せざるを得なくなる問題が起こっている。そのため，中国との関係も検討する必要がある。それに合わせて，さらに東アジア経済への新展開を提言したい。

〔江　秀華〕

参考文献

<日本語>
- 朝元照雄（1996），『現代台湾経済分析：開発経済学からのアプローチ』勁草書房。
- 朝元照雄編（1999），『台湾経済論：経済発展と構造転換』勁草書房，192-198頁。
- 安里和晃（2004），「台湾における外国人家事・介護労働者の処遇について」『経済学論集（民際学特集）』第43巻第5号，4～8頁，龍谷大学。
- 井口泰（2001），『外国人労働者新時代』（ちくま新書）[新書] 筑摩書房。
- 今井健一・村上桃子他（共編著）（2006），『東アジアのIT機器産業分業・競争・棲み分けのダイナミクス』研究双書 No.556，アジア経済研究所。
- 今泉慎也（2012），「第8章外国人労働者受け入れに関する法的枠組み―韓国と台湾の比較をてがかりに」山田美和編『東アジア人の移動の法制度』アジア経済研究所。
- 木村福成（2002），『東アジア国際分業と中国』ジェトロ（日本貿易振興会）。
- 江秀華（2010），『アジアにおけるIT産業の国際展開と専門技術者の国際移動』早稲田大学出版部。
- 後藤純一（1990），『外国人労働者の経済学：国際貿易論からのアプローチ』東洋経済新報社。
- 洪榮昭（2006），「台湾―2国間協定に基づく受け入れを実施」テーマ別国際比較 労働政策研究・研究機構・海外労働情報。
- 佐野哲（2004），「台湾の外国人労働者受け入れ政策と労働市場」Center for Intergenerational Studies, Institute of Economic Research, No 229, 一橋大学。
- 佐野哲（2008），「日本とアジア諸国における外国人単純労働者の受入れ政策」『経営志林』第45巻3号，37-52頁，法政大学。
- 佐野哲（2013），「直接投資と日本への国際労働移動 非熟練外国人労働者に対するグローバル化企業の関与」国際問題2013年11月号，No.626。
- 島田克美（1994），『東アジアと台湾の経済―政府，市場，組織・ネットワークの役割』学文社。
- 施昭雄（2007），「台湾の外国人労働者受け入れ問題」『福岡大学経済学論叢』51(4)，103-128頁，福岡大学。
- 施昭雄（2013），「台湾における外国人労働者問題」『国際問題』2013年11月号，No.626。
- 中原裕美子（2003），「外国人労働者が台湾の雇用と産業構造に与える影響」日本台湾学会，2003年第5号，107-128頁。
- 中原裕美子（2009），「台湾における不熟練外国人労働者の現状と問題―ケアワーカーおよびベトナム人労働者を中心に―」『経営学論集』九州産業大学経営学会，19(4)。
- 労働政策研究・研修機構（2007），『アジアにおける外国人労働者受け入れ制度と実態』労働政策研究報告書，No.81。
- 渡辺利夫（2009），『東アジア共同体を考える―アジア研究所叢書』亜細亜大学アジア研究所。

<中国語>
- 潘淑滿（2007），「外勞政策：外籍家事工受爆現象的社會意義」社區發展季刊119，103-118頁。
- 趙守博（1992），『勞工政策與勞工問題』中国生産力中心。
- 台灣行政院勞委會勞動統計各年版。
  http://www.cla.gov.tw/cgi-bin/siteMaker/SM_theme?page=41761dc1
- 台灣就業服務法 法規條文 行政院勞工委員會勞工法令系統
  http://laws.cla.gov.tw/Chi/FLAW/PrintFLaw01.asp?lsid=FL015128&ldate=&beginPos=0
- 外國人從事就業服務法第四十六條第一項第八款至第十一款工作資格及審查標準 行政院勞工委員會
  http://admin.must.edu.tw/upfiles/ADUpload/c23_downmul1438181918.pdf

第11章
韓国の外国人労働市場の現状と課題

1. はじめに

　韓国では1980年代の末から，賃金水準の急騰に少子化，高学歴化が重なり3Kの仕事や中小製造業などを中心に労働力の不足が深刻になった。労働力の不足に対応して韓国政府は外国人労働の受け入れを拡大する政策を行った。外国人労働の流入を論ずる時，よく高技術者，高学歴者の導入が望ましいと言われるが，実際にはいわゆる専門労働者の流入は非常に少なく，3K分野などでの就業を目的とする非専門労働の増加が目立つ。2000年代の後半からは韓国系外国人，とりわけ中国国籍の朝鮮族の人に比較的自由な入国を許容したため，これらの人たちの流入が急増した。本章では韓国での外国人労働の実態と外国人労働の流入に関する課題を提示したい。

　主要論点ないし今後の課題としては，これまでの労働力不足は中小製造業，農畜産，建設，単純サービス業で著しかったため，いわゆる非専門，単純外国労働の導入で解決できた。しかし，今後韓国の産業界ではこれからベビーブーム世代が大量引退する時期に入り，専門技術者が大きく不足することが予想される。それを解決するためには外国人労働の導入が考えられるが，外国の専門技術者の確保，養成を効果的にする総合的な政策，戦略が必要である。また，技術移民の受け入れや優秀な理工系留学生の誘致などを積極検討すべきである。それによって外国人定住者が増えることが予想されるが，それに対しての準備や対応も検討を急ぐ必要がある。

2. 3K 職場を中心とした外国人労働の急増

　多くの国では経済発展の初期段階には労働力は豊富であり，資本不足のために賃金水準が低く，労働集約産業の比重が高いのが一般的である。しかし，経済発展，産業化の進展に伴い労働豊富経済は次第に労働不足経済に変わり，賃金も上昇する。韓国においては 1987 年 6 月に行われた，いわゆる民主化宣言以後主に賃上げを要求する労働争議が急増し，その影響を受けて賃金が 1980 年代末から急騰した。さらに 1990 年代に入ってからは少子化，高学歴化が急速に進み，製造業を中心に労働力不足が深刻になった。いわゆる 3K（汚い，きつい，危険）の職場はもちろん製造業や中小企業でも若い労働力を探すのが難しくなった（深川 1997, 63-64 頁, 138-139 頁）。

　次第に 3K の職場には中国や他のアジア諸国から来た外国人労働者が増加し，韓国政府としても外国人労働の受け入れを政策的に推進せざるを得なくなった。政府の外国人労働受け入れ政策は初期の 1990 年代には外国人労働者を産業研修生という名目で受け入れるが，1 年ないし 2 年間国内の企業で働いた後本国に送り返すというやや消極的な制度を作った。2004 年 8 月には雇用許可制が始まりアジア諸国との協定に基づいて外国人労働の受け入れが本格化した。また，2002 年 11 月からは外国国籍の韓国人が韓国国内で働くことが可能となり，2007 年 3 月からは韓国系外国国籍者を対象にした訪問就業制が実施され，その後韓国系中国人の流入が急増した。

　韓国に滞在する外国人は 2012 年末現在 144 万 5000 人あまりになる。このうち就業を目的に滞在する外国人は約 60 万人に達するが，就業以外の定住を目的として滞在している外国人（2012 年末現在 50 万人近くになる）も，実際にはかなりの数が就業していることが予想される。

　中小製造業，農畜産業，建設，サービス業では韓国人の就業忌避などもあり外国人労働への依存度は急速に高まっている。今後，介護，看護分野など多くのサービス分野でも外国人労働への需要は高まると思われる。

　外国人労働の受け入れ拡大について，受け入れ国では色々な問題点や課題が

指摘されるが，労働力の送り出し国の立場からは労働力の送り出しが外貨獲得や経済発展に役立つ技能や技術習得の機会になり得るので重要な意味を持つ。このような立場から発展途上国の経済支援策の1つとして外国人労働の受け入れ，訓練などを見る必要がある。

本章では，まず韓国における外国人労働の実態を中心に韓国の外国人労働市場の特徴を明らかにする。その後外国人労働の増加要因や政府の外国人労働政策，外国人労働流入の問題と今後の課題を提示する。

3. 外国人労働の実態

(1) 外国人流入の推移

韓国における外国人の流入を2000年以後の韓国政府の査証発給状況から見ると，2001年から2004年までは2003年11万5342件と10万件を超えた年もあったものの，2001年4万8346件，2002年6万2276件，2004年7万5061件と6～7万件台にとどまった。ところが，2005年以後査証発給件数が急激に増加して，2005年14万6521件，2006年14万3363件，2007年13万207件を記録した（図表11-1）。

このような2000年代半ば以後の外国人の流入の急増を反映して，国内滞在外国人の累計数も図表11-2から見られるように，2005年以後大幅に増加して2012年には144万5000人に達している。

このうち就業のため政策的に導入された外国人は，専門労働5万人，非専門労働55万人と合計60万人あまりである（図表11-4参照）。2005年から外国人の数が大幅に増加した主な原因は，2004年から外国人雇用許可制で外国人労働者の流入が増え，留学生の誘致政策も本格化し，結婚による移民もこの時期から大きく増加したことにある（Kim Yon-Soo 2012，6頁）。

(2) 業種別外国人労働

次に，図表11-3で外国人雇用企業の外国人依存度を示している。これは2011年を基準に業種別分布が把握可能な27万人あまりを対象に調査した資料

220　第Ⅲ部　国際間労働移動における受け入れ国の問題

図表 11-1　査証発給推移

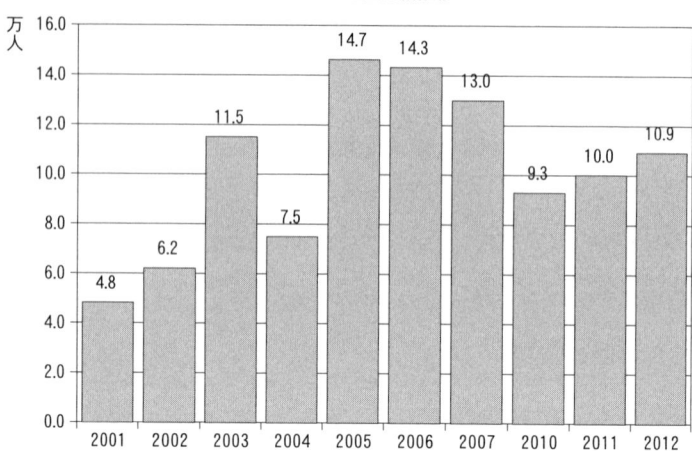

(万人)

年	2001	2002	2003	2004	2005	2006	2007	2010	2011	2012
査証発給	4.8	6.2	11.5	7.5	14.7	14.3	13.0	9.3	10.0	10.9

出所：出入国管理統計年報（各年度：2005年まで）および出入国・外国人政策統計年報（各年度）から作成。

図表 11-2　国内滞在外国人累計数の推移

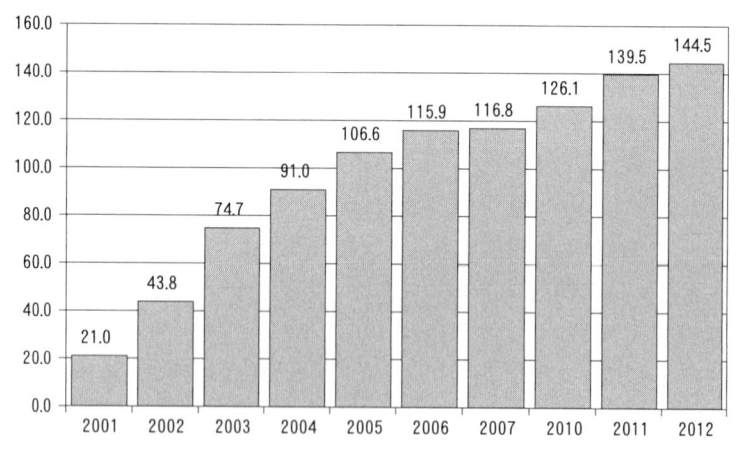

年	2001	2002	2003	2004	2005	2006	2007	2010	2011	2012
累計数	21.0	43.8	74.7	91.0	106.6	115.9	116.8	126.1	139.5	144.5

出所：出入国管理統計年報（各年度：2005年まで）および出入国・外国人政策統計年報（各年度）から作成。

であり，外国人労働の業種別の比重は製造業が最も高い75.78％を占め，サービス業12.81％，建設5.45％，農畜産4.64％の順になっている[1]。

また，外国人の比率が最も高い業種は，2011年基準で漁業83.32％であり，農畜産業72.7％，建設55.58％，サービス23.95％，製造17.68％の順になっている。2005年に比べ2011年にすべての業種において外国人比率が急速に高くなっていることは特記すべきことである。

次に，図表11-3に表れているように企業の規模が小さいほど外国人比率が高い。2011年基準で300人以上の企業では外国人比率が1.61％であるが規模が小さくなるほどその比率が高くなり，5人未満の企業では41.87％と格段に高い。これは零細企業では作業環境が悪く，賃金水準も低いため，韓国人を雇うのが難しいことの表れである。2005年に比べて2011年外国人比率が急速に高くなっている。とりわけ，5人未満の小規模の事業所のうち外国人を雇用した経験のある事業所の外国人依存率が2005年の17.46％から2011年の41.81％に大きく増加しており，増加幅が5人以上の事業所に比べて大きい。

(3) 産業別・分野別・形態別外国人労働
① 非専門労働者が外国人労働の中心

国内労働市場に入って来る外国人は専門，非専門労働者に区分することができる。専門外国人労働は教授，会話指導，研究，技術指導，専門職業，芸術興行，特定活動からなる。非専門労働は非専門就業，船員就業，訪問就業，観光就業，短期就業からなる[2]。

最近5年間の就業外国人労働者60万人の91.7％は非専門労働者が占める（図表11-4，図表11-6）。これは2004年に外国人雇用許可制，2007年には外国籍の同胞が主な対象になる訪問就業制が実施されたことを契機に非専門外国人労働の流入が本格化したためである。2011年を見ると非専門外国人労働者のうち，非専門就業と訪問就業が各々42.7％，55.3％とその大部分を占めた

---

[1] 外国人労働者の業種別分布は滞在全体外国人の約25％のみ把握が可能。（雇用許可制で入国した外国人全体と訪問就業制で入国した同胞の約10％についてのみ把握が可能）資料：Lee Kyu-Yong and Park Seong-Jae（2008），32頁。

[2] 後述の在留資格を参照。

図表 11-3　外国人雇用企業の外国人依存度（2005-2011）　（単位：人，％）

		2005			2011		
		外国人	内国人	外国人比率	外国人	内国人	外国人比率
業種	製造	34,926	766,097	4.40	205,262 〔75.78〕	956,004	17.7
	建設	91	10,117	0.90	14,756 〔5.45〕	11,792	55.6
	農畜産	380	3,661	9.40	12,561 〔4.64〕	4,717	72.7
	サービス	10,523	69,406	13.20	34,695 〔12.81〕	110,166	24.0
	漁業	6	465	1.30	3,096 〔1.14〕	620	83.3
	その他	-	-	-	488	-	100.0
規模	5人未満	19,163	90,603	17.50	90,736	126,289	41.9
	5-9人	7,293	59,087	11.00	35,926	93,193	27.8
	10-29人	11,805	206,050	5.40	73,767	271,610	21.4
	30-49人	3,415	121,306	2.70	26,826	145,875	15.5
	50-99人	2,374	144,738	1.60	22,618	171,733	11.6
	100-299	1,178	165,855	0.70	15,374	194,020	7.3
	300人以上	107	49,820	0.20	1,034	63,280	1.6
	その他	591	12,287	4.60	4,577	17,299	20.9
合計		45,926	849,746	5.10	270,858	1,083,299	20.0

注1：2004-2011.6期間外国人労働者雇用経験を持つ事業所
注2：外国人労働者比率＝外国人労働者／（外国人労働者＋内国人労働者）×100
注3：2011年業種別外国人〔 〕は業種別分布を示す。
出所：Kim Yon-Soo（2012），p.33から作成。

（図表 11-6）。訪問就業の割合が高い数字を占めるのは 2007 年 3 月から韓国系外国人を対象に訪問就業制が施行され，この制度を利用して入国する外国人労働者が急増したからである。

なお，2012 年の専門労働者と非専門労働者（2011 年）の数を 2004 年と比較すると，専門労働の方は 2.27 倍増加したのに対して，非専門労働の方は 3.30 倍増加と同じ期間中に非専門労働の流入がより活発だったことが分かる。

第11章　韓国の外国人労働市場の現状と課題　223

図表11-4　滞在資格別外国人現況　　　　　　　（単位：人）

年度	全体	専門	非専門	定住	留学	一般研修
2004	728,339	21,729	166,585	135,602	14,407	5,559
2005	747,467	24,785	114,629	197,104	20,683	6,815
2006	910,149	29,011	163,589	240,442	30,101	12,186
2007	1,066,273	33,502	407,986	280,511	41,780	20,056
2008	1,158,866	37,304	495,778	313,850	52,631	22,956
2009	1,168,477	40,698	500,911	330,526	62,451	19,923
2010	1,261,415	43,608	514,918	410,710	69,600	37,809
2011	1,395,077	47,095	549,026	484,780	68,039	36,819
2012	1,445,103	49,410	479,426	n.a.	64,030	22,195

注1：滞在外国人は短期滞在外国人，登録外国人（90日以上滞在），住所申告在外同胞，不法滞在者など含む。2012年12月末基準，短期滞在外国人64.6％，登録外国人22.5％，住所申告在外同胞13.0％の割合になっている。
注2：外国人労働者は専門労働者と非専門労働者の合計。
注3：定住外国人は居住，在外同胞，永住，結婚移民者の合計。
出所：Kim Yon-Soo（2012），p.7（「出入国・外国人政策統計年報」各年度から整理），「出入国・外国人政策統計年報 2012」，p.273，「出入国・外国人政策統計月報 2012.12」，p.12 から作成。

図表11-5　専門外国人労働（2004-2011）　　　　　（単位：人）

年度	教授	会話指導	研究	技術指導	専門職業	芸術興行	特定活動	合計
2004	955	11,296	1,601	191	298	3,813	3,575	21,729
2005	1,094	12,439	1,765	199	303	4,452	4,533	24,785
2006	1,159	15,001	2,095	166	351	4,510	5,729	29,011
2007	1,279	17,721	2,318	174	414	4,421	7,175	33,502
2008	1,589	19,771	2,057	121	530	4,831	8,405	37,304
2009	2,056	22,642	2,066	197	536	4,305	8,896	40,698
2010	2,266	23,317	2,324	233	594	4,162	10,712	43,608
2011	2,474	22,541	2,606	202	629	4,246	14,397	47,095
2012	2,631	21,603	2,820	160	694	4,528	17,451	49,887

注：技術指導，専門職業2012年の数字は2012.12.31現在の滞在者の数。
出所：Kim Yon-Soo（2012），p.9 および「出入国・外国人政策統計年報 2012」，p.273 から作成。

224　第Ⅲ部　国際間労働移動における受け入れ国の問題

図表 11-6　非専門外国人（2004－2012）　　　（単位：人）

年度	非専門就業	船員就業	訪問就業	観光就業	短期就業	合計
2004	165,198	34	-	448	905	166,585
2005	113,000	212	-	433	984	114,629
2006	161,867	311	-	384	1,027	163,589
2007	175,001	2,900	228,686	363	1,036	407,986
2008	190,777	4,314	299,332	398	957	495,778
2009	188,363	5,207	306,283	343	715	500,911
2010	220,319	6,716	286,586	585	712	514,918
2011	234,295	9,661	303,368	1,023	679	549,026
2012	230,237	10,424	238,765	-	377	-

出所：「出入国・外国人政策統計年報 2012」, p.273 から作成。

図表 11-7　定住外国人（2004－2012）　　　（単位：人）

年度	居住	在外同胞	永住	結婚移民者	合計
2004	67,871	91	10,571	57,069	135,602
2005	85,329	25,525	11,239	75,011	197,104
2006	103,125	29,574	13,957	93,786	240,442
2007	118,994	34,695	16,460	110,362	280,511
2008	130,290	41,732	19,276	122,552	313,850
2009	132,329	50,664	22,446	125,087	330,526
2010	138,669	84,912	45,475	141,654	410,710
2011	138,418	136,702	64,979	144,681	484,780
2012	63,362	189,508	84,140	148,498	485,508

出所：「出入国・外国人政策統計年報 2012」から作成。

　この他に就業業種，職種，期間などの制限がない定住外国人がいる。定住外国人は居住，在外同胞，永住，結婚移民などの資格をもつが，2011 年で定住外国人の数は 48 万 5000 人余りで滞在外国人の約 1/3 を占める（図表 11-7）。ちなみに，2012 年結婚移民者の国籍は中国 42.4％，ベトナム 26.5％，日本 7.9％，フィリピン 6.5％，カンボジア 3.1％，タイ 1.8％の順であった。

② 滞在資格の定義

外国人の滞在資格の定義は以下のようになっている。

- 教授：専門大学以上の教育機関，それに準ずる機関で専門分野の教育，研究指導に従事するもの。
- 会話指導：外国語の専門塾，小学校以上の教育機関および敷設研究所，放送局および企業付設語学研修院，その他これに準ずる機関あるいは団体で外国語の会話指導に従事するもの。
- 研究：韓国の公私機関から招請され，各種研究所で自然科学分野の研究あるいは産業上の高度技術の研究開発に従事するもの。
- 技術指導：自然科学分野の専門知識あるいは産業上の特殊な分野に属する技術を提供するため韓国内の 公私機関から招請され 従事するもの。
- 専門職業：韓国の法律により認められた外国の弁護士，公認会計士，医者，その他国家公認の資格を持ったものとして韓国で法律，会計，医療などの専門業務に従事するもの。
- 芸術興行：受益を伴う音楽，美術，文学などの芸術活動と受益を目的とする演芸，演奏，演劇，運動競技，広告，ファッションモデル，その他これに準ずる活動をするもの。
- 特定活動：韓国内の 公私機関との契約により法務部長官が指定する活動に従事するもの。
- 非専門就業：外国人勤労者の雇用などに関する国内就業条件を持つもの（専門職種に従事するものは除く）。
- 船員就業：海運法，水産業法による事業を行うものとその事業体で6カ月以上労務の提供を条件に船員勤労契約をしたものとして船員法による部員に該当するもの。
- 観光就業：韓国と観光就業に関する法律，了解覚書などを締結した国家の国民として観光を主な目的としながらこれに伴う観光経費を儲けるため短期間就業活動をするもの。
- 訪問就業：
    a．"在外同胞の出入国と法的地位に関する法律" 2条2号による外国国籍の同胞に該当し，次の1つに該当する25歳以上の人でこの活動範囲で滞

留するもので法務部長官が認めるもの。
(1) 出生当時韓国の国民であったものとして家族関係登録などに登載されているものあるいはその直系家族。
(2) 国内に住所を持つ韓国国民の8村以内の血族あるいは4村以内の親戚から招請されたもの。
(3) 定めた法律により国家功労者とその遺族に該当するものあるいは独立功労者とその遺族，その家族に該当するもの。
(4) 韓国に特別な功労があるとか韓国の国益の増進に寄与したもの。
(5) 留学 (D-2) 資格で1学期以上在学しているものの父母および配偶者。
(6) 法務部長官が定めて告示する韓国語の試験，推薦などにより選ばれたもの。

b．活動範囲
(1) 訪問，親戚との一時同居，観光，療養，見学，親善競技〜
(2) 韓国標準産業表による次の産業分野での活動（外国人勤労者の雇用などに関する法律により職業安定機関の長が該当産業体に発給した特例雇用可能確認書に記載された許容範囲内で就業可能）

　　1) 作物栽培業, 2) 畜産業, 3) 近海漁業, 4) 沿岸漁業, 5) 養殖漁業, 6) 製造業, 7) 建設業, 8) 活きた動物の卸業, 9) その他の産業用の農産物および活きた動物の卸業, 10) 家庭用品卸業, 11) 再生用材料の収集および販売業, 12) 機械装備および関連用品の卸業, 13) 家電製品，家具および家庭用品小売業, 14) その他の商品専門小売業, 15) 無店舗小売業, 16) ホテル業, 17) 旅館業, 18) 一般飲食店, 19) その他の飲食店, 20) 陸上旅客運送業, 21) 冷蔵および冷凍倉庫業, 22) 旅行者およびその他旅行補助業, 23) 事業施設の維持管理および雇用サービス業, 24) 建築物一般清掃業, 25) 産業設備清掃業, 26) 社会福祉業, 27) 下水処理，廃棄物処理および清掃関連サービス, 28) 自動車総合修理業, 29) 自動車専門修理業, 30) 二輪自動車修理業, 31) 沐浴業, 32) 産業用洗濯業, 33) 個人看病人・類似サービス業, 34) 家事サービス業, 35) 個人看病人，類似サービス, 36) 家事サービス業

③ 外国人労働の産業別比重[3]

　外国人労働者全体（図表11-8）を産業別に見ると製造業が75.8％で最も高く，次にサービス業が13.2％を占める。これを非専門就業外国人労働者と訪問就業外国人労働者に分けて見ると非専門就業外国人労働者では製造業の比重が85.8％とその大部分を占める（図表11-9）。ところが，訪問就業外国人労働者では製造業の比重が50.9％と過半を占めるものの，サービス業の比重が42.6％と非専門就業外国人労働者の場合に比べ格段に高い（図表11-10）。これは，非専門就業外国人には韓国と労働移動に関するMOUを締結した国から来た労働者が中心で，韓国語の熟達していないものが多く，そのため会話の必要性が少ない製造業に多く就業していると思われる。一方，訪問就業外国人労働者には朝鮮族の中国人が多いが，彼らは韓国語に慣れているものが多く，言葉の熟達が要求されるサービス業に就職しやすいため産業別就業比重ではサービス業の比重が高くなっていると思われる。

図表11-8　産業別，熟練度別外国人労働者（外国人労働者全体）

（単位：人，％）

	農畜産漁業	製造業	建設業	サービス業	合計
3	84 〔0.5〕	2,308 〔1.1〕	0 〔0〕	13,776 〔38.1〕	16,167 〔5.9〕
4	10,490 〔66.2〕	148,139 〔71.3〕	8,914 〔61.3〕	1,216 〔3.4〕	168,758 〔61.5〕
5	5,151 〔32.5〕	56,228 〔27.1〕	5,625 〔38.7〕	20,615 〔57.0〕	87,618 〔31.9〕
合計	15,836	207,774	14,539	36,153	274,302
産業別比重	5.8％	75.8％	5.3％	13.2％	100.0％

注1：図表の番号は次の業務を表す。
　3．事務，サービス，販売従事者
　4．農林漁業の熟練労働者，技能員および関連技能従事者，装置，機械操作，組立従事者
　5．単純労働従事者
注2：産業別比重は筆者が計算。
出所：Kim Yon-Soo（2012），p.27（元資料は外国人力勤労実態調査，雇用部 2011）から作成。

---

[3] Kim Yon-Soo（2012），21頁を参考。

図表 11-9 非専門就業外国人労働者の産業別，熟練度別状況 (単位：人，%)

	農畜産漁業	製造業	建設業	サービス業	合計
3	56 〔0.5〕	1,318 〔0.8〕	0 〔0〕	1,757 〔38.1〕	3,131 〔1.7〕
4	8,432 〔67.9〕	113,282 〔70.8〕	5,173 〔54.5〕	557 〔12.1〕	127,445 〔68.3〕
5	3,821 〔30.8〕	44,710 〔28.0〕	4,325 〔45.0〕	2,122 〔46.0〕	54,978 〔29.5〕
合計	12,422	159,947	9,498	4,616	186,482
産業別比重	6.7%	85.8%	5.1%	2.5%	100.0%

注1：図表の番号が表す業務は図 11-8 と同じ。
注2：産業別比重は筆者が計算。
出所：Kim Yon-Soo (2012), p.9 から作成。

図表 11-10 訪問就業外国人労働者の産業別，熟練度別状況 (単位：人，%)

	農畜産漁業	製造業	建設業	サービス業	合計
3	22 〔2.8〕	749 〔2.4〕	0 〔0〕	10,161 〔38.2〕	10,933 〔17.5〕
4	760 〔97.2〕	22,480 〔70.8〕	2,583 〔77.6〕	627 〔2.4〕	26,450 〔42.4〕
5	0 〔0〕	8,229 〔25.9〕	747 〔22.4〕	15,540 〔58.5〕	24,516 〔39.3〕
合計	782	31,763	3,330	26,577	62,452
産業別比重	1.3%	50.9%	5.3%	42.6%	100.0%

注1：図表の番号が表す業務は図 11-8 と同じ。
注2：産業別比重は筆者が計算。
出所：Kim Yon-Soo (2012), p.9 から作成。

　熟練度別状況ではとりわけ農林漁業と製造業で，5の単純労働者より4の熟練労働者，技能員および関連技能従事者，装置，機械操作，組立従事者の割合が2～3倍高い（図表11-8）。これは外国人労働者が担当する仕事が単純な仕事から徐々に熟練度や技能を必要とする分野に変化していることを表すものと思われる。このような傾向は，朝鮮族の中国人が多い訪問就業労働者の熟練度別状況（図表11-10）では事務，サービス，販売従事者の比重が17.5%と非専

門就業外国人労働者の熟練度別状況でのそれの1.6％に比べ格段に高いことに表れている。

なお，第3節で述べたように漁業や農畜産，建設のような非製造業で外国人比率が高いことも注目すべきである。例えば，農畜産や花，野菜，シイタケのような施設栽培分野ではベトナムなど外国人労働者の雇用比率が高いが，外国人労働がないと仕事が成りにくい状況のようである。その主な原因はこれら仕事が低賃金で勤務条件がよくないため，常時勤務が可能な韓国人はあまり集まらず，特に若手の採用が難しい。外国人の賃金は韓国人の1/2程度で済むことに加え，中国からやって来る朝鮮族労働者などは3カ月の短期査証で入国して短期間仕事ができるため多くの労働者が雇用されている（Choi So-Ri 他 4名 2013）。このような事情は建設などのような分野でも類似しており，これら現場では外国人労働への需要がかなり高いようである。

4. 外国人労働の国別状況

(1) 外国人労働の国別状況

外国人労働者を国別に見ると中国人の比率が半分程度を占め，ベトナムなど他のアジアの国家の比率も高い。2012年末現在，国内滞在外国人144万5000人のうち中国国籍は69万8000人で48.3％（韓国系中国人44万7000人，その他の中国人25万人あまり），アメリカ9％，ベトナム8.3％，日本4％，タイ3.2％，フィリピン2.9％の順になる（図表11-11）。中国人の割合は2005年37.7％（韓国系中国人16万7589人，その他の中国人11万4441人）であったが，2007年訪問就業制の実施以後韓国系中国人（朝鮮族）の入国が急増し，中国人全体の割合も増加した。

日本，台湾を除いた国は韓国と労働移動に関するMOUを採決した国で，フィリピンなど15カ国に上る（Kim Yon-Soo，10頁）。2011年に比べて2012年の労働者の送り出しが増えている国は，ウズベキスタン16.6％，カンボジア42.1％，ネパール42.6％，ミャンマー42.3％である。

図表 11-11　国籍別滞在外国人（2012.12.31）　　　（単位：人，%）

国籍	総滞在者	合法滞在者	不法滞在者	不法滞在率
総計	1,445,103	1,267,249	177,854	12.3
アジア総計	1,227,239	-	-	-
中国	698,444	628,652	69,792	10
韓国系	447,877	428,968	18,909	4.2
その他	250,567	-	-	-
アメリカ	130,562	127,225	3,337	2.6
ベトナム	120,254	94,589	25,665	21.3
日本	57,174	56,117	1,057	1.8
フィリピン	42,219	28,603	13,616	32.3
タイ	45,945	28,354	17,591	38.3
インドネシア	38,018	31,821	6,197	16.3
ウズベキスタン	34,688	30,059	4,629	13.3
モンゴル	26,461	17,781	8,680	32.8
台湾	30,413	29,499	914	3
カナダ	23,051	22,303	748	3.2
スリランカ	22,354	18,815	3,539	15.8
カンボジア	24,610	22,912	1,698	6.9
バングラデシュ	13,584	8,960	4,624	34.9
ネパール	18,908	17,020	1,888	10
ロシア	11,361	10,363	998	8.8
パキスタン	10,027	6,809	3,218	32.1

出所：「出入国・外国人政策統計年報 2012」から作成。

(2) 中国人労働の滞在形態

　中国人労働者の中，64.1%に当る 44 万 7877 人は韓国系の中国人であり，中国人労働者の急増は第 5 節で詳しく見るように，2007 年韓国政府が韓国系中国人の国内就業を優遇する訪問就業制を実施した後から増加している。韓国系中国人の滞在資格を表 11-12 で見ると，訪問就業が 13 万 216 人で最も多く，在外同胞 6 万 4082 人，短期訪問 6 万 3935 人，永住 3 万 5951 人，訪問同居 1 万 8971 人の順で大きい。この人達は就業における制約も少なく，高い水準の韓国語が可能であるため，短期訪問の資格で収入や勤務環境が良いサービス分野などで働く人も多いと思われる。

図表 11-12 韓国系中国人（朝鮮族）の滞在資格の詳細

滞在資格	人数	滞在資格	人数
一般研修	10,667	同伴	3,655
技術研修	2,553	在外同胞	64,082
短期訪問	63,935	永住	35,951
非専門就業	3,872	結婚移民	10,950
船員就業	10,414	訪問就業	130,216
訪問同居	18,972	その他	3,893
居住	12,562		

出所：「出入国・外国人政策統計年報 2012」から作成。

5. 外国人労働の増加要因と外国人労働受け入れ政策

(1) 外国人労働の増加要因
① 非製造業でも労働力不足が著しい

　韓国で外国人労働が増加している原因は何か。労働力の不足と韓国の賃金水準が高いことをその主な原因と見ることができる。まず，労働力の不足については多くの専門家が指摘しているが[4]，韓国の所得水準の高まり，高学歴化により 1980 年代の後半から 3K 業種を中心に労働力不足が深刻化した（Yoo Gil-Sang and Lee Kyu-Yong 2002, p.4）。前述したように，労働力の不足は製造業だけでなく，サービス業，農業，建設業などでも深刻な水準であり，これは韓国の高学歴化による若者のこの分野への忌避にも原因がある。さらに韓国社会の少子化も高学歴化を促す要因になったと思われる。そのため，外国人労働者に対する需要がその供給を上回る状況が続いている。

　韓国経済が労働過剰の状態から不足に転換（ルイス転換）したのは 1972〜1973 年との研究[5]があるが，この時期に外国人労働の流入が表面化せ

---

[4] Kim Yon-Soo 2012, pp.21-24 など。
[5] 南亮進・金昌男編著（2013），59 頁など。

ずに，2000年代にその増加が著しくなった理由は何か。その理由の1つとしては，韓国においては1987年6月に行われたいわゆる民主化宣言までは賃上げを要求する労働運動が厳しく禁止されたことが挙げられる。その影響を受けて1980年代には賃金上昇はあまり大きな問題にならなかった。また，政府の外国人労働政策も1990年代まではその受け入れに非常に慎重な態度をとり，政府政策の転換は2000年代に入って雇用許可制，訪問就業制の施行によって進められたのである。

② 韓国の高い賃金水準

周辺国に比べて韓国の賃金水準が高いことも外国人の流入を促進する原因である。2008年の韓国の製造業および単純職の外国人労働者の賃金は120-150万ウォンで台湾，シンガポール，ドバイ，香港より非常に高い。その理由は韓国の最低賃金が高いためである。韓国は78万ウォン，台湾は56万ウォン，シンガポール，ドバイ，香港は最低賃金制度がない（世界日報 2010.1.27）。

(2) 政府の外国人労働受け入れ政策

韓国の外国人労働者の受け入れ政策は，① 産業研修生制度，② 雇用許可制，③ 訪問就業制，④ 専門労働力制の4つの制度ないしカテゴリーに分類できる (Kim Yon-Soo 2012, p.19)。

① 産業研修生制度

外国人労働者を合法的に国内の生産現場へ大量に投入することを可能とする最初の装置として1993年に産業研修生制度が制定された (Yoon Jeong-Hyang 2009, pp.9-10)。すでにこの時期には多くの雇い主が外国人労働者を不法で採用している状態であった。この制度は外国人労働者を韓国の企業で1年間研修させた後送り返すという制度であり，一時的労働力であることが明示された。しかし，この制度では外国人労働者に対する法的保護装置の不足と訓練生という理由での賃金の未払いなどが起こり，労働条件が劣悪で外国人労働者が事業場を離脱し不法滞留したり，不法採用も頻繁に起こった。

2000年に産業研修生制度が改正され，外国人労働者は韓国企業で2年間研修した後，研修就業者として1年間働くことができるようになった。すなわち，外国人労働者に制限的ではあるが，勤労者の地位を認めたのである。

2002年には研修期間を1年間，就業期間を2年にする法改正が行われた。ところが産業研修生制度の弊害のため不法外国人労働者の増加による社会的問題や，研修生に対する社会的保護がないなどの問題が提起された。この制度は雇用許可制の実施に伴い2005年7月に廃止になった。

② 雇用許可制

2000年代に入って労働者を中心にした外国人の流入が増えたことにより，外国人労働力の導入，管理を国家が直接行う必要が高くなった。韓国政府は2004年8月に雇用許可制を制定したが，この制度の実施に伴い低熟練・単純外国人労働力政策として5つの原則が発表された。(1)国内労働市場補完性の原則。すなわち，韓国人雇用優先原則，(2)送出非理の防止，外国人労働力の選抜，導入の手続きの透明性，(3)外国人の定住化の原則禁止，(4)韓国人と外国人間の均等待遇原則，(5)外国労働の導入が国内産業および企業構造の調整に支障を与えないようにするという産業構造調整の支障防止の原則（Yoon Jeong-Hyang 2009, p.12）。

この制度では一般の外国人以外に外国国籍の同胞を特例外国人労働者として規定して雇用を許可した。外国国籍の同胞は2002年11月から就業管理制により国内での就業が可能になった。

韓国に労働力を送出できる国家は韓国と労働力の送り出しに関するMOUの採決が必要である。雇用許可制の初期（2004.8）にはフィリピン，ベトナム，モンゴル，タイ，スリランカ，インドネシアの6カ国であったが，2006年まで中国，ウズベキスタン，カンボジア，パキスタンの4カ国が追加された。その後バングラデシュ，ネパール，ミャンマー，キルギスタン，東ティモールの5カ国を追加して2007年2月まで15カ国が労働送り出し国家に選定された。

③ 訪問就業制

2007年3月に訪問就業制が開始された。この制度により中国などに多く住んでいる外国国籍を持つ同胞の国内就業が急速に増えるようになった。訪問就業ビザを獲得した外国国籍の同胞は就業活動が緩和されたため，入国が増加した（Yoon Jeong-Hyang 2009, p.13）。また，これらの人たちに対しては雇用許可制で運営されるが実質的には就業許容業種，事業場の変更など就業活動

全般において制約が小さい。
　　④　専門労働力制
　専門労働力においては就業の制限が少なく，滞在資格の要件を満たし，雇用契約があれば就業できる。

6. おわりに：外国人労働流入の問題と課題

(1) 問題点

　① 外国人労働の流入拡大が韓国人雇用にマイナスの影響を与えている。外国人労働の流入が拡大しており，働く分野も国内労働者の分野にまで拡大している。特に臨時，日雇いを中心とする層の雇用に影響を与える問題があるため，韓国人の雇用保護対策，政策支援が必要である。

　② 訪問就業ビザで入国する韓国系外国人労働者が多いため，それが韓国人労働の雇用に問題を引き起こすことへの対応が必要である。相当数の同胞労働者が韓国人労働者と類似した労働供給の形態をとるため，雇用許可制で運営するには限界がある。適切な規模で統制するなど制度の整備が必要である（Lee Kyu-Yong 他 2011）。

　③ ベビーブーム世代の引退が本格化すれば外国人労働者がそれを代替する可能性があり，留学生の雇用も積極的に考える必要がある。

　④ 外国人労働者に対する基本的人権，労働権における不当な待遇問題が提議されている。特に18万人程度と思われる不法滞在者の問題として人権の保障，産業災害保険の不備などの問題がある。

　⑤ 世界的にグローバル人材確保競争が激しいが，そのための差別化された戦略が必要である（Kim Yon-Soo 2012, p.69）。

　⑥ 多様な外国人専門人力の需要にマッチするビザ体系の整備が必要である。今のように専門，低熟練で分けるシステムの改善が求められる。

　⑦ 外国人労働者の帰国後の仕事，多様な進路について滞在期間中その準備を支援する必要がある（Lee Kyu-Yong 他 2011）。

(2) 今後の課題

韓国は産業化の進展による労働力の不足と賃金水準の上昇を，主として中国や他のアジアからの低賃金外国人労働の導入拡大で賄ってきた。今までの労働力不足はとりわけ中小製造業，農畜産，建設，単純サービス業で著しかったため，いわゆる非専門，単純労働で解決できた。しかし，韓国の産業界ではこれから朝鮮戦争以降生まれた，いわゆるベビーブーム世代が大量引退する時期を迎えているが，1990年代以後著しくなった出産率の低下，若者の理工系忌避などのため，彼らを継ぐ専門技術者が大きく不足することが予想される。それをどう解決するかが課題である。外国人労働の導入が考えられるが，これから大量に必要となる専門労働の導入には低賃金，低熟練労働力の導入を前提にする今のような外国人労働政策では限界が大きいと思われる。したがって，外国の専門技術者の確保，養成を効果的にする総合的な政策，戦略が必要である。また，優秀な外国専門労働力の確保戦略として労働力送り出し開発途上国への経済開発や理工系技術者の養成支援などを考える必要がある。また，技術移民の受け入れ，優秀な理工系留学生の誘致などを積極的に検討すべきである。

〔任　千錫〕

参考文献

<日本語>
・南亮進・金昌男編著（2013），『中国経済の転換点―東アジア国家との比較』シグマプレス。
・深川由紀子（1997），『韓国・先進国経済論』日本経済新聞社。

<韓国語>
・Kim Yon-Soo（2012），『外国人移民者労働市場政策：現況と課題』KDI。
・Lee Kyu-Yong and Park Seong-Jae（2008），「外国人労働力雇用構造と影響」『労働レビュー』韓国労働研究院。
・Lee Kyu-Yong（2011），『外国人労働力労働市場分析』韓国労働研究院。
・Yoon Jeong-Hyang（2009），『外国人労働力需要分析および活用』。
・Yoo Gil-Sang and Lee Kyu-Yong（2002），『グローバル化と外国人労働力政策』。
・Jeong Ki-Sun 他（2011），『韓国移民政策の理解』白山書堂。
・Choi So-Ri, Lee Kyu-Yong, Im Seon-Il, Jeong Ki-Sun and Shin Ye-Jin（2013），『農業分野外国人労働力活用実態および政策提言：京畿道を中心に』IOM移民政策研究院。
・法務部，『出入国管理統計年報』各年。

・法務部出入国・外国人政策本部,『出入国・外国人政策統計年報』各年。
・世界日報

補論
留学生移動の問題

第 12 章
東南アジアにおける留学生移動と高等教育政策

1. はじめに

　本章は，東南アジア地域の留学生の移動に関する統計資料と各国の高等教育・留学政策の展開を整理・分析し，東南アジアの人口移動の一端である留学生移動の動態とその課題を明らかにすることを目的とする。

　国際間の労働移動は，① 高度専門職，② 熟練労働・中間管理職，③ 単純労働・非熟練労働の3つのグループに分けて考えられる。① 高度専門職，② 熟練労働・中間管理職の労働移動には，教育のための移動が契機となることが多いと考えられる。労働者の送り出し国にとっては「頭脳流出」が課題となっており，発展途上国・地域の優秀な人材が先進国・地域への留学終了後に帰国せずにそのまま他国・地域で就業するという問題が起こっている。

　東南アジアの学生の留学先は，欧米諸国，豪州，日本が中心である一方で，近年は東南アジア域内での留学生移動が活発化している。2015年末のASEAN共同体形成に向けて高等教育での人材の交流が進んでおり，高等教育分野においてリージョナリゼーションの動きが見られる。東南アジア教育大臣機構-高等教育開発センター (Southeast Asian Ministers of Education Organization - Regional Centre for Higher Education and Development : SEAMEO-RIHED) の設立，ASEAN大学ネットワーク (ASEAN University Network : AUN) による学生・教員の交流や共同研究，ASEAN質保証ネットワーク (ASEAN Quality Assurance Network : AQAN) による高等教育の質保証のフレームワークの構築など東南アジア域内の高等教育の連携が進められている[1]。

1　SEAMEO-RIHEDは1993年にSEAMEOの下部組織の一つとして設立され，東南アジア地域レ

本章では第2節，第3節において各種統計資料から東南アジア地域の留学生移動の現状と域内の教育状況格差等の課題を考察する。第4節，第5節では近年東南アジア地域の高等教育のハブとなるべく教育政策に取り組んでいるタイとマレーシアの高等教育政策を比較する。第6節では教育面，経済面でASEANの中でも後発国であるCLM諸国の高等教育の現状と課題を明らかにする。小括として東南アジア地域の留学生移動に関する特徴と課題を検討する。

2. 東南アジア地域における留学生移動の現状

途上国の経済・国家発展にとって人材育成は必要不可欠な要素である。多くの途上国では高度な知識・技能を持った人材を育成するために，学術レベルの高い先進諸国へ人材を派遣し，知識・技能を習得して帰国させる手段が用いられる。表12-1は東南アジア諸国からの海外留学（高等教育）渡航先の上位国を示したものである。やはり言語の面から英語圏への留学が目立っている。ASEAN10カ国の渡航先として，①オーストラリア（5万4410人），②アメリカ（4万4578人），③イギリス（3万3315人）と上位3カ国は英語圏である。オーストラリアは東南アジアに地理的に一番近い英語圏であることに加えて，オーストラリア政府が国策として東南アジアの留学生を受け入れてきたことも東南アジアからの留学生数が多い要因となっている。オーストラリアは東南アジア各国で積極的な留学生誘致活動を展開しており，また学位を取得して高度専門職に就いた留学生に対して，永住権や市民権を獲得する道を開いている。人口が少ないオーストラリアにとって有能な労働力を周辺諸国から獲得することは，国家を存続させるための重要な政策となっている。

UNESCOの統計上ではアジアの中では日本への留学者が最多となっているが，東南アジアから中国への留学も増加している。UNESCOの統計データに

ベルの高等教育分野の研究・開発事業を担う。AUNは1995年にASEAN諸国の有力大学から成る大学連合として組織された。2013年時点でASEAN10カ国26大学が参加している。SEAMEO-RIHEDとAUNのいずれも本部はタイ・バンコクに所在する。AQANは2008年ASEAN諸国の高等教育質保証関連機関のネットワークとして組織された。

図表12-1　東南アジア諸国からの海外留学渡航先上位国（2012年）　（単位：人）

	1位	2位	3位	4位	5位
タイ	アメリカ (7,386)	イギリス (6,098)	オーストラリア (3,282)	日本 (2,476)	マレーシア (1,025)
マレーシア	オーストラリア (17,001)	イギリス (12,822)	アメリカ (6,531)	ロシア (2,817)	インドネシア (2,516)
インドネシア	オーストラリア (9,431)	マレーシア (7,989)	アメリカ (6,907)	日本 (2,213)	イギリス (1,442)
シンガポール	オーストラリア (9,379)	イギリス (5,252)	アメリカ (4,363)	マレーシア (791)	カナダ (312)
ブルネイ	イギリス (2,257)	オーストラリア (579)	マレーシア (309)	ニュージーランド (76)	アメリカ (67)
フィリピン	アメリカ (3,094)	オーストラリア (2,374)	イギリス (1,306)	日本 (632)	ニュージーランド (429)
ベトナム	アメリカ (15,083)	オーストラリア (11,081)	フランス (5,642)	日本 (4,047)	イギリス (3,769)
カンボジア	タイ (955)	フランス (602)	ベトナム (530)	オーストラリア (462)	日本 (333)
ラオス	ベトナム (2,153)	タイ (1,344)	日本 (246)	オーストラリア (180)	フランス (106)
ミャンマー	ロシア (1,799)	タイ (1,481)	日本 (1,139)	アメリカ (782)	オーストラリア (641)

注：中国，シンガポール，フィリピン等への留学者数は不明。
出所：UNESCO Institute for Statistics より筆者作成。

は表れていないが，『中国教育年鑑 2012』によると，2011年の留学生出身国上位10カ国（短期も含む）は，韓国6万2442人，アメリカ2万3292人，日本1万7961人，タイ1万4145人，ベトナム1万3549人，ロシア1万3340人，インドネシア1万957人，インド9370人，パキスタン8516人，カザフスタン8287人となっており，東南アジアの3カ国が上位に入っている。2000年の統計では，インドネシア1947人，タイ667人，ベトナム647人であったため，この10年間で大幅に留学生の受け入れ数が上昇していることがわかる[2]。

2　『中国統計年鑑』によると，2011年は29万2611人（台湾・香港・マカオ除く）の留学生がおり，中長期（6カ月以上）の留学生が74％，短期（6カ月未満）の留学生が26％となっている。一方で，2000年の留学生数は5万2150人であり，中長期が68％，短期が32％となっている。

中国では積極的な留学生受け入れ政策を展開しており，中国教育部は2020年までに留学生を50万人に増やす計画を発表している。

　シンガポールは全世界からの受け入れ数を5万2959名と公表しているが，国別の留学生数を公表していないため資料には表れていない。しかしながら，シンガポールは英語が公用語のために周辺諸国から留学生が集まりやすく，また1997年にゴー・チョクトン首相（当時）が，「東洋のボストン」計画を掲げて以降，留学生の受け入れを国策として進めてきたことから，シンガポールは東南アジアにおける高等教育のハブとしての役割を担うこととなった。

　英国の Quacquarelli Symonds 社が毎年発表している世界大学ランキング（QS University Ranking : 2013）[3]において，東南アジア諸国でベスト100に入っているのは24位のシンガポール国立大学と41位のナンヤン工科大学（シンガポール）の2大学である。ベスト300では，167位にマラヤ大学（マレーシア），239位にチュラーロンコーン大学（タイ），269位にマレーシア国民大学（マレーシア），283位にマヒドン大学（タイ）がランクインしている。

　また，QS大学ランキングにはアジア版（2014年）もあり，図表12-2ではベスト150まで示している。ベスト100のうち，マレーシアが5大学，タイが3大学ランクインしており，両国が東南アジア地域の高等教育を牽引する存在になりつつある。また，フィリピンのフィリピン大学は63位，インドネシアのインドネシア大学は71位，ベトナムのベトナム国家大学ハノイ校は161－170位，ブルネイのブルネイ・ダルサラーム大学は171－180位でそれぞれの国の最上位となっている。カンボジア，ラオス，ミャンマーの大学はランクインしていない。東南アジア諸国の大学における教育・研究力はシンガポールが世界トップクラスであるが，近年ではマレーシアやタイが順位を上げてきている。一方で，ベトナム，ブルネイの大学は順位が低いことや，カンボジア，ラオス，ミャンマーの大学はランクインしていないことから，東南アジア域内でも教育・研究力の格差があると言える。

　図表12-3は東南アジア域内での留学生の移動を示している。シンガポール

3　QS大学ランキングでは，①学術面での評価，②企業による評価，③教員1人当りの論文被引用数，④学生1人当りの教員数，⑤外国人教員比率，⑥国外留学生比率の6つの基準の総合評価でランク付けしている。日本の大学では東京大学が32位（2013年）で最上位である。

第 12 章　東南アジアにおける留学生移動と高等教育政策　243

図表 12-2　QS 大学ランキング・アジア版（2014 年）

順位	大学名	国	順位	大学名	国
1	シンガポール国立大学	シンガポール	76	マレーシア・プトラ大学	マレーシア
7	ナンヤン工科大学	シンガポール	92	チェンマイ大学	タイ
32	マラヤ大学	マレーシア	115	アテネオ・デ・マニラ大学	フィリピン
40	マヒドン大学	タイ	125	バンドン工科大学	インドネシア
48	チュラーロンコーン大学	タイ	127	アイルランガ大学	インドネシア
56	マレーシア国民大学	マレーシア	134	タマサート大学	タイ
57	マレーシア理科大学	マレーシア	141	サントトーマス大学	フィリピン
63	フィリピン大学	フィリピン	142	ソンクラーナカリン大学	タイ
66	マレーシア工科大学	マレーシア	145	国際イスラム大学	マレーシア
71	インドネシア大学	インドネシア	145	ガジャマダ大学	インドネシア

出所：QS University Ranking: Asia 2014 より筆者作成。

図表 12-3　東南アジア域内における高等教育留学生移動（2012 年）　（単位：人）

送出国／受入国	タイ	マレーシア	インドネシア	ブルネイ	ベトナム	ラオス	ミャンマー
タイ		1,025	57	28	7	-	-
マレーシア	148		2,516	102	-	-	-
インドネシア	323	7,989		34	-	-	-
シンガポール	50	791		8	-	-	-
ブルネイ	-	309			-	-	-
フィリピン	196	267	-	20	-	-	-
ベトナム	1,290	346	50	-		354	8
カンボジア	955	210	-	-	530	45	-
ラオス	1,344	28	-	-	2,153		-
ミャンマー	1,481	364	-	6	-	-	

注1：シンガポール，フィリピン，カンボジアの留学生受け入れ数は不明。
注2：各国5人未満の場合，詳細は不明のため―で表示。
出所：UNESCO Institute for Statistics より筆者作成。

　のデータは不明であるため除外しているが，タイ，マレーシアが東南アジア各国から留学生を集めていることが見て取れる。マレーシアは同じイスラーム国家で言語も近いインドネシアからの留学生が多い。一方で，タイはインドシナ半島の CLMV 諸国からの留学生が多い。インドネシア，ブルネイ，ベトナム，ラオス，ミャンマーについては留学生の受け入れは寡少であるが，特定の

国家間でのチャネルができていることがわかる。例えば，インドネシアはマレーシアへの留学生送り出しの方が多いが，マレーシアからの一定数の留学生受け入れも見られる。また，ラオスからベトナムへの留学生の動きも特徴的である。ラオスとベトナムは地理的に隣国であり，ともに一党独裁の社会主義体制をとっている国家である。両国は地理的・政治的に近いため，相対的に経済・教育に遅れをとっているラオスからベトナムへと留学生が流れていると考えられる。

3. 高等教育の発展段階と ASEAN 域内格差

　ASEAN では，2015 年末までに安全保障，経済，社会・文化の 3 つの共同体から構成される「ASEAN 共同体」を形成することを目指している。1997 年の第 2 回 ASEAN 非公式首脳会議において，2020 年までに ASEAN 共同体を目指すとした「ASEAN ビジョン 2020」が採択された。2003 年の第 9 回 ASEAN 首脳会議において，ASEAN 共同体の目標がより具体化され，安全保障，経済，社会・文化の 3 つの共同体の形成に取り組むこととなった。2007 年の第 12 回 ASEAN 首脳会議では，5 年前倒しの 2015 年に ASEAN 共同体を形成することが合意された。また，同年第 13 回会議において「ASEAN 憲章」が採択されて，ASEAN 統合に向けた動きが加速化している。

　しかしながら，ASEAN 諸国は政治的，経済的，文化的背景が多様であり，域内統合に向けての課題が山積している。とりわけ経済格差は，域内統合にとって深刻な課題となっている。1 人当り名目 GDP（2013 年／IMF 統計）を見ると，シンガポール 5 万 4776 ドル，ブルネイ 3 万 9943 ドル，マレーシア 1 万 548 ドル，タイ 5674 ドル，インドネシア 3510 ドル，フィリピン 2790 ドル，ベトナム 1901 ドル，ラオス 1477 ドル，カンボジア 1016 ドル，ミャンマー 869 ドルと域内の国家間で大きな格差が見られる。

　ASEAN では，2015 年末の ASEAN 共同体の形成に向けて，域内の貧困問題，経済格差問題の改善に取り組んでいる。2000 年に ASEAN 域内の格差を是正し，ASEAN の地域的競争力を高めることを目的として「ASEAN 統合イ

ニシアティブ」を創設した。「ASEAN統合イニシアティブ」を進める上で，① 人材育成，② 情報通信技術，③ インフラストラクチャー，④ 地域経済統合の4分野に重点を置くこととなった。人材育成に関連して，SEAMEO-RIHED，AUN，AQANといった国際機関が中心となってASEAN地域での高等教育の質保証や単位互換制度に取り組んでいる。

経済格差のみならず教育状況の格差も課題となっているが，各国において2000年代に各教育段階の就学率の上昇が見られる。図表12-4は高等教育の総就学率[4]の状況を示している。タイでは1990年代から就学率が急速に伸びており，2010年以降は50%を超える水準まで高まっている。マレーシアも37.1%となっており，高水準であると言える。1990年代は高等教育就学率が1%台であったカンボジア，ラオスにおいても2010年代には10%台となっている。

トロウ（1976）は，高等教育の発展段階を就学率によって，エリート段階（15%未満），マス段階（15～50%），ユニバーサル・アクセス段階（50%以上）に分類している。この分類に従えば，タイはマス段階からユニバーサル・アクセス段階への移行期，マレーシア，フィリピン，インドネシア，ブルネイ，ベ

図表12-4 東南アジア諸国における高等教育の総就学率の推移

(単位：%)

	1971	1975	1980	1985	1990	1995	2000	2005	2010
タイ	2.9	3.6	10.3	20.6	15.9	20.1	35.1	44.2	50.0
マレーシア	-	-	4.0	5.6	7.2	11.1	25.7	27.9	37.1
インドネシア	2.9	2.6	3.4	6.2	8.5	11.5	15.1	17.7	24.9
ブルネイ	-	-	2.2	2.9	-	5.8	12.7	17.7	17.6
フィリピン	17.7	16.4	24.0	27.7	24.6	27.4	30.4	27.5	28.2
ベトナム	-	-	2.4	1.9	2.7	2.8	9.3	15.9	22.4
カンボジア	1.4	-	0.1	0.3	0.6	1.4	2.5	3.3	14.1
ラオス	0.2	0.3	0.4	1.5	1.1	1.7	2.7	7.8	16.1
ミャンマー	1.7	1.7	4.6	4.8	5.0	5.1	10.3	-	13.8
日本（参考）	17.6	24.6	31.2	29.0	29.7	39.9	48.7	55.0	58.1

注1：一部のデータおよびシンガポールについては該当データなし。
注2：中国・インドネシアの71年は70年，ブルネイの80年は79年，ミャンマーの80年は81年。ブルネイ・ベトナムの85年は86年，ブルネイの95年は94年，ミャンマー・フィリピンの00年は01年，ミャンマーの10年は11年，フィリピンの10年は09年のデータを使用。
出所：UNESCO Institute for Statistics より筆者作成。

---

4 総就学率は，高等教育の就学者数／学齢総人口で計算する。

トナムはマス段階に入っている。また，カンボジア，ラオス，ミャンマーはエリート段階からマス段階への移行期にあると言える。ASEAN 後発国では高等教育は一部のエリートの養成機関であるのに対して，タイやマレーシアでは多くの国民が高等教育の機会を得ていることから，東南アジア諸国間においても高等教育が果たす社会的役割が大きく異なっていると言えよう。

また，各国間の教育状況の格差を表す指標として，国際連合が集計している「教育指数」が挙げられる。教育指数は，成人識字率（3分の2比重）と初等・中等・高等教育総入学率（3分の1比重）から算出されており，国家の総合的な教育水準を示す指標として用いられる。1に近づくほど教育到達が進んでいることを示している。

図表 12-5 は東南アジア諸国の教育指数を表しており，ASEAN の中ではラオスが一番低い数値となっている。ラオスは成人識字率が 72.7%（2005 年）であり，初等教育の純就学率も 78.7%（2005 年）であった[5]。とりわけ山岳少数民族の教育のアクセスに課題があった。ラオスが抱える初等教育の課題には，小学校へのアクセシビリティ（通学距離），教育予算の不十分さ（学校・教材の不足，低水準な教員給与等）があり，加えて山岳少数民族は日常会話では教授言語のラオ語ではなく独自の民族語を用いることが教育の普及を阻害する要因となっていた。1990 年にタイのジョムティエンで開催された「万人のための教育（Education for All：EFA）」世界会議において，2015 年までに初等教育が完全普及することが目標として掲げられた。また，2000 年の「ミ

図表 12-5　東南アジア諸国における教育指数（2007 年）

シンガポール	0.913	インドネシア	0.840
ブルネイ	0.891	ベトナム	0.810
タイ	0.888	ミャンマー	0.787
フィリピン	0.888	カンボジア	0.704
マレーシア	0.851	ラオス	0.680

出所：United Nations, *Human Developent Report 2007/2008* より筆者作成。

5　成人識字率および初等教育純就学率のデータは UNESCO Institute for Statistics から。純就学率は学齢人口から学齢人口のうち就学している者（留年者など年齢が異なる児童を含めない）を除した数値である。

レニアム開発目標（Millennium Development Goals : MDGs）」においても同様に途上国の初等教育完全普及を目標とした。ラオスも EFA，MDGs に従って初等教育の普及を目指している。例えば，ラオスの政策基盤である第7次国家社会経済開発5カ年計画（2011～2015年）において，初等教育就学率98％を目標に掲げている。2012年には初等教育純就学率は95.9％まで上昇したが，中退率や留年率が依然高い状況である。

　カンボジアもラオスと同様に成人識字率が73.9％（2009年）と低い。ポル・ポト政権期に学校教育が禁止されたことや幼少期に貧困のために学校に通えなかった人が多いことが成人識字率の低さにつながっている。若年層（15-24歳）の識字率は87.1％であることから近年は識字率が向上していると言える。カンボジアは初等教育純就学率が98.4％（2012年）と高い水準にあるが，ラオスと同様に中退率や留年率が高い問題がある。また，教育機会の格差は都市部と農村部（郡部）で大きい。小学校の就学率は都市部も農村部もほとんど変わらない。しかし，中学校の就学率（2010年）においては，都市部は男51.9％，女50.7％，農村部は男29.4％，女34.3％となり，さらに高等学校の就学率（2010年）においては，都市部は男48.6％，女45.2％，農村部は男14.9％，女15.0％となっているように段階が高くなるにつれて教育機会の格差が顕著に表れている（上田・岡田 2012，267-272頁）。

　ミャンマーは識字率が92.6％（2012年）で CLMV 諸国では1人当りGDPがカンボジアと並んで低水準であるにも関わらず，ベトナムと同水準の識字率を保っている[6]。その要因として，「伝統的に寺院（僧院学校）が識字教育を担ってきたこと，社会主義時代に積極的に取組まれてきたこと，更には近年の基礎教育就学率の向上が挙げられよう。ビルマ式社会主義時代の1960年代後半以降，識字率向上運動が全国的に実施され，1950年代には35％に過ぎなかった成人識字率は，1988年には79.7％に達していた」（水野 2010，22頁）ということから，早期から国家単位で識字率向上を進めてきた結果が今日の識字率の高さにつながっていると言える。ミャンマーでは，農村部には小学校がなかったり，都市部でも貧しさゆえに学校に通えない子どもたちがいたりす

6　ベトナムの成人識字率は93.5％（2009年）である。

る。そのため僧院学校は小学校の補完的な役割を担っており，僧院学校の教育も公的な学歴として認められている。

このように東南アジアでは，シンガポールやタイのように世界的に教育・研究実績のある大学を設置し，多くの国民が高等教育を享受する国がある一方で，ラオス，カンボジア，ミャンマーのように成人識字率が低かったり，初等教育へのアクセスに課題が残されていたりする国も存在している。

4. タイの留学生受け入れ政策：インターナショナル・プログラムの拡大

タイは欧米諸国や日本に対して留学生を送り出す立場であり，2010年代現在でも多くの留学生を送り出している。しかしながら，2000年代後半からは周辺諸国からの外国人留学生の受け入れを進めており，2012年時点において，タイの留学生受け入れ数は2万309人となっている。

留学生の出身上位国は①中国（8444人），②ミャンマー（1481人），③ラオス（1344人），④ベトナム，カンボジア（955人）となっており，中国およ

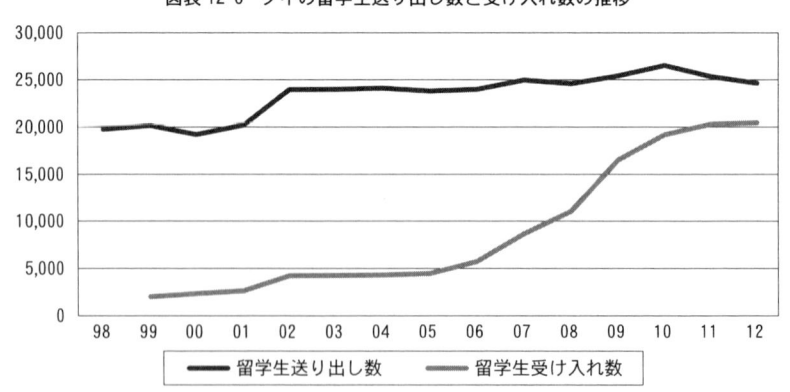

図表12-6　タイの留学生送り出し数と受け入れ数の推移

注：留学生送り出し数には，中国，シンガポール，フィリピン等を含まない。
出所：UNESCO Institute for Statistics より筆者作成。

びCLMV諸国からの受け入れが中心となっている。2002年時点では，留学生の受け入れ数は約3300人であったため，10年間で6倍に増えている。

　留学生の受け入れで重要な役割を担っているのが，インターナショナル・プログラム（IP）である。タイではグローバリゼーションに対応するために，「第1次長期高等教育計画（1990〜2004年）」においてIPの導入が提言された。その後に策定された「第7次高等教育開発計画（1992〜96年）」において，IPは近隣アジア諸国からの留学生誘致のための施策と位置付けられ，本格的に運用されることとなった（カンピラパーブ 2006，26頁）。IPは基本的に英語で授業が行われるため，外国人留学生の受け入れの中心となっており，また英語による授業を希望するタイ人の受け皿となっている。

　IPの設置は年々増加しており（図表12-7），2012年においては1017のプログラムが開設されている。内訳は学士課程344，修士課程394，博士課程249，その他30となっており，設置主体で見ると，国立大学737，私立大学280となっている。国立大学では大学院レベル，私立大学では学部レベルでのIP設

図表12-7　タイにおけるIP数の推移

課程	設置主体	1993	2000	2008	2012
学士	国立	25	72	152	191
	私立	33	92	144	153
修士	国立	44	185	268	308
	私立	11	43	82	86
博士	国立	17	74	192	217
	私立	2	6	23	32
その他	国立	0	0	17	21
	私立	0	0	6	9
合計		132	472	884	1,017

出所：1993，2000年はカンピラパーブ（2006），27頁。
　　　2008，2012年は高等教育委員会事務局 Study in Thailand（2013）より筆者作成。

---

[7]　タイでは全学生数のうち国立大学在学生の割合が，学士課程約85%，修士課程約88%，博士課程約91%で国立大学中心の高等教育構造である。とりわけ大学院教育は国立大学を中心に実施されている。

置が多くなっている[7]。

　IPは一般の課程に比べて学費が高額となっている。例えば，タイ最高学府のチュラーロンコーン大学の場合，一般の人文社会科学系の学生の学費は学士課程で1セメスター当り1万7000バーツ，大学院課程で2万3000バーツとなっている。一方で，IPの学部学位取得コースで1セメスター当り6万1500～6万5500バーツ，大学院学位取得コースで1セメスター当り8万～8万6500バーツとなっており，さらにIP費として1セメスター当り6万～7万バーツ支払わなければならない[8]。IPはタイの大学にとって収益性の高いプログラムとなっており，国際化への対応に加えて，国立大学の自律大学化[9]に伴う財源確保の手段としてIPが拡大した側面も強いと考えられる。

　IPの他にも共同学位プログラムが実施されている。2013年のデータを見ると，158のプログラムが存在する。学位授与形式では，国内学位のみのプログラムが78，ダブルディグリーが56，ジョイントディグリーが7，その他が17となっている。課程別では，ディプロマ1，学士課程90，大学院ディプロマ2，修士課程46，博士課程20となっている。提携先大学数が，2010年に78であったが，2013年には173まで拡大していることから，2010年代急速に拡大しているプログラムであると言えよう[10]。

　IPや共同学位プログラムを含むすべての留学生の受け入れ先を見ると，①アサンプション大学（私立）2661人，②マヒドン大学（国立）1186人，③チュラーロンコーン大学（国立）725人が上位となっている[11]。アサンプション大学はミッション系大学で私立の中でも最大規模の学生数を誇っており，多くの国と学術協定を結んで積極的に留学生を受け入れている。マヒドン大学は

8　チュラーロンコーン大学ホームページ（タイ語）より。一般のコースの学費は2013年度以降の入学者の学費である。2007～2012年入学者の学費は1セメスター当り1万8000バーツである。
9　タイでの国立大学自律化は1990年にタイ東北部に新設されたスラナリー工科大学からはじまり，漸進的に各大学の判断によって実施されている。チュラーロンコーン大学では2007年に自律化された。自律化されると予算に占める国庫補助の割合が減るため，各大学では学費を上げたり，産学連携を推進したり，土地・施設を活用したりするなど財源確保に取り組んでいる。
10　データは，タイ教育省高等教育委員会（各年度）『タイの高等教育機関と外国の機関との学術協定』より。
11　データは，タイ教育省高等教育委員会（各年度）『高等教育委員会管轄下の高等教育機関における外国人留学生』より。

医科大学として発足した経緯を持ち，医学分野ではタイで最高峰の大学である。チュラーロンコーン大学はタイ最古の大学であり，最高学府である。留学生数を分野ごとに見ると，①経営管理 2014 人，②タイ語 987 人，③国際ビジネス 914 人の順となっている。

　タイは SEAMEO の事務局および RIHED の本部，AUN の本部，UNESCO バンコク事務所があり，東南アジアにおける教育分野の中心地として機能している。また，単位互換や短期留学を推進するアジア太平洋大学交流機構（University Mobility in Asia and the Pacific：UMAP）[12] にも参加し，理事国として積極的に活動している。現在は「第二次 15 カ年長期高等教育計画（2008～2022 年）」を進めて，2015 年末の ASEAN 共同体形成に向けて高等教育の単位互換制度の推進と教育の質の向上に取り組んでおり，東南アジアにおける高等教育のハブとなることを目指している。

5. マレーシアの留学生受け入れ政策：トランスナショナルな取り組み

　マレーシアはかつてから留学生送り出し大国である。マレーシアにおいて高等教育就学者のうち海外で教育を受けている者の割合は 5.3％であり，依然として海外留学率が高い国である[13]。一方で，2012 年時点において，マレーシアの留学生受け入れ数は 6 万 3625 人であり，留学生の受け入れ大国でもある。留学生の出身上位国は①イラン（9311 人），②インドネシア（7989 人），③中国（6484 人），④ナイジェリア（4975 人），⑤イエメン（3235 人）であり，全体を見ても中東のイスラーム国家とアフリカからの留学生受け入れが多いことが特徴的である。中東およびアフリカのうち 300 人以上の受け入れがある国

12　UMAP は，アジア太平洋地域における高等教育機関の学生・教職員の交流促進を目的として 1991 年に発足された。国際事務局は東京に設置されている。

13　データは UNESCO Institute for Statistics より。高等教育就学者のうち海外で高等教育を受けている割合は，ASEAN ではブルネイ 41.1％，シンガポール 8.9％に次いで高い水準である。その他の国は 1～2％程度である（ラオスは 3.5％でやや高い）。

は，スーダン（1820 人），イラク（1748 人），サウジアラビア（1231 人），ソマリア（1039 人），リビア（1000 人），ボツワナ（933 人），ヨルダン（727 人），パレスチナ（682 人），タンザニア（528 人），ジンバブエ（475 人），ウガンダ（438 人），ケニア（435 人），エジプト（432 人），シリア（315 人），モーリシャス（310 人）となっている。

　中東・アフリカの国々からの留学生が増加した背景には後述のトランスナショナル・プログラムが受け容れられたことに加えて，中東とは貿易，産業，文化面での結びつきがあったこと，アフリカとは南南協力関係が背景にあると考えられる。また，Chapman and Chien（2014）は留学生がマレーシアを選択する理由を，① 文化的快適性，② 費用，③ 金銭面での価値，④ 教授言語，⑤ 生活の質，の 5 つの側面から説明している[14]。

　マレーシアは，海外からの留学生獲得にも積極的に取り組んでおり，「インドネシア，ドバイに海外教育プロモーション事務所と呼ばれる拠点を設け，マレーシアの文化広報活動と海外からの学生のリクルートを展開している」（杉村 2010，44 頁）。

　マレーシアでは，1990 年代にグローバリゼーションに対応し，頭脳流出を阻止しつつ，国際競争力を高めるための一環として高等教育の国際化を進めてきた。1991 年にマハティール首相（当時）はマレーシアを 2020 年までに先進国の地位を獲得するという国家発展構想「ワワサン 2020（Vision 2020）」を発表し，国際感覚に長けた知的労働力の強化が課題となった。そこで高等教育拡充政策がとられ，国立大学の法人化および定員増加，教員養成系高等教育機関の大学昇格，私立高等教育機関の拡大など進められた。1996 年に「私立高等教育機関法」の制定後に，私立高等教育機関が急増した。私立高等教育機関は後述の「トランスナショナル・プログラム」を積極的に導入した。

　マレーシアの高等教育政策の特徴は欧米諸国の大学と連携して行われてい

14　① 文化的快適性は，イスラーム国家であること。② 費用は，米英豪と比較して低費用であること。③ 金銭面での価値は，高等教育の質が高いこと。④ 教授言語は，ほとんどの授業が英語で行われること。⑤ 生活の質は，マレーシアの生活の質が高いこと。
15　マレーシアのトランスナショナル・プログラムについては杉本（2006）および北村・杉村編（2012）の第 6 章「マレーシア―国際学生移動のトランジット・ポイント―」（杉村美紀）を参考。

「トランスナショナル・プログラム」の導入である[15]。1980年代からはマレーシアで大学の基礎課程を学んだ後，欧米の大学で専門課程を学んで学位を取得する部分留学制度である「ツイニング・プログラム」がはじまった。アジア通貨危機以降は，マレーシア国内で全課程履修して海外の学位を取得できる「3+0」プログラムが開発された。マレーシアにおいて安価な費用で欧米の学位を取得できるこれらのコースはマレーシア国内のみならず，近隣諸国，中東，アフリカの学生たちを引きつけて，留学生の獲得に成功した。

　マレーシアの留学政策が抱える課題として，杉村（2012，12頁）は，「中東やアフリカから学生を積極的に誘致する一方，そうした学生の多くは，卒業後もそのままマレーシアに残って仕事に就きたいと思わず，より上級の学位や就職先を欧米諸国に求めるという例が多い。いわば，マレーシアは欧米先進国へのトランジット・ポイントなのである」と指摘している。マレーシアでは1990年代以降グローバリゼーションの進行とともに国際競争力を高めるためにトランスナショナル・プログラムをはじめとする国際化戦略をとって国内の頭脳流出の阻止と海外の優秀な学生の獲得に取り組んできたが，中東やアフリカの学生と欧米諸国を結ぶ中継地点としての役割になってしまっている。今後は，国内外の高度知識・技術者をマレーシア国内に留めるような取り組みを進めていく必要があるだろう。

6. CLM諸国の高等教育政策の展開と課題

(1) カンボジア

　カンボジアで最初に設置された大学は1960年の王立クメール大学である。当時の指導者シハヌークは高等教育の量的拡大を推進し，60年代には多くの大学が設立された[16]。1970年のロン・ノルによるクーデター後は，クメール大学はプノンペン大学と改称した。しかし，1975年から79年までポル・ポト

16　シハヌークの高等教育政策については，アルトバック・馬越編（2006）の第13章「カンボジアの高等教育」（プット・チョムナーン，デイヴィッド・フォード）に詳しい。

政権によって，すべての教育機関が崩壊された。この時，「4分の3以上の大学教員と，実に96パーセントの大学生たちが，クメール・ルージュによって虐殺されたといわれており，高等教育は壊滅状態となった」(北村 2012，151頁)。1979年からはソ連が支援する親ベトナム国家となり，高等教育機関はロシア人とベトナム人の技術指導を受けながらソビエト・モデルに従って再建された。1980年に高等師範学校と外国語研究所が設立され，ロシア語，ベトナム語の能力を持つ人材の育成に取り組んだ。1988年には高等師範学校と外国語研究所が統合してプノンペン大学となり，1996年に王立プノンペン大学に改称している。

1997年にははじめての私立大学としてノートン大学が設立され，その後私立高等教育機関の設立が急速に進んだ。2011年3月現在，カンボジアの高等校教育機関のうち4年制の教育プログラムを提供している機関数は91校であり，そのうち国立大学は34校，私立大学は57校である。これらの機関に在籍する学部生の数をみると，「2000年の時点では2万2108人が，2011年には17万3264人と，大幅に増加している」(北村 2012，153-154頁)ように急速に高等教育の拡充が進められていることがわかる。

カンボジアの高等教育には，教育の質の向上，労働需要と大学教育とのミスマッチ，高等教育財源の寡少さ，プノンペンと地方の教育アクセスの格差など様々な課題が残されている。とりわけ高等教育の機会拡大を進める一方でいかに質的保証に取り組んでいくのかが今後の重要な課題となろう。

(2) ラオス

ラオスの高等教育機関は国立総合大学，教員養成大学，技術学校，私立高等教育機関等に分けられる。ラオスでは1996年に既存の複数の単科大学・高等教育機関が統合されて唯一の総合大学としてラオス国立大学（首都ビエンチャン）が設立されており，本格的な大学教育がはじまってから歴史が浅い。ラオスは，2000年代に入ってから大学教育の量的拡大を進めた。ラオス国立大学では2000年代に学部・専攻を創設して定員を増加し，現在では文学部，自然科学部，経済経営学部，法政治学部，教育学部，工学部，建築学部，森林学部，農学部，社会科学部，環境開発学部の11学部で構成されている。医学部

は2007年に健康科学大学として独立した。2002年にチャンパサック大学（南部チャンパサック県），2003年にスパヌヴォン大学（北部ルアンプラバン県），2009年にサワンナケート大学（南部サワンナケート県）がそれぞれ地方に設立された。2012年のラオス教育省統計では，学士課程の学生数はラオス国立大学2万7220人，チャンパサック大学2652人，スパヌヴォン大学3673人，サワンナケート大学2568人，健康科学大学2204人となっている[17]。

　ラオスではこのように大学教育の量的拡大が進む一方で弊害も起こっている。高等教育の質が十分に担保されていない問題は深刻であり，「例えばラオス国立大学でさえ，スタッフの半分以上が学士号以下のみの学位を保持しており，博士号取得者は3％，修士号取得者は20％前後にすぎない状況である」（荒川2010，25頁）。ラオスの国立大学は基本的に授業料が無償であるが，授業料が必要な特別夜間コースを設置して入学者を増やしたり[18]，2000年以降私立高等教育機関が激増したりしており[19]，今後は教育の機会均等を目指しながら，高等教育の質を向上していくことが重要な課題となる。

(3) ミャンマー

　ミャンマーの高等教育はイギリス統治期の1878年にインドのカルカッタ大学の一部として設立されたヤンゴン政府高等学校（1884年にヤンゴン大学に改称）からはじまる。1920年にヤンゴン大学法が公布され，単独で学位が授与できるヤンゴン大学が設立された。その後，1964年に「ミャンマー大学法」が制定され，大学中央評議会，大学機関評議会，大学行政事務局などの政府機関が誕生し，高等教育の枠組みが整えられた[20]。

　2010年代現在のミャンマーの大学の分類は，大学，学士学位取得ができる単科大学，学士学位が取得できない短期大学に分けられ，所轄は教育省，科学

---

[17] データはラオス教育省 Education Statistics 2012-13 から。
[18] ラオスの特別夜間コースに関連する課題については，北村・杉村編（2012）の第10章「ラオス―大学入試制度改革と効率性・公平性の問題―」（廣里恭史）に詳しい。
[19] 乾（2011）によると，2010年現在。教育省が認可を与えている私立大学は全国で約80校であり，授業料は年間300～500ドルで運営されている。
[20] ミャンマーの高等教育の歴史については，The University of Yangon のウェブサイトと黒田（2010）を参考。

技術省，保健省など多岐にわたっている特徴がある。

ミャンマーにおいても 2000 年代は高等教育の量的拡大を進めており，「1988 年当時 20 しかなかった高等教育機関は，2009 年にはその 8 倍に増え，カバーする地域も，都市部から地方部へと広がった。現在ではすべての州と管区に文・理大学，教育大学，技術大学，コンピュータ大学が存在するようになり，学生は通常，それぞれの住む地域の高等教育機関に通うこととなり」（増田 2010，第 5 章 11 頁），地域間の高等教育へのアクセシビリティの格差の改善が見られる。一方で，大学教員不足により教員が複数の大学を掛け持ちで指導するなど教育の質の低下が課題となっている。

また，ミャンマーでは 1992 年に通信教育大学が設立され，在学者も多数存在している。しかし，退学者が多かったり，情報インフラの未整備により利用できる人が限定的であったり課題を多く抱えている[21]。

ミャンマーの高等教育が抱える課題として，水野（2010，24 頁）は，「国内では近代的労働市場の拡大が遅れていることや，大学が質の高い教育を提供できず求められる人材育成を担えていないことからも，学歴に見合った就職先を得ることは難しい現状にあって，海外留学が増加している」と指摘している。

7. おわりに

本章では，東南アジア地域の留学生移動の現状を統計資料から明らかにし，留学生送り出し国から受け入れ国への転換を目指すタイ，マレーシアの留学生受け入れ政策，自国の高等教育が発展途上で留学生の送り出し国となっているカンボジア，ラオス，ミャンマーの高等教育の課題を検討してきた。

2000 年代以降，留学生の受け入れ国になりつつあるタイとマレーシアの事例を留学生の構成国と受け入れ手段の観点から比較する。留学生の出身国は，

21　増田（2010）によると，遠隔教育大学の 2002 年入学生のデータでは第 1 学年時には約 10 万人の学生がいたが，第 4 学年時には 4 万人を下回っている。また，インターネットにアクセスできる人口は，2009 年において約 5000 万人の人口のうち 10 万 8900 人で人口の 0.2％しかないことを指摘している。

タイはインドシナ半島の周辺諸国が中心で，マレーシアは中東・アフリカ諸国からの受け入れを増やしている。受け入れ手段に関しては，タイではタイの大学・学部が独自にインターナショナル・プログラムを開設しているのに対して，マレーシアでは欧米諸国の大学と連携してトランスナショナル・プログラムを開設しているケースが多くなっている。両国とも英語で学位を修得できる制度をつくり，グローバリゼーションが進む中で国際競争力を高めるために国家が積極的に留学生獲得政策を推し進めており，私立高等教育機関の急増および国立大学の自律化／法人化が新しいプログラムを導入する背景となっていることが共通している。

　高等教育の後進国であるカンボジア，ラオス，ミャンマーでは，1990年代までは高等教育は一握りのエリートのためのものであったが，2000年代からは高等教育の量的拡大政策を推進しているところで共通している。しかしながら，3国とも高等教育の質が十分に保証されていないことや労働市場の整備が追い付いてないことなど共通する課題が残されている。高等教育機関が低水準であり雇用環境が不十分であるため，頭脳流出の問題は続くであろう。

　東南アジア全体の動きとして地域的な高等教育の質保証に取り組んでいる。例えば，ASEAN大学ネットワークの質保証活動（AUN-QA）に関して，梅宮（2008，98-99頁）は，先発ASEAN 6カ国が，質保証にかかる自身の経験と知見を後発ASEAN 4カ国（CLMV諸国）に共有することにより，後発国の底上げを重点的に行う点が最大の特徴であり，後発国にとっての貢献が極めて大きいと評価している。SEAMEOやAUNなど東南アジア域内での教育の連携が進んでおり，シンガポール，マレーシア，タイといった相対的に教育・研究のレベルが高い国からCLMV諸国のような教育の質に重大な課題を抱える国への教育面での技術移転がますます期待される。

　東南アジア域内での中長期的な留学生の移動や人材の交流を考える際に，学年暦の差異が1つの課題として挙げられる。タイでは，大学の授業は6月～9月，11月～2月で開講されてきた。一方で，近隣諸国のラオスは9月始業，カンボジアは10月始業，ベトナムは9月始業であり，同じインドシナ半島の国の間で学年暦が統一されていなかった。東南アジア域内外からより多くの留学生を受け入れるために，タイでは学年暦の変更が検討されてきた。2015年

のASEAN共同体形成に向けて，2014年度からほとんどの大学が9月始業に移行した[22]。マレーシアもかつては1月始業であったが，すでに大学は9月始業に切り替えている。このように東南アジア諸国間で学年暦を統一することは留学生移動や人材交流の促進につながるだろう。

　東南アジアの学生交流としてAIMSプログラム（ASEAN International Mobility for Students Programme）が取り組まれている。AIMSプログラムは2010年からマレーシア，タイ，インドネシアの各国政府共同で始まった単位互換を伴う学生交流支援事業である。学生たちは英語で授業を受け，原則1学期（4カ月間）の留学をする。2012年にベトナム，2013年にフィリピンおよびブルネイが加わり，日本も参加することとなった。各国は年間25名の学生に対して財政支援を行い，送り出し・受け入れのバランスを保つように努める。2014年時点では，観光学／ホスピタリティ，農学，言語文化学，国際ビジネス，食品科学工学，工学，経済学の7分野での交流が行われている。ASEAN統合が進む中でこのような短・中期のプログラムが今後拡大していくだろう。

　最後に，日本の留学生受け入れ政策にも言及しておく。日本では2020年までに留学生の受け入れを30万人に増やす「留学生30万人計画」が掲げられている[23]。その一環として東京大学で秋入学が検討されたことは記憶に新しい。留学生受け入れの手段としては，日本はマレーシア型ではなくタイ型であると言えよう。タイのインターナショナル・プログラムのように英語で学位を取得できる取り組みは，グローバル5大学（国際教養大学，国際基督教大学，上智大学国際教養学部，立命館アジア太平洋大学，早稲田大学国際教養学部）がパイオニアとなって進められている。2014年9月に文部科学省は高等教育の国際競争力向上を目的に「スーパーグローバル大学」37校を指定した。スーパーグローバル大学は世界大学ランキング100位以内を目指す「トップ型」13

22　タイは多くの大学で2014年度から学年暦を，第一セメスター8/9月－12月，第二セメスター1月－5月，夏期セメスター（一部の大学）6月－8月に変更した。学年暦の変更に備えて，数年前から一部大学で試験的に導入され，2014年度にチュラーロンコーン大学をはじめとするほとんどの国立大学で導入されることとなった。

23　文部科学省によると，2014年現在日本の外国人留学生数は約14万人である。

校と個性的な取り組みでグローバル化に対応する「グローバル化牽引型」24校に分けられる。スーパーグローバル大学は教育・研究力の向上と留学生の獲得増に挑戦する。その他の大学においても大学間協定や単位互換制度，ダブルディグリー制度などの取り組みが増加しており，今後は留学生の移動も多様化していくだろう。

タイやマレーシアは他国から優秀な学生を獲得しているが，その高度人材を出身国に還流あるいは第三国へ流出させている問題がある。今後の政策課題としては，高度知識・技術者をいかに留まらせ，自国やASEAN地域の発展に活かせるかが挙げられる。また，研究課題としても，獲得した留学生が国内でどのように活躍しているかを検証することと，留学生を出身国に還流あるいは第三国へ流出させている要因を検討することが残されている。

〔植田　啓嗣〕

参考文献
<日本語>
・荒川彩（2010），「ラオスの教育事情」『留学交流』3月号，22-25頁。
・アルトバック，P.G.・馬越徹編（北村友人監訳）（2006），『アジアの高等教育改革』玉川大学出版部。
・乾美紀（2011），「ラオスの教育事情」『留学事情』3月号，18-21頁。
・上田広美・岡田知子編（2012），『カンボジアを知るための60章』明石書店。
・梅宮直樹（2009）「東南アジアにおける高等教育の質の保証への地域的な取り組み」『比較教育学研究』（日本比較教育学会）第37号，91-108頁。
・カンピラパーブ，スネート（2006），「タイにおける高等教育の国際化と留学生施策の動向」『留学交流』2月号，26-31頁。
・北村友人（2012），「カンボジア―高等教育の質向上と私立大学の役割―」北村友人・杉村美紀編（2012），『激動するアジアの大学改革－グローバル人材を育成するために』上智大学新書，第9章。
・黒田一雄（2010），「ミャンマー」堀田泰司編『ACTS（ASEAN Credit Transfer System）と各国の単位互換に関する調査研究』（平成21年度文部科学省先導的大学改革推進経費による委託研究）第3節。
・杉村美紀（2012），「高等教育政策における学生移動―「教育ハブ」の創出と多文化社会の変容―」『アジア太平洋研究』（成蹊大学アジア太平洋センター），3-16頁。
・杉村美紀（2010），「高等教育の国際化と留学生移動の変容―マレーシアにおける留学生移動のトランジット化―」『上智大学教育学論集』44号，37-49頁。
・杉本均（2006），「マレーシアの高等教育の現状と留学生施策」『留学交流』10月，6-9頁。
・トロウ，マーチン（天野郁夫・喜多村和之訳）（1976），『高学歴社会の大学―エリートからマスへ―』東京大学出版会。
・増田知子（2010），「ミャンマー軍事政権の教育政策」工藤年博編『ミャンマー軍事政権の行方』調査研究報告書（アジア経済研究所），第5章。

・水野敦子 (2010),「ミャンマーの教育事情」『留学交流』5 月号, 22-25 頁。

<英語>
・Chapman, David and Chien Chiao-Ling (2014), "Expanding out and up: What are the system-level dynamics? Case study of Malaysia and Thailand," in UNESCO Institute for Statistics, *Higher Education in Asia: Expanding Out, Expanding Up*, Chapter 2.
・Office of the Higher Education Commission (2013), *Study in Thailand 2012*.
・United Nations (2007), *Human Development Report 2007/2008*.

<タイ語>
・สำนักงานคณะกรรมการการอุดมศึกษา (各年度) นักศึกษาต่างชาติที่ศึกษาในสถาบันอุดมศึกษาในสังกัดและในกำกับสำนักงานคณะกรรมการการอุดมศึกษา (タイ教育省高等教育委員会『高等教育委員会管轄下の高等教育機関における外国人留学生』)。
・สำนักงานคณะกรรมการการอุดมศึกษา (各年度) ความร่วมมือทางวิชาการระหว่างสถาบันอุดมศึกษาไทยกับสถาบันต่างประเทศ (タイ教育省高等教育委員会『タイの高等教育機関と外国の機関との学術協定』)。

<中国語>
・中国教育年鑑編集部 (2012),『中国教育年鑑 2012』人民教育出版社 (北京)。

索　引

欧文

AIMS プログラム　258
AQAN　239, 240, 245
ASEAN 域内職業相互認証制度　101
ASEAN 共同体　239, 244, 251, 257
ASEAN 経済共同体　101, 102
ASEAN 憲章　142
ASEAN 自由貿易地域（AFTA）　1
AUN　239, 240, 245, 251, 257
AUN-QA　257
EPA　187
　——（経済連携協定）　101
Fei=Ranis モデル　16
Giant Leap And Small Step　126
GRP　27
Hundi　143
IP　250
Kuznets　23
　——仮説　16, 29
　——の逆 U 字仮説　23
Lewis　21
Lewis=Fei=Ranis モデル　16, 21, 26
Lewis モデル　16, 115
NAIC（Newly Agro-Industrializing Countries）　17
NV 認定センター　142
Overseas Filipino Workers: OFWs　113
Ranis=Fei　21
SEAMEO-RIHED　239, 240, 245, 251
UMAP　251

和文

【ア行】

アジア NIEs　91
アジア通貨危機　17, 26, 27, 28, 30
斡旋企業　90, 94, 95, 97, 102, 108
移行経済国　36
移住労働　92, 94, 108
　——者　89, 102, 104, 105, 106
　——者法　92, 94, 95, 98
　——者保護法　90
　——の意義　106
移動コスト　33
移民のコスト　143
移民のベネフィット　142
インターナショナル・プログラム　248, 257, 258
　——（IP）　249
インドネシア　89, 92, 94, 95, 96, 98, 98, 100, 102, 103, 104, 106, 107, 108
　——人労働者　90, 95, 97, 107, 108
インフォーマルセクター　3
インフォーマル部門　90, 92, 94, 95, 96, 97, 100, 107
運輸・通信　102
栄民　198
オランダ病　122
オールドカマー　170
温家宝　59

【カ行】

海外フィリピン人労働者　113
海外労働管理局　147, 148, 152
海外労働者派遣・保護庁　95, 97, 100, 102
改革開放　50, 58, 60, 61
海峡両岸経済協力枠組み協議　215
外国人単純労働者　5, 8
外国人登録者　172, 173, 174, 175, 176, 178
外国直接投資　32
介護福祉士　89
外資系企業　36
外出農民工　51, 52
改正入管法　174
外籍労工　202
格差　48, 50, 62

家計所得　24, 25, 27
加工貿易　71, 72, 79
　　──型　70
　　──型工業化　195
家事・介護　89
　　──労働者　90, 91, 92, 95, 96, 97, 98, 99, 100,
　　102, 103, 105, 106, 107, 108
可処分所得　75
雁行形態発展型　193
看護／介護　213
韓国　91, 102, 107
看護師　89, 94, 101
　　──・介護福祉士　89, 174
　　──・介護福祉士候補　101
　　──や介護福祉士　187
関税制度　195
広東　52, 53, 54, 56
機会費用　35
技術移転　32
技術実習生　175
偽装失業　21, 22
　　──者　3
期待所得　34
技能実習　177, 188
　　──生　8, 89, 172, 178, 179, 189, 191
　　──制度　172
義務教育　46
逆U字型　29
9.11テロ事件　90, 94, 100
給与不払い　106, 108
共産党　61
競争力　39
居住証明制度　55
近代部門　15, 21, 22, 23, 24, 30
組合法　42
グローバル化　3, 6
グローバル金融危機　147, 148, 153, 157
グローバル経済　44
経済格差　23, 27, 30
経済効果　211
経済成長　36
経済特区　70
経済連携協定（Economic Partnership
　　Agreement: EPA）　1, 20, 174

限界生産力　21, 24
現実期待所得　35
建設　91, 102
高学歴化　217, 218
工業セクター　36
工業発展　36
工業部門　15, 17, 21, 24, 26, 27
郷鎮企業　58
公的経済部門　37
高度人材　185, 186, 191
購買能力　38
高齢化　20
　　──率　20
国際移住機関（IOM）　137
国際移動　170, 190
国籍認定　135
戸口管理条例　65
国内資本系民間企業　36
国内総生産　32
国民党軍　197
国有企業　36
国連人口基金　131
戸籍人口　67, 68, 70, 71
戸籍制度　48, 49, 50, 51, 55, 56, 59
雇用許可制　9, 218, 232, 232
雇用創出効果　44
雇用促進法　49
雇用保険　45
混合経済体制　35

【サ行】

最低賃金水準　33
最低賃金政策　42
サウジアラビア　97, 98, 100, 101, 103
産業移転工業園区　80, 83
産業研修生　218
　　──制度　232, 232
産業研修制度　9
3K（きたない，危険，きつい）労働　8
三元構造　61
暫住者　70
暫住証　66
暫定移民IDカード　134
三農問題　62

索 引　263

資格外活動　175, 177
市場経済体制　35
失業問題　34
失業率　16, 17, 34
実質家計所得　25, 26
実質所得　26
実質賃金　24
　　──水準　33
失踪　90, 94, 108
ジニ係数　29, 196
資本・技術集約型産業　197
資本集約型　38
資本労働比率　65, 77, 78, 79, 83, 84
社会構造　50, 55, 61, 63
社会的余剰　22
社会福祉　56
就業服務法　202
習近平政権　55
十大建設プロジェクト　196
住宅コスト　33
十二項建設プロジェクト　196
自由貿易協定（FTA）　1
十四項国家建設　199
熟練労働者　150, 151, 157
珠江デルタ　69, 70, 74, 75, 76, 78, 79
出入国管理法（入管法）　171
少子化　217, 218
　　──・高齢化　7
少子高齢化　169, 180, 190
常住人口　67, 68, 70, 74, 75
上訪　61
情報の非対称性　35
職業教育　46
所得格差　16, 25, 27, 29, 29, 30
所得分配　23
シンガポール　91, 92, 95, 101
人権保護　96
人口移動　48, 49
人口センサス　131
人口の移動　33
人材派遣サービス　35
新生代農民工　50, 58, 59, 60
推測期待所得　35
鄒湘江　54

裾野産業　44
ストライキ　33
頭脳流出　143
スパセラピスト　101
スピルオーバー　32
生産年齢人口　180, 182, 190, 191
　　──（労働人口）　169
製造業　89, 91
成長戦略　169, 183, 184
制度的賃金　21, 22, 23
絶対賃金　34
船員　89, 91
1979年入国管理法　134
1978 外国雇用法　134
専門外国人労働　221
専門技術者労働者　193
専門的・技術的分野の在留資格　182
　　──者　175, 177
専門労働　217, 219
　　──力制　232
相対価格　23
相対家計所得　26
総労働需要　39

【夕行】

第三世代農民工　58
体制内　60
台湾　91, 94, 95, 100, 101, 102, 102, 107, 108
談合　39
単純外国人労働　9
単純労働者　182, 183, 184, 193
地域格差　16
地域間格差　25
地方間格差　29
チャイナ・プラス・ワン　65, 79, 85
中所得国　32
中東　90, 91, 94, 96, 96, 98, 101, 102, 108
中途帰国　108
朝鮮族　217, 227, 228, 229
賃金格差　24, 24, 45
賃金上昇率　37
通貨危機　134
定住ポイント制　56
低賃金労働者　41

出稼ぎ労働者　41
天安門事件　58
転換点　2, 3, 4, 15, 16, 22, 23, 24, 26, 27, 28, 30
伝統部門　15, 21, 21, 22, 23, 24, 30
投資環境　32
鄧小平　58
同心円構造　61
東南アジア　89
特定活動　175, 177, 186, 191
都市化　54, 58, 63
都市規模　57
都市戸籍　51, 65, 68, 73, 74
都市私人　62, 63
都市住民　49
トダロモデル　3, 33
トランスナショナル・プログラム　252, 253, 257

【ナ行】

南巡講話　58
二元構造　51, 61
二重経済構造　15, 16, 23, 26
二重経済モデル　15, 21, 23, 27
2017年家事・介護労働者派遣ゼロ指針　99
二部門モデル　2
日本　94, 101, 107
入管法　172, 179, 182, 188
ニューカマー　171, 172, 178
農業　91
　――戸籍　68
　――人口　17, 28
　――セクター　36
　――部門　15, 17, 21, 21, 22, 24, 24, 26, 27, 28
　――労働　23
農工間の生産性格差　16
農村開発政策　45
農村戸籍　51, 55, 66
農村女性　95, 108
農村人口　32
農民工　49, 50, 51, 52, 54, 56, 57, 58, 59, 60, 61, 62, 64, 65, 66, 67, 68, 72, 73, 74, 81, 83, 84
農民戸籍　65
農林水産業　101

【ハ行】

ハイテク移民　185, 186, 187
派遣長期凍結　97, 98, 100, 102, 103
ハリス・トダロモデル　50
比較優位　32
東アジア　89, 90, 91, 92, 96, 108
　――域内労働移動　4
非資本主義部門　24
非熟練（単純）労働者　2, 3, 6, 7, 8, 10, 23, 24, 41, 169, 171, 175, 190
非専門外国人労働　221
非専門就業外国人　227, 228
非専門労働　217, 219, 221
非組織的斡旋　6, 10
1人っ子政策　68
1人っ子世代　73
非貿易財　194
　――生産産業　7
貧困の罠　32
貧富格差　44
フィリピン　89, 91, 92, 94, 103, 106, 107, 108
フォーマル部門　90, 94, 95, 100, 102, 106, 107, 108
不法移民　135
不法就労　90, 94
　――者　175, 188
不法滞在者　5
不法入国　91
プランテーション　89, 101
平均家計所得　27
閉鎖経済　16, 21, 23
平和秩序国家評議会（NCPO）　135
ベトナム　92, 103, 104
　――家計生活水準調査　146, 155
貿易為替制限　195
貿易財　194
訪問就業外国人　227
訪問就業制　218, 221, 222, 229, 230, 232, 232, 233
暴力　91, 92, 96, 98, 106
本国送金　102, 103
香港　91, 95, 100, 101, 107
本地農民工　51, 52

索引　265

【マ行】

マレーシア　90, 91, 92, 94, 95, 96, 97, 98, 100, 101, 102, 103
未熟練　157
　──労働者　150, 151, 154, 164
身分制度　49
民営化　44
民間企業　35
民主化改革　89, 94, 95
民主化宣言　218, 232
無戸籍　50
盲流　51

【ヤ行】

輸出加工区　70
輸出志向型　64
輸出志向工業化　196
輸入代替政策　195
余剰労働　36
　──力　15, 17, 21
　──力のはけ口　119

【ラ行】

離職労働　41
リーマンショック　17
ルイス転換　231
　──点　196
ルイス・モデル　48, 62
労働移動　48, 49, 50, 51, 52, 55, 56, 60, 62
労働基準法　200
労働規模　39
労働供給曲線　22, 23
労働供給の弾力性　24
労働組合　45
労働契約法　49
労働限界生産性　196
労働市場　18
　──の逼迫　17
　──の逼迫化　15
　──の不安定　42
労働者の送金　5
労働集約　80
　──型　38, 64
　──型産業　75, 84
　──財　195
　──的　65, 79
労働節約的技術　5
労働需要曲線　22
労働賃金　30
労働の無制限供給　23
労働の構造変化　36
労働のミスマッチ　33
労働不足　17
　──局面　4
労働流出　18
労働流入　16, 18, 19, 26, 30, 31
労働力輸出　146, 152, 158, 164, 165
六年国建計画　199

著・訳者紹介 （執筆順）

トラン・ヴァン・トウ	早稲田大学社会科学総合学術院教授	序　章
松本　邦愛	東邦大学医学部社会医学講座医療政策・経営科学分野講師	第1章
ド・マン・ホーン	桜美林大学ビジネスマネジメント学群准教授	第2章
劉　　傑	早稲田大学社会科学総合学術院教授	第3章
池部　亮	日本貿易振興機構海外調査部アジア大洋州課長	第4章
奥島　美夏	天理大学国際学部准教授	第5章
フェルディナンド・シー・マキト	テンプル大学ジャパン校教授	第6章
江橋　正彦	ミャンマー経済研究コンサルティング代表（明治学院大学名誉教授）	第7章
グエン・ドク・ターン	ベトナム国家大学ハノイ校ベトナム経済政策研究所(VEPR)所長	第8章
西　　晃（訳者）	早稲田大学ベトナム総合研究所招聘研究員	
本多　美樹	早稲田大学社会科学総合学術院准教授	第9章
江　秀華	早稲田大学教育学部非常勤講師，同大学東アジア法研究所招聘研究員	第10章
任　千錫	建国大学国際貿易学科教授	第11章
植田　啓嗣	早稲田大学教育・総合科学学術院助手	第12章

編集者紹介

トラン・ヴァン・トウ
1949年ベトナム・クァンナム省生まれ。一橋大学大学院経済学研究科博士課程終了（経済学博士）。現在、早稲田大学社会科学総合学術院教授、早稲田大学ベトナム総合研究所所長、日本国際フォーラム政策委員。著書に、『産業発展と多国籍企業―アジア太平洋ダイナミズムの実証研究』（東洋経済新報社、1992年（「アジア太平洋賞」受賞））、『ベトナム経済の新展開』（日本経済新聞社、1996年）、『最新アジア経済と日本』（共著、日本評論社、2002年）、『中国-ASEANのFTAと東アジア経済』（共編著、文眞堂、2007年）、『ベトナム経済発展論』（勁草書房、2010年）など。

松本　邦愛（まつもと　くにちか）
1967年北海道二海郡八雲町生まれ。早稲田大学大学院社会科学研究科博士課程単位取得退学。医学博士（東邦大学）。現在、東邦大学医学部社会医学講座医療政策・経営科学分野講師。著書に、『医療を経済する―質・効率・お金の最適バランスをめぐって』（共編著、医学書院、2006年）、『中国-ASEANのFTAと東アジア経済』（共編著、文眞堂、2007年）、『医療職のための公衆衛生・社会医学（第4版）』（医学評論社、2014年）など。

ド・マン・ホーン
1965年ベトナム・ハノイ生まれ。桜美林大学国際学研究科博士課程終了（学術博士）。早稲田大学社会科学総合学術院（旧社会科学研究科）日本学術振興会特別研究員を経て、現在、桜美林大学ビジネスマネジメント学群准教授。論文：「ベトナムの経済発展と民間セクターの振興」（早稲田大学ベトナム総合研究所編『東アジア新時代とベトナム経済』文眞堂、2010年）など。

東アジア経済と労働移動

2015年6月30日　第1版第1刷発行　　　　　　　検印省略

編著者　トラン・ヴァン・トウ
　　　　松　本　邦　愛
　　　　ド・マン・ホーン

発行者　前　野　　　隆

発行所　株式会社　文　眞　堂
東京都新宿区早稲田鶴巻町533
電話　03（3202）8480
FAX　03（3203）2638
http://www.bunshin-do.co.jp
郵便番号162-0041　振替00120-2-96437

印刷・モリモト印刷／製本・イマヰ製本所
© 2015
定価はカバー裏に表示してあります
ISBN978-4-8309-4867-1　C3033